CÉSAR VIDAL

PEDRO
EL
GALILEO

CÉSAR VIDAL

PEDRO
EL
GALILEO

*La vida y los tiempos
del apóstol Pedro*

ESPAÑOL
BRENTWOOD, TENNESSEE

Pedro el galileo: La vida y los tiempos del apóstol Pedro

B&H Publishing Group
Brentwood, TN 37027

Diseño de portada: B&H Español

Clasificación Decimal Dewey: 225.92

Clasifíquese: PEDRO, APÓSTOL \ BIBLIA
N.T.—BIOGRAFÍA

ISBN: 978-1-0877-3814-7

Impreso en EE. UU.
1 2 3 4 5 * 26 25 24 23

A los alumnos de Teshuvah Biblical Studies Center
que cada mes se reúnen para aprender con entusiasmo
y amor la Palabra de Dios y a Magaly Silva e Isaac Jiménez
sin los que, con total y absoluta seguridad,
esos cursos no podrían ser posibles.

ÍNDICE

PRÓLOGO

Pedro, el pescador constituye la tercera entrega de la tetralogía que he dedicado a relatar la historia del cristianismo primitivo. Fruto de más de tres décadas de trabajo de investigación, su primer aporte fue *Más que un rabino. La vida y los tiempos de Jesús el judío*, donde expuse la existencia y las enseñanzas de Jesús desde una perspectiva histórica. A esa obra le siguió *Apóstol para las naciones. La vida y los tiempos de Pablo de Tarso*, en que realicé una tarea similar dedicada en esa ocasión al misionero más dinámico y teólogo más brillante del cristianismo primitivo. El presente libro se ocupa de un personaje que ha llamado mucho menos la atención de los historiadores: Simón el hijo de Jonás, el pescador que dejó todo para seguir a Jesús a la orilla del Mar de Galilea. Finalmente, a este libro le seguirá, Dios mediante, otro titulado *Los primeros cristianos*, donde abordaré la historia de los primeros seguidores de Jesús, los judeocristianos afincados en la tierra de Israel. Aunque cada una de estas obras puede leerse de manera separada, sin embargo, en su conjunto permiten contar con un panorama de los orígenes del cristianismo desde la vida de Jesús de Nazaret hasta la total separación entre judaísmo y cristianismo ya en las postrimerías del siglo I d. C.

Trazar la trayectoria histórica de Pedro constituía un desafío para un historiador profesional como es el caso del autor de estas líneas, pero se trata de un reto que debía y podía ser abordado. En la presente obra, dividida en cuatro partes, me detengo, en primer lugar, en la descripción del mundo en que vivió Pedro. Sus aspectos políticos, económicos, sociales y religiosos aparecen descritos, pues, en la primera parte. Estoy convencido de que esas páginas son enormemente útiles, pero también de que el lector puede saltarlas y pasar de manera directa al relato de la peripecia vital de Simón el hijo de Jonás.

En la segunda parte de la presente obra, me he ocupado de describir los años en que Pedro conoció y siguió a Jesús. Se trató de una época de intenso aprendizaje en que el pescador no siempre entendió a su Maestro; en que, no obstante, lo siguió cuando algunos discípulos comenzaron a abandonarlo al defraudar sus ilusiones sobre la acción del Mesías; en que llegó incluso a negarlo, pero en que, también, regresó arrepentido a Su lado para acabar confirmando a los hermanos, como el propio Jesús le había anunciado.

La tercera parte del libro está dedicada a toda la parte de la vida de Pedro —sin duda, la más fecunda— en que usó las llaves que le entregó el Señor y Maestro para abrir el reino a los judíos, primero, y a los gentiles después.

Finalmente, la última parte del libro describe lo que podemos saber con certeza de los últimos años del pescador, así como su breve, aunque muy sustancioso, legado teológico recogido en dos cartas que llevan su nombre.

Como en los restantes libros de la tetralogía, mi intención ha sido trazar un cuadro histórico que resulte sólido, bien documentado y, especialmente, extraído de una base rigurosa en las fuentes históricas. A la vez, he pretendido convertir en accesible la vida y el legado de Pedro. En ese sentido, el presente libro puede ser leído por un gran público interesado en el cristianismo primitivo, en la Biblia, en la historia de las religiones o en la historia en general. Sin embargo, también espero que sea útil para profesores de Historia y Escrituras, para estudiantes de universidad y de seminarios y para creyentes o interesados que deseen profundizar en el conocimiento del cristianismo primitivo, en general, y en la vida y las enseñanzas de Pedro, en particular. Solo los que se acerquen a estas páginas y las examinen con atención podrán evaluar hasta qué punto quien escribe estas líneas ha alcanzado sus objetivos.

Miami – Alexandria – Washington – Miami,
verano de 2021

PRIMERA PARTE:
EL MUNDO DE PEDRO

CAPÍTULO I

EL MUNDO DE PEDRO (I):
LA TIERRA Y LOS PODERES

Junto al Mar de Galilea

La vida de Pedro resulta incomprensible sin referirnos a un contexto cuyo primer aspecto es el medio geográfico, un medio que se identifica con Galilea. La estructura geográfica de Galilea era, fundamentalmente, de terreno rocoso y alturas moderadas entre los 500 y los 700 metros. La región, tal y como señala Flavio Josefo, estaba dividida en dos zonas: la Galilea superior y la inferior. Se extendía desde la llanura costera de Israel, situada frente al Mar Mediterráneo en occidente hasta el valle del Jordán al oriente y desde los altos del Golán, al norte, hasta el monte Carmelo al sur. Dentro de esos límites, están accidentes geográficos como diferentes valles entre los que destacan los de Jezreel y del mar o lago de Galilea. Ese Mar de Galilea también conocido como Kinneret —de *kinnor*, arpa en hebreo, por su forma— Genesaret o de Tiberíades será un referente en la vida de Pedro.

Originalmente, Galilea fue la tierra de las tribus de Neftalí y Dan aunque la permanencia de este territorio dentro de Israel pasó diversas peripecias. Ya en la época de Salomón, el monarca israelita entregó veinte ciudades a Hiram, el rey de Tiro (1 Reyes 9). Al dividirse el reino de Israel, entre el norteño Israel y el sureño Judá, Galilea quedó en el territorio de Israel, un territorio que acabaría sometido al Imperio asirio, con una población israelita deportada y una repoblación llevada a cabo por gentiles. El propio profeta Isaías ya la definió como Galilea de los gentiles (Isa. 8:23–9:1).

A finales del siglo II a. C., con la dinastía judía de los hasmoneos, Galilea fue conquistada y anexionada por Aristóbulo. Sin embargo, las autoridades judías no consiguieron judaizar el territorio. De los dos centenares de ciudades de Galilea, según Josefo, buena parte estaba concentrada en torno al Mar de Galilea, fecundo banco piscícola que no solo suplía las necesidades alimenticias de la región, sino que también, salado, permitía la exportación. Esa mezcla de poblaciones tan cercanas y, a la vez, tan diferentes, de judíos conscientes de su amargo sometimiento a poderes extranjeros y de paganos, explica la tensión periódica que tuvo lugar en Galilea y a la que nos vamos a referir ahora.

Galilea bajo Roma

En el año 63 a. C., el general romano Pompeyo, un brillante militar que limpiaría el Mediterráneo de piratas y acercaría Egipto al poder de la república de Roma, sometió Galilea y, acto seguido, entró en Jerusalén. Pompeyo tuvo la osadía de entrar en el lugar santísimo del templo al que solo podía pasar una vez al año el sumo sacerdote y quedó sorprendido al encontrarse con un recinto donde no había imágenes, como era común en los santuarios paganos. La acción de Pompeyo significó el final de la dinastía de los hasmoneos y, a partir del año 47 a. C., el inicio del gobierno de Herodes sobre Galilea. Herodes gobernó con mano de hierro, pero, a su muerte, estalló el malestar social y Judas el galileo se alzó en armas contra el poder romano[1]. La respuesta del gobernador romano de Siria, Publio Quintilio Varo, fue saquear Séforis, una ciudad cercana a la Nazaret donde creció Jesús, construida durante su juventud y en la que cabe al menos la posibilidad de que pudieran trabajar José y Jesús. La revuelta galilea fue sofocada, pero, al cabo de unas décadas, se convertiría en la primera de una cadena de sublevaciones antirromanas cuya chispa se encendió en este territorio y que ganaría a los galileos fama de levantiscos. Semejante circunstancia se ve con facilidad cuando se recuerda que Pilato convirtió en objetivo de una de sus acciones sangrientas a un grupo de galileos (Luc. 13:1 ss.) o

---

[1] Una discusión sobre el tema en H. Guevara, *Ambiente político del pueblo judío en tiempos de Jesús*, (Madrid: ES, Ediciones Cristiandad S. A., 1985), págs. 56 ss. y 85.

que los enemigos de Jesús señalaron Su origen galileo como argumento en Su contra, argumento que Pilato no consideró de relevancia (Luc. 23:6).

Ese mundo controlado por Roma en el que vivió un pescador galileo llamado Simón y más conocido posteriormente como Pedro aparece descrito de manera magistral muy pocas décadas después en el capítulo tercero del Evangelio de Lucas. El texto en cuestión dice lo siguiente:

> En el año decimoquinto del imperio de Tiberio César, siendo gobernador de Judea Poncio Pilato, y Herodes tetrarca de Galilea, y su hermano Felipe tetrarca de Iturea y de la provincia de Traconite, y Lisanias tetrarca de Abilinia, y siendo sumos sacerdotes Anás y Caifás, vino palabra de Dios a Juan, hijo de Zacarías, en el desierto. (Luc. 3:1-2)

La descripción de Lucas difícilmente hubiera podido ser más breve y, a la vez, más exacta. El mundo de Pedro presentaba, en términos políticos e internacionales, una estructura claramente piramidal. En la cima de esa pirámide se encontraba, desde hacía casi un siglo, el poder romano y, más concretamente, Tiberio César. En el año 14 d. C., Tiberio se había convertido en emperador —lo sería hasta el año 37— pero ya había desempeñado funciones imperiales como corregente desde el año 11-12. Su trayectoria personal resulta enormemente interesante no solo desde una perspectiva política sino también moral. Hijo de Tiberio Claudio Nerón y de Livia Drusila, Tiberio vivió el divorcio de su madre y su ulterior matrimonio con el emperador Octaviano. Gracias a su madre Livia —un personaje tortuoso y enormemente inteligente— Tiberio se convirtió, primero, en hijastro del emperador, se casó después —contra su voluntad— con su hija Julia y, finalmente, fue adoptado por Octaviano y convertido en corregente y de esa manera en heredero del trono imperial. Tiberio dio muestras de una notable competencia militar al conquistar regiones de Europa como Panonia, Dalmacia, Retia e incluso partes de Germania. Igualmente estaba dotado de una notable capacidad administrativa, lo que quedó de manifiesto en su habilidad para tratar con el senado o para conseguir que la tranquilidad reinara en calles y caminos. Sin embargo, sería absurdo considerar que esos aspectos pueden darnos un cuadro completo de su personalidad. Por ejemplo, resulta indispensable tener en cuenta que Tiberio aborrecía las religiones orientales y, en especial, la egipcia y la judía[2] y, por añadidura, sufría un temperamento depresivo y una mentalidad pervertida. En el año 26 d. C., decidió abandonar Roma y, tras dejar el poder en manos de los prefectos pretorianos Elio Sejano y Quinto Nevio Sutorio Macrón, se marchó a Capri. Allí se entregó a una verdadera cascada de lujuria. A la vez que recopilaba una colección extraordinaria de libros ilustrados con imágenes pornográficas, disfrutaba reuniendo a jóvenes para que se entregaran ante su mirada a la fornicación[3]. Por añadidura, mantenía todo tipo de relaciones sexuales —incluida la violación— con mujeres y hombres[4] y, no satisfecho con esa conducta, se entregó a prácticas que el mismo Suetonio relata con repugnancia:

> Incluso se cubrió con una infamia tan grande y vergonzosa que apenas se puede narrar o escuchar —mucho menos creerse— como que acostumbraba a niños de muy corta edad, a los que llamaba sus «pececillos» a que, mientras él nadaba, se colocaran entre sus muslos y, jugando, lo excitaran con la lengua y con mordiscos, e incluso, siendo ya mayores, pero sin dejar de ser niños, se los acercaba a la ingle como si fuera una teta.[5]

En los últimos años, se ha convertido en tema común las referencias a paidófilos que abusan sexualmente de niños. Semejante conducta fue una realidad en el hombre más poderoso de la época en que Simón el pescador conoció a Jesús. Como en tantas épocas de la historia, una potencia concreta, en este caso imperial, ostentaba la hegemonía y, al frente de la misma se hallaba un amo absoluto. En el caso de Roma, la cúspide de esa pirámide la ocupaba un pervertido sexual que no tenía el menor escrúpulo a la hora de violar a hombres y a mujeres, o de abusar de niños.

La presencia del poder romano ejercido por el emperador Tiberio en Galilea era ejercida por Poncio Pilato, el segundo personaje de la lista que encontramos en la fuente lucana.

---

[2] Suetonio, Tiberio, XXXVI.
[3] Ibid., XLIII
[4] Ibid., XLV, XLII y XLIV
[5] Ibid., XLIV

Del año 9 al 26 d. C. —la etapa de infancia, adolescencia y juventud de Simón el pescador— se sucedieron tres prefectos romanos: Ambíbulo (9 al 12 d. C.), Rufo (12 al 15 d. C.) y Grato (15 al 26 d. C.). Grato llevó una política arbitraria en relación con los sumos sacerdotes, impulsado posiblemente por la codicia. Así, destituyó al sumo sacerdote Anano y nombró a Ismael, hijo de Fabo. Con posterioridad, destituiría a Eleazar y nombraría a Simón, hijo de Camit. Menos de un año después, este fue sustituido por José Caifás[6]. Sin embargo, de manera bien reveladora, no parece que la situación fuera especialmente intranquila en lo que al conjunto de la población se refiere.

A Grato lo sucedió Pilato (26-36 d. C.). Su gobierno fue de enorme tensión[7] y tanto Josefo como Filón nos lo presentan bajo una luz desfavorable[8] que, seguramente, se correspondió con la realidad. Desde luego, se vio enfrentado con los judíos en diversas ocasiones. Josefo narra[9] cómo en uno de esos episodios introdujo, en contra del precepto del Decálogo que no solo prohíbe hacer imágenes sino también rendirles culto (Ex. 20:4-5), unas estatuas en Jerusalén aprovechando la noche. No está muy claro en qué consistió el episodio en sí (¿fueron quizá los estandartes militares los que entraron en la ciudad?) pero, fuera como fuese, la reacción de los judíos resultó rápida y unánime. De manera reveladoramente pacífica, marcharon hacia Cesarea, donde se encontraba a la sazón Pilato, y le suplicaron que retirara las efigies de la ciudad santa. Pilato se negó a ceder ante aquella petición y entonces los judíos permanecieron durante cinco días postrados ante la residencia del prefecto. Cuando este, irritado por aquella conducta, los amenazó con la muerte, los judíos mostraron sus cuellos indicando que preferían morir a quebrantar la ley de Dios. Finalmente, Pilato optó por retirar las imágenes. El episodio resulta de enorme relevancia porque de él se desprende que los judíos optaron por llevar a cabo una acción que podríamos denominar no violenta y que les permitió alcanzar su objetivo.

---

[6] *Ant.* XVII, 34-5.

[7] En el mismo sentido, M. Smallwood, *The Jews under the Roman Rule*, Leiden, 1976, pág. 172.

[8] Una crítica de diversas opiniones en los especialistas en M. Stern, *The Jewish People*, I, Assen, 1974, pág. 350.

[9] *Guerra* 2, 169-174; *Ant.* 18, 55-59.

Una respuesta similar, en lo que a la ausencia de violencia se refiere, fue la que dieron también los judíos con ocasión de otro de los desaires de Pilato. Nos estamos refiriendo a la utilización de dinero sagrado de los judíos por parte del romano con la finalidad de construir un acueducto[10]. Para los judíos resultaba obvio que el aspecto religioso primaba sobre la consideración práctica de que Pilato hubiera traído el agua desde una distancia de 200 estadios. Sin embargo, aun así, optaron por una conducta pacífica que excluía cualquier forma de violencia. Pilato resolvió entonces disfrazar a parte de sus tropas y darles la orden de que golpearan a los que vociferaban, pero no con la espada, sino con garrotes. El número de heridos fue considerable (entre ellos, los pisoteados por sus compatriotas en el momento en que huyeron en desbandada), pero allí terminó todo el tumulto[11].

El representante de Roma en la zona del mundo donde vivió el pescador era un romano que sentía un profundo desprecio hacia los judíos, que carecía de escrúpulos morales, que no tenía problema alguno en recurrir a la violencia para alcanzar sus objetivos y que se manifestaba susceptible de ceder a las presiones que pudieran poner en peligro su posición.

A continuación, la fuente lucana menciona a tres personajes que representaban el poder local, a saber, Herodes, tetrarca de Galilea, y su hermano Felipe, tetrarca de Iturea y de la provincia de Traconite, y Lisanias, tetrarca de Abilinia. Tan peculiar reparto estaba conectado directamente con la desintegración del reino de Herodes el Grande a manos de Roma[12]. Con el respaldo de Roma, Herodes el Grande reinó desde el año 37 a. C. al 4 a. C. dando muestras repetidas de un talento político extraordinario, aunque despiadado. Durante su primera década en el trono (37-27 a. C.), exterminó

---

[10] *Guerra* 2, 175-77; *Ant.* 18, 60-62.

[11] Pilato, como tendremos ocasión de ver, representó un papel esencial en los últimos días de la vida de Jesús. En el año 36 d. C., como consecuencia de unas protestas presentadas ante Vitelio, gobernador de Siria, por los samaritanos, a los que Pilato había reprimido duramente con las armas, fue destituido.

[12] Acerca del período, véase: M. Grant, *Herod the Great*, Londres, 1971; S. Perowne, *The Life and Times of Herod the Great*, Londres, 1957; P. Richardson, *Herod, King of the Jews and Friend of the Romans*, Minneapolis, 1999; A. Schalit, *König Herodes: der Mann und sein Werk*, Berlín, 1969.

literalmente a los miembros de la familia de los hasmoneos y a buena parte de sus partidarios, y, sobre todo, supo maniobrar en medio de las guerras civiles que ensangrentaron Roma pasando de la alianza con Marco Antonio a la sumisión a su enemigo Octaviano. Precisamente fue Octaviano el que supo captar a la perfección el valor que para Roma tenía Herodes y no solo no lo castigó por sus relaciones con su enemigo Marco Antonio sino que incluso amplió los dominios de Herodes en la franja costera y Transjordania.

Durante la siguiente década y media, Herodes, ya consolidado en el poder, dio muestras de un talento político notable intentando a la vez incorporar los avances de la cultura helenística —acueductos, nudos de comunicación, etc.— y halagar a los súbditos judíos mediante la ampliación del templo de Jerusalén. Gracias a su pericia, Herodes el grande se ganó la reputación de *euerguetes* (bienhechor) gracias a sus muestras de generosidad hacia poblaciones no judías situadas en Fenicia, Siria, Asia Menor e incluso Grecia. De entre los grupos religiosos judíos, los saduceos —de los que hablaremos más adelante— no pasaron de ser un dócil instrumento entre sus manos, pero los fariseos lo fueron contemplando con una hostilidad creciente.

La última década de gobierno de Herodes (13-4 a. C.) estuvo envenenada por confrontaciones de carácter doméstico provocadas por el miedo de Herodes a verse desplazado del trono por sus hijos. De Mariamne la hasmonea, —a la que hizo ejecutar en el 29 a. C., en medio del proceso de liquidación de la anterior dinastía— Herodes tuvo a Alejandro y a Aristóbulo que serían enviados a Roma para recibir una educación refinada; y de Doris, una primera mujer posiblemente idumea, tuvo a Herodes Antípatro. En el 7 a. C., con el consentimiento de Roma, Herodes ordenó estrangular a Alejandro y Aristóbulo. La misma suerte —y también con el permiso de Roma— correría Herodes Antípatro, acusado de conspirar contra su padre. La ejecución tuvo lugar tan solo cinco días antes de que el propio Herodes exhalara el último aliento en Jericó (4 a. C.).

Por muy despreciable que la figura de Herodes pueda resultarnos en términos morales, no se puede negar que su legado fue realmente extraordinario y nada tuvo que envidiar, en términos territoriales, al del propio rey David. Cuando falleció, su reino abarcaba toda Palestina a excepción de Ascalón; territorios en Transjordania; y un amplio terreno en el noroeste que incluía Batanea, Traconítide y Auranítide, pero excluía la Decápolis. Por otro lado, la absorción de los beneficios de la helenización era indudable y, de hecho, los súbditos de Herodes eran, como mínimo, gentes bilingües que, pensaran lo que pensaran de la cultura griega, se aprovechaban, sin embargo, de no pocos de sus logros. Sin embargo, toda aquella herencia no tardó en verse profundamente erosionada.

La muerte de Herodes fue, prácticamente, la señal de salida para que estallaran los disturbios contra su sucesor, Arquelao, y contra Roma. En la Pascua del año 4 a. C. se produjo una sublevación de los judíos porque Arquelao se negó a destituir a Joazar, el nuevo sumo sacerdote de dudosa legitimidad. Pese a que el disturbio quedó sofocado con la muerte de 3000 judíos, apenas unas semanas después, durante la festividad de Pentecostés, el romano Sabino tuvo que hacer frente a un nuevo levantamiento judío que solo pudo conjurar tras recibir ayuda de Varo, el gobernador romano de Siria[13]. Para colmo, el problema no concluyó.

En poco tiempo, la rebelión se extendió, como una mancha de aceite, por todo el país. Como ya señalamos, un rebelde llamado Judas se apoderó de Séforis. Otro, de nombre Simón, se sublevó en Perea. Atrongues y sus cuatro hermanos comenzaron a campear por Judea. Sin embargo, la descoordinación era obvia, ya que lo único que los unía era el odio contra Roma y el deseo de ser reyes[14]. La respuesta de Roma fue rápida y contundente. Séforis fue arrasada y sus habitantes vendidos como esclavos. Safo y Emaús fueron destruidas. Jerusalén fue respetada, aunque se llevó a cabo la crucifixión de dos mil rebeldes.

Ante la incapacidad de Arquelao para reinar, Roma dividió el antiguo reino de Herodes entre tres de sus hijos: Arquelao recibió Judea, Samaria e Idumea; Herodes Antipas, Galilea y Perea, con el título de tetrarca; y Filipo, la Batanea, la Traconítide, la Auranítide y parte del territorio que había pertenecido a Zenodoro. Por su parte, Salomé, la hermana de Herodes, recibió Jamnia, Azoto y Fáselis, mientras que algunas ciudades griegas fueron declaradas libres.

Los sucesores de Herodes no fueron, ni de lejos, mejores moralmente que el monarca idumeo, pero sí demostraron ser más torpes

---

[13] *Guerra* II, 39-54; *Ant.* XVII, 250-268.
[14] *Guerra* II, 55-65; *Ant.* XVII, 269-285.

e incompetentes. Si al deterioro moral y la opresión que significaba Roma le sumamos la corrupción y la incompetencia locales,
poca duda puede haber de que el panorama en que se desenvolvie-
ron las primeras décadas de la vida de Pedro no fue precisamente
halagüeño. En el próximo capítulo —siguiendo la exposición de
Lucas— vamos a adentrarnos en el ámbito espiritual en el que se
movía Pedro. Sin embargo, antes debemos detenernos en cómo era
la sociedad en la que vivía y que gobernaba Roma y sus terminales
políticas en la zona.

La sociedad en el mundo de Pedro

Suele ser habitual repetir de manera insistente, casi como si fuera
un dogma de fe, que la sociedad judía en el Israel del siglo I d. C.,
estaba dividida fundamentalmente en dos clases: los ricos y los
pobres. A partir de ahí trazar paralelos con ciertas sociedades con-
temporáneas resulta muy sencillo. Sin embargo, la realidad que vivió
Pedro fue mucho más matizada, más amplia y más plural que la
descripción simplista a la que nos hemos referido[15].

De entrada, la sociedad contaba con unas características oli-
gárquicas imposibles de negar. Entre los más acomodados se
encontraba en primer lugar, la corte. Tanto Herodes el Grande
como sus sucesores ansiaron desarrollar una forma de vida fastuosa
cuyo coste no fueron capaces de sufragar. Sin embargo, el que no
equilibraran el presupuesto no quiere decir que no se esforzaran
en ello y que, precisamente, para conseguirlo se valieran de personajes tan justamente odiosos y odiados como los publicanos,
los recaudadores de impuestos. Si Pedro y sus contemporáneos
miraban en torno suyo contemplaban de manera dolorosamente
innegable cómo tanto el opresor pagano como el monarca nacional
pretendían privarles lo más que pudieran del fruto de su trabajo.
Como en otras etapas de la historia, ese latrocinio instituciona-
lizado era justificado con referencias a la restauración del templo

---

[15] Sobre este aspecto, ver: J. Jeremias, *Jerusalén en tiempos de Jesús* (Madrid,
1985), págs. 105 ss; H. Guevara, *Ambiente...*, págs. 251 ss.; F. J. Murphy, *The Religious World...*, pág. 277 ss.; C. Vidal, *El Documento Q*, parte I (Barcelona, 2005).

o a la construcción de obras públicas. La realidad es que buena parte de la asfixiante carga impositiva era canalizada a la vida escandalosamente lujosa de la corte herodiana, a llenar los cofres del poder imperial y a satisfacer a los funcionarios que se ocupaban de extraer esos recursos.

Tras los miembros de la corte y dentro de las clases más acomodadas, se hallaba situada una clase a la que podríamos denominar ricos en un sentido general. Sus ingresos, en buena medida, procedían de ser terratenientes propietarios de unos fundos que sufrían, no pocas veces, un absentismo total[16]. Dentro de este sector de la población, era fácil contemplar tanto la pompa relacionada con la celebración de fiestas (Lam. Rab. sobre 4:2) como la práctica de la poligamia[17]. Es cierto que la poligamia fue limitada, pero todo hace pensar que no fue por razones morales sino, muy posiblemente, porque las exigencias económicas de las mujeres de la clase alta resultaban fabulosas. Así, sabemos, por ejemplo, que había un canon establecido, el diezmo de la dote (Ket 66b), destinado a gastos de tipo suntuario como los perfumes (Yoma 39b), los aderezos (Yoma 25), las dentaduras postizas cuyo refuerzo consistía en hilos de oro y plata (Shab 6, 5), etc. Hasta qué punto esto era considerado como un derecho y no como un lujo, lo podemos ver en casos como el de la hija de Naqdemón —seguramente, el Nicodemo del cuarto Evangelio— que maldijo a los doctores porque, cuando fijaron su pensión de viudedad, solo destinaron cuatrocientos denarios de oro a gastos de este tipo (Ket 66b; Lam. Rab. 1, 51 sobre 1, 16). En otras palabras, los gastos para este tipo de lujos superaban a los ingresos anuales de una familia de trabajadores.

En esta clase superior estaban también los grandes hombres de negocios, los grandes recaudadores de impuestos, los rentistas y —dato muy importante— la nobleza sacerdotal. El oficio de sumo sacerdote, por ejemplo, ya exigía contar de por sí con un caudal considerable. En no pocas ocasiones, el puesto se obtenía simoníacamente (2 Mac. 4:7-10, 24, 32; Yeb. 61a), pero, en cualquier caso, algunas de sus obligaciones, como la de pagar las víctimas

---

[16] Un ejemplo de este tipo lo constituiría Ptolomeo, el ministro de finanzas de Herodes (*Ant.* XVII, 10, 9).

[17] J. Leipoldt, *Jesus und die Frauen* (Leipzig, 1921), págs. 44-49.

del Yom Kippur, resultaban considerablemente caras (*Ant*. III, 10, 3; Lev. 16:3). No debería sorprender que, por ejemplo, un ministerio que debería haber sido espiritual acabara convirtiéndose en un lucrativo negocio familiar. Así, fue habitual que se aprovecharan de ser administradores del tesoro del templo para cubrir las plazas de tesoreros con parientes (Pes 57a bar; Tos Men 13, 21). Era común asimismo que contaran con propiedades (bar.Yoma 35b; Lam R. 2, 5). Capítulo especial en esta cadena de corruptelas era el constituido por la venta de animales para los sacrificios en el templo de Jerusalén. Por si fuera poco, llegado el caso de engrosar sus beneficios, tampoco se echaron atrás en la utilización de la violencia más repulsiva (Pes 57a bar; Josefo, *Vida* XXXIX; *Ant*. XX, 8, 8).

De la opulencia, no pocas veces escandalosa, de los ricos, la sociedad no descendía inmediatamente a los pobres. A decir verdad, la sociedad en la que vivió Pedro conoció distintas clases medias que no eran, ciertamente, acaudaladas, pero que tampoco pueden describirse como pobres aunque, como pasa tantas veces con los miembros de las clases medias, sus miembros pudieran sufrir el riesgo de empobrecimiento. La composición de esas clases medias era muy variada. En ellas estaban los pequeños comerciantes, los poseedores de alguna tienda en un bazar; los artesanos que, a la vez, eran propietarios de sus talleres; las personas dedicadas al hospedaje en posadas o relacionadas con el mismo; los empleados y obreros del templo —que, en términos generales y partiendo de un nivel comparativo, estaban bien remunerados— y los sacerdotes no pertenecientes a las clases altas. También conocemos ejemplos de rabinos que trabajaban para ganarse el sustento pudiendo encuadrarse en estas clases medias. Es el caso de figuras como Shammay (Shab 31a), Hillel (Yoma 35b bar), Yojanan ben Zakkay (Sanh 41 a; Sifré Deut. 34:7; Gn. Rab 100, 11 sobre 50, 14), R. Eleazar ben Sadoc (Tos. Besa 3, 8), Abbá Shaul ben Batnit (Tos. Besa 3, 8; Besa 29a bar) o, más tarde, Pablo (Hech. 18:3). Lamentablemente, también es cierto que sabemos que algunos fariseos —de los que hablaremos más adelante— aceptaron sobornos (*Guerra* I, 29, 2) o que fueron acusados ocasionalmente de avaricia (Luc. 16:14) e incluso de rapacidad (Mar. 12:40; Luc. 20:47).

Pedro y su hermano —al igual que los hijos de Zebedeo— formaban parte, en su calidad de pescadores con medios propios, de esa clase media. De hecho, los hijos de Zebedeo contaban, según las fuentes, con asalariados (Mar. 1:19-20 y par.) y Pedro tenía un negocio de pesca que explotaba a medias con su hermano y que le permitía tener una casa (Mar. 1:16 ss.; 1:29-31).

Por debajo de esas clases medias, se encontraba buena parte de la población de Israel y, por supuesto, de la Galilea donde vivía Pedro. En primer lugar, en este grupo, estaban los jornaleros. Su salario venía a rondar el denario diario (Mat. 20:2 y 9; Tob. 5:15) comida incluida (B. M, 7, 1). Carentes de cualquier tipo de protección social y al constituir el soporte económico de la familia, el hecho de que no encontraran trabajo implicaba un drama humano de dimensiones incalculables como podemos ver, por ejemplo, en pasajes del Talmud (Yoma 35b bar.). El sector que vivía de los demás de manera más dramática fue el formado por los mendigos. No faltaban los casos de personas que se fingían inválidas para obtener limosna (Pea 8, 9; Ket 67b-68a). Sin embargo, los enfermos auténticos —por ejemplo, leprosos o ciegos— que mendigaban en sus inmediaciones o en la misma ciudad eran considerablemente numerosos (Pes 85b; San 98a). Incluso no era poco habitual que algunos se mantuvieran de colarse en las bodas y las circuncisiones (Sem 12; Tos Meg 4, 15).

Finalmente, en el segmento más pobre de la sociedad, nos encontramos con los esclavos, aunque desempeñaran escaso papel, por ejemplo, en las áreas rurales y, por debajo de ellos, los endemoniados y los leprosos a los que se obligaba a vivir fuera de la sociedad. En cuanto a los esclavos hay que señalar que eran mejor tratados que sus compañeros del mundo no judío y que su origen podía ser judío o gentil (B.M. 1, 5; M. Sh 4, 4). No era desacostumbrado que estos últimos fueran circuncidados, tras un año de reflexión, convirtiéndose así en judíos[18]. Por esta razón era muy común que los libertos fueran generalmente prosélitos salvo quizá en el caso de la corte.

En un mundo donde el panorama político era, como mínimo, desasosegante y la situación económica y social incluso entre las

---

[18] Generalmente en caso de negarse, eran vendidos a amos gentiles. Al respecto, ver: E. Riehm, *Handworterbuch des biblischen Altertums*, v. II (Leipzig, 1894), pág. 1524 a.

clases medias a las que pertenecía Pedro resultaba insegura por el peso de los impuestos y las circunstancias de trabajo, la religión implicaba un recurso relevante para poder sortear o, al menos, intentar sortear las dificultades de la vida. En ese panorama religioso, nos vamos a detener en el siguiente capítulo.

CAPÍTULO II

EL MUNDO DE PEDRO (II):
EL PANORAMA ESPIRITUAL

El panorama espiritual (I): La Torá

El panorama social, económico y político descrito en las páginas anteriores resultaría incompleto para entender el mundo de Pedro si no se contemplara también el trasfondo religioso. Si bien la presencia pagana era indudable en Galilea e incluso había zonas enteras más relacionadas con las religiones orientales o con el mundo grecorromano, no es menos cierto que la población judía era muy importante. Su vida giraba en torno de la Torá, la ley que el único Dios verdadero había entregado a Moisés casi milenio y medio atrás. La Torá proporcionaba una guía para toda la vida, aunque la interpretación de cuestiones concretas difiriera según los diferentes grupos de este período histórico que, convencionalmente, se denomina judaísmo del segundo templo.

Los varones eran circuncidados al octavo día, la totalidad de la familia se sometía a una dieta alimenticia concreta que determinaba qué alimentos eran puros y cuáles impuros; era sabedora de cómo debía desarrollarse su existencia y seguían el desarrollo del año sobre la base de un calendario totalmente religioso. De hecho, eran seis las fiestas[19] que los judíos celebraban de manera especial. La primera del año era la de *Purim* (suertes) celebrada en torno a nuestro primero de marzo en conmemoración de la liberación de los judíos de manos de Amán, según narra el libro bíblico de Ester. Era una fiesta especialmente alegre donde se conmemoraba cómo el pueblo de Israel podía haber sido víctima mortal de Amán y

---

[19] Para un análisis más detallado de las fiestas, véase: C. Vidal, *Diccionario de Jesús y los Evangelios*, Estella.

cómo, sin embargo, la cercanía de Ester a su marido, el rey persa, salvó a los judíos.

La segunda fiesta era la Pascua o Pésaj. Se celebraba el 14 de Nisán (cerca de nuestro inicio de abril) en memoria de la liberación de los israelitas de la esclavitud que habían sufrido en Egipto. Su importancia era tal que los romanos solían liberar un preso en esa fecha, de acuerdo con la voluntad del pueblo. Durante la misma, la familia se reunía a cenar un cordero que recordaba el ya sacrificado durante el éxodo y cuya sangre había sido colocada en los dinteles de las puertas para que el ángel no matara a los primogénitos como sí sucedió con los de los egipcios.

A continuación de la Pascua, y, en asociación con ella, tenía lugar la fiesta de los panes sin levadura durante siete días. De manera bien reveladora, la idea predominante de esta fiesta era la de la limpieza. Los panes estaban exentos de levadura como las acciones del pueblo de Dios debían verse libres de cualquier elemento de corrupción.

En tercer lugar, los judíos celebraban la festividad de Pentecostés, que tenía lugar cincuenta días después de Pascua, cerca del final de mayo. Se conmemoraba en ella la entrega de la Torá a Moisés, así como la siega del grano del que se ofrecían en el templo dos de los llamados «panes de agua». En esa fiesta se fortalecía la esperanza de una buena cosecha.

Venía después el Día de la Expiación o *Yom Kippur* que, en realidad, consistía más en un ayuno que en una fiesta. Era el único día en que el sumo sacerdote podía entrar en el lugar santísimo para ofrecer incienso y rociar la sangre de los sacrificios. Tras realizar estos actos, se soltaba un macho cabrío al desierto que sobre sí llevaba, simbólicamente, la culpa de la nación, y se sacaban fuera de la ciudad los restos de los animales sacrificados en holocaustos. Durante el día se ayunaba y oraba de manera especialmente solemne.

Cinco días después tenía lugar la fiesta de los tabernáculos o cabañas, cercana a nuestro primero de octubre. Se conmemoraba con ella la protección que Dios había dispensado a Israel mientras vagaba por el desierto a la salida de Egipto y servía asimismo para dar gracias a Dios por las bendiciones recibidas durante el año. Durante esta festividad, era costumbre que la gente viviera en cabañas improvisadas, y situadas a no más distancia de Jerusalén de la que se permitía recorrer durante el descanso del día del sábado, en recuerdo de la experiencia pasada de Israel. Los dos actos religiosos principales eran el derramamiento de una libación de agua, realizada por un sacerdote usando una jarra de oro con agua del Estanque de Siloé, y la iluminación del templo mediante cuatro enormes lámparas que se situaban en el patio de las mujeres.

Finalmente, se celebraba la fiesta de la dedicación (a mediados de nuestro mes de diciembre, aproximadamente) que conmemoraba la restauración y la rededicación del templo realizada por Judas Macabeo después de que el recinto fuera profanado blasfemamente por Antíoco IV Epífanes que sacrificó en el altar una cerda. Por supuesto, no todos los judíos podían permitirse bajar a Jerusalén a celebrar las fiestas —aunque muchos lo hacían— y era muy habitual que entre los que descendían se encontraran grupos nutridos de galileos.

El panorama espiritual (II): el templo

Las fiestas de Israel tenían como punto focal el templo de Jerusalén[20] . De hecho, para los judíos de la época, el templo constituía el único lugar donde Dios podía ser adorado de una manera correcta y adecuada. El templo que conoció Simón fue uno de los edificios mayores de todo el Imperio, quizá el mayor fuera de la Roma imperial. Su construcción fue iniciada por Herodes el Grande el año 20 a. C., en un intento de congraciarse con sus súbditos judíos. Las tareas de edificación duraron décadas. Los trabajos —que proporcionaban empleo a multitud de personas— solo concluyeron el año 64 d. C., poco más de un lustro antes de ser destruido por los romanos.

De área rectangular, más ancho por el norte que por el sur, se hallaba situado sobre el monte Moria, una colina enclavada en el lado inferior u oriental de Jerusalén, el lugar donde, según la tradición, Abraham había llevado a su hijo Isaac para ser sacrificado. El templo se hallaba rodeado de murallas con almenas, pero

---

[20] Sobre el templo, véase «Templo» en C. Vidal, *Diccionario de Jesús y los Evangelios*, Estella, «Expiación», «Jurbán» y «Templo» en C. Vidal, *Diccionario de las tres religiones* (Madrid, 1992); J. Jeremias, *Jerusalén en tiempos de Jesús*, Madrid, 1985, págs. 167 y ss; A. Edersheim, *The Temple* (Grand Rapids, 1987) e *Ibid.*, *Sketches of Jewish Social Life* (Grand Rapids, 1988).

desconocemos con precisión total dónde estaban situadas las puertas que, al menos, fueron cinco. Entrando por la puerta sur, en poniente, uno se encontraba, en primer lugar, con el patio de los gentiles, denominado así porque en el mismo podían estar los no judíos.

A una altura de algo más de un metro de este patio se hallaba el santuario. En el mismo, no podían entrar los goyim o no judíos, tal y como muestran las fuentes antiguas. Con todo, sí tenían la posibilidad de ofrecer, a través de los sacerdotes judíos, sus ofrendas al único Dios verdadero. A este patio se accedía a través de nueve puertas. Desplazándonos de oriente a poniente, se encontraba el patio de las mujeres (en el que podían entrar las mujeres judías, pero sin traspasarlo), el patio de Israel (donde podía penetrar todo varón israelita con la edad adecuada y tras purificarse debidamente) y, separado por una balaustrada baja, el patio de los sacerdotes. Esta última división tenía al frente el altar de los holocaustos donde, diariamente, los sacerdotes ofrecían sus sacrificios a Dios.

El templo, en un sentido estricto, se dividía en el lugar santo (donde estaba el altar del incienso, una mesa para el pan de las proposiciones y el candelabro de oro con siete brazos) y el santísimo, que estaba separado del anterior mediante una cortina ricamente bordada. En el interior no había muebles ni, por supuesto, imágenes, por cuanto el Decálogo prohíbe su elaboración y el rendirles culto (Ex. 20:4-5). A decir verdad, solo existía una piedra grande sobre la cual el sumo sacerdote colocaba el incensario de oro una vez al año, el Día de la Expiación o *Yom Kippur*. Estaba permitido entrar en el recinto, pero solo en ese día —en que se realizaba un sacrificio expiatorio por los pecados de todo Israel— y solo al sumo sacerdote.

El servicio del templo se hallaba bajo el control único de los sacerdotes, y se realizaba diariamente. Cada mañana y cada tarde se ofrecía un holocausto en favor del pueblo, consistente en un cordero macho de un año, sin mancha ni defecto, acompañado por una ofrenda de comida y otra de bebida, quema de incienso, música y oraciones.

El acceso al sacerdocio solo estaba permitido a los descendientes de Aarón, el hermano de Moisés, y sus genealogías se custodiaban con esmero precisamente para evitar las intrusiones indeseadas. Esto implicaba asimismo la existencia de unas reglas muy estrictas para sus matrimonios. Como ayudantes, los sacerdotes contaban con la ayuda de los levitas, que se dedicaban a tareas accesorias relacionadas con el servicio del templo.

Como institución, el templo se mantenía mediante un sistema de contribuciones muy bien elaborado que iba desde los diezmos a una tributación especial y ofrendas relacionadas con el rescate de los primogénitos varones, etc. En tiempos de Jesús constituía un auténtico emporio económico.

Solo comprendiendo la importancia del templo podemos entender algunos de los datos que nos han llegado en el Nuevo Testamento y en otras fuentes. Es el caso de la aversión existente entre los judíos y los samaritanos. Éstos pretendían ser seguidores de Moisés y consideraban la Torá como revelación divina, con algunas variantes textuales. Esperaban a una especie de mesías[21] conocido como «taheb», pero adoraban a Dios en otro santuario situado sobre el monte Gerizim. Aquel estado de cosas era más que suficiente para indisponer entre sí a ambos pueblos. Los judíos ni siquiera osaban pasar por Samaria en sus viajes a Jerusalén y los samaritanos no perdían ocasión para hostigarlos.

Todo ese esplendor del templo, sus edificaciones y sus fiestas tenía un desasosegante anverso en las autoridades que lo regían. Como en tantas ocasiones, Lucas deja de manifiesto una especial agudeza (Luc. 3:2) ya que menciona como sumos sacerdotes no a un personaje sino a dos, en concreto, Anás y Caifás. Con esa afirmación —que un observador descuidado habría tomado por un error histórico— Lucas señalaba una realidad que marcó durante décadas la política religiosa en el seno de Israel. El sumo sacerdote siempre fue, *de facto*, Anás dando lo mismo si ostentaba o no oficialmente el título. En otras palabras, en no pocas ocasiones, hubo un sumo sacerdote oficial —como Caifás— y otro que era el real y que se llamaba Anás.

Anás fue designado como sumo sacerdote en la provincia romana de Judea por el legado romano Quirinio en el año 6 d. C. Se trató de un paso de extraordinaria relevancia porque tuvo lugar justo después de que Roma hubiera procedido a la destitución de Arquelao y hubiera colocado Judea bajo su gobierno directo. Anás se convertía así en la primera autoridad judía precisamente en el lugar donde se

---

[21] Sobre el mesías, véase pág. 101.

asentaban Jerusalén y su templo. Durante una década que fue del 6 al 15 d. C., Anás fue sumo sacerdote. Finalmente, el procurador Grato lo destituyó, aunque no consiguió acabar con su influencia. De hecho, durante las siguientes décadas, Anás mantuvo las riendas del poder religioso en sus manos a través de alguno de sus cinco hijos o de su yerno Caifás, todos ellos sucesores suyos como sumos sacerdotes aunque, en realidad, no pasaran de ser sus subordinados. Josefo dejó al respecto un testimonio bien revelador:

> Se dice que el anciano Anás fue extremadamente afortunado. Tuvo cinco hijos y todos ellos, después de que él mismo disfrutó previamente el oficio durante un periodo muy prolongado, se convirtieron en sumos sacerdotes de Dios, algo que nunca había sucedido con ningún otro de nuestros sumos sacerdotes.[22]

Anás y sus sumos sacerdotes subrogados mantuvieron su poder hasta el final del período del segundo templo y lo hicieron convirtiendo el sistema religioso es una inmensa trama de corrupción. Como acabaría diciendo Jesús, convertirían el templo en una cueva de ladrones (Mat. 21:13). Es un juicio moderado si se compara con lo que el mismo Talmud dice de los sumos sacerdotes de la época a los que se acusa de golpear con bastones, dar puñetazos o, en el caso de la casa de Anás, silbar como las víboras, es decir, susurrar con un peligro letal[23].

Sin embargo, a pesar de la centralidad del templo y de su innegable relevancia espiritual existía otro foco de vida religiosa más cercano y no menos relevante para muchos judíos. Nos estamos refiriendo a la sinagoga.

El panorama espiritual (III): la sinagoga

Carecemos de una certeza total acerca de los orígenes de la sinagoga. Algunas fuentes judías los sitúan en la época de Moisés, pero tal dato es, claramente, un anacronismo legendario e inexacto

---

[22] *Antigüedades*, XX, 9.1.
[23] Pesajim 57ª.

históricamente. Lo más posible, en realidad, es que las primeras sinagogas surgieran durante el exilio de Babilonia, en torno al siglo VI a. C., como un intento de crear un lugar de reunión —que es lo que significa la palabra griega «sinagoga»— para los judíos que no podían acudir al templo de Jerusalén arrasado, a la sazón, por Nabucodonosor II.

Con todo, más que una finalidad de culto, la función específica de la sinagoga era la de proporcionar un lugar para el estudio de la Torá de Moisés. Aunque inicialmente las reuniones solo debieron tener lugar en sábado, con el paso del tiempo se fueron instituyendo otras específicas en la época de las grandes fiestas como sustituto para aquellos que no podían subir a celebrarlas a Jerusalén. En la época de Simón era común, además, que tuvieran lugar reuniones los lunes y los jueves. La razón de esta práctica parece haber sido que la gente del campo traía los frutos al mercado en esos días y podía aprovechar para participar en reuniones piadosas.

Los cultos en las sinagogas contaron seguramente con una cierta estructura. Tras las «bendiciones» preliminares, se procedía a recitar el *Shemá*, la oración contenida en Deuteronomio 6 que afirma que solo hay un Dios, el Dios de Israel, al que hay que amar y obedecer; a orar; a leer una porción de la Torá de Moisés (y, generalmente, después de los profetas) y, finalmente, se solía invitar a alguien para realizar algún comentario expositivo o exhortatorio. La bendición final, pronunciada por un sacerdote, concluía el culto.

Con la sinagoga estaba conectado un cuerpo de lo que podríamos denominar funcionarios: los ancianos (elegidos por la congregación para supervisar la vida de la comunidad), el «príncipe» o «principal» (que solía ocuparse de los servicios principales de la sinagoga y de funciones como la conservación del edificio, la custodia de los rollos de las Escrituras, etc.), los «receptores» (responsables de las colectas y distribución de las limosnas), el «ministro» —en griego, «diácono»— (ayudante del «príncipe») y el recitador de oraciones, que relacionaba a las sinagogas con el mundo exterior.

No resulta difícil comprender por qué las sinagogas fueron adquiriendo una relevancia cada vez mayor en la vida espiritual de los judíos y cómo esa importancia se convirtió en suma tras la destrucción del templo de Jerusalén por los romanos en el año 70 d. C.

El panorama espiritual (IV): las sectas

Acostumbrado a las definiciones dogmáticas que caracterizan a las religiones que conoce, más o menos superficialmente, el hombre de nuestro tiempo —incluso el judío— difícilmente puede hacerse una idea de la variedad que caracterizaba al judaísmo que antecedió la época de Jesús y que existió, al menos, hasta la destrucción del templo en el año 70 d. C. Salvo la creencia en el Dios único y verdadero que se había revelado históricamente al pueblo de Israel (Deut. 6:4) y cuyas palabras habían sido entregadas en la Torá o Ley a Moisés, los distintos segmentos espirituales del pueblo judío poco tenían que los uniera por igual, incluidas instituciones como el templo o la sinagoga. Por otro lado, existía una clara ausencia de creencias que ahora son comunes en sectores del judaísmo como la de la reencarnación o la práctica de una magia sagrada. Esos aspectos —incluidas no pocas interpretaciones de las Escrituras— estuvieron totalmente ausentes del judaísmo del segundo templo a pesar de su innegable variedad. Comencemos con un grupo que, en buena medida, resultó transversal a los demás. Nos referimos a los escribas.

El término «escriba»[24] no es del todo claro y parece referirse, inicialmente, a una labor relacionada fundamentalmente con la capacidad para leer y poner por escrito. Dado el grado de analfabetismo de la sociedad antigua no es de extrañar que constituyeran un grupo específico, aunque no puede decirse que tuvieran una visión tan estrictamente delimitada como la de grupos como los fariseos o los saduceos. Sin duda, fue un grupo estratificado que abarcaba desde puestos encuadrados en el alto funcionariado a simples escribas de aldeas que, quizá, se limitaban a desarrollar tareas sencillas como las de consignar contratos por escrito[25].

Hubo escribas, seguramente, en la mayoría de los distintos grupos religiosos judíos. Los intérpretes de la Torá que se daban cita entre los fariseos, probablemente fueron escribas; los esenios contaron con escribas, y lo mismo podríamos decir en relación

---

[24] Sobre los escribas, véase: A. J. Saldarini, *Pharisees, Scribes and Sadducees in Palestinian Society. A Sociological Approach* (Wilmington, 1988).

[25] En ese sentido, F. J. Murphy, *The Religious World of Jesus* (Nashville, 1991), págs. 219 ss.

con el servicio del templo o de la corte. Esto obliga a pensar que distaron de mantener un punto de vista uniforme. De hecho, la literatura rabínica no los presenta encuadrados en una imagen homogénea. En unas ocasiones, aparecen como copistas y, en otras, como expertos en cuestiones legales. Esdras, que vivió en el siglo IV a. C. y que tuvo un papel de enorme relevancia en la recuperación espiritual de Israel tras el destierro en Babilonia, aparece descrito en el libro que lleva su nombre precisamente como escriba (Esd. 7:6). Esta misma sensación de que eran un grupo diverso que se extendía por buen número de las capas sociales es la que se desprende de los escritos del historiador judío del siglo I d. C., Flavio Josefo. Así, nos habla tanto de un cuerpo de escribas del templo que, prácticamente, equivalía a un funcionariado (*Ant.* 11, 5, 1; 12, 3, 3) como de algún escriba que pertenecía a la clase alta (*Guerra* 5, 13, 1). Estos datos son corroborados por los datos que aparecen en los Evangelios.

De considerable relevancia fueron los fariseos. Los datos históricos que disponemos acerca de ellos[26] nos han llegado fundamentalmente a partir de tres tipos de fuentes: los escritos de Josefo, los contenidos en el Nuevo Testamento y los de origen rabínico. Josefo nos ha transmitido un retrato de fariseos, saduceos y esenios que estaba dirigido, fundamentalmente, a un público no judío y que, precisamente por ello, en su deseo por resultar inteligible opaca, en ocasiones, la exactitud de la noticia. Josefo utiliza para referirse a los tres colectivos el término griego *hairesis*, que podría traducirse como «secta» y que es correcto, pero solo si se da a tal palabra un contenido similar al de «escuela» en el ámbito filosófico helenístico. Josefo, como tantos judíos a lo largo de la historia, utilizaba para escribir no el hebreo sino la lengua que era el griego denominado *koiné*, es decir, común. Josefo estaba vinculado a los fariseos e incluso tenía un especial interés en que los romanos los aceptaran, a pesar de su carácter minoritario, como la columna vertebral del pueblo judío tras la destrucción del templo en el 70 d. C. No debería extrañarnos, por ello, que el retrato que nos transmite resulte muy

---

[26] Acerca de los fariseos, véase: C. Vidal, *Diccionario de Jesús y los Evangelios*, Estella; L. Filkenstein, *The Pharisees*, (Filadelfia, 1966); J. Neusner, *The Rabbinic Traditions About the Pharisees Before 70*, 3 vols, 1971; J. Bowker, *Jesus and the Pharisees* (Cambridge, 1973); A. Saldarini, OC.

favorable. Al respecto las citas no permiten llamarse a engaño. Por ejemplo, al referirse a ellos en la *Guerra* afirma:

> Los fariseos, que son considerados como los intérpretes más cuidadosos de las leyes, y que mantienen la posición de secta dominante, atribuyen todo al Destino y a Dios. Sostienen que actuar o no correctamente es algo que depende, mayormente, de los hombres, pero que el Destino coopera en cada acción. Mantienen que el alma es inmortal, si bien el alma de los buenos pasa a otro cuerpo, mientras que las almas de los malos sufren un castigo eterno. (*Guerra* 2, 8, 14)

> En cuanto a los fariseos, dicen que ciertos sucesos son obra del destino, si bien no todos. En cuanto a los demás sucesos, depende de nosotros el que sucedan o no. (*Ant.* 13, 5, 9.)

Más extensa y más favorable es la descripción que dejó en las *Antigüedades* donde aparece, por ejemplo, una referencia al papel importante que otorgaban a la tradición y una insistencia en su carácter urbano que constituye una referencia apenas oculta a su supuesta importancia:

> Los fariseos siguen la guía de aquella enseñanza que ha sido transmitida como buena, dando la mayor importancia a la observancia de aquellos mandamientos... Muestran respeto y deferencia por sus ancianos, y no se atreven a contradecir sus propuestas. Aunque sostienen que todo es realizado según el destino, no obstante, no privan a la voluntad humana de perseguir lo que está al alcance del hombre, puesto que fue voluntad de Dios que existiera una conjunción y que la voluntad del hombre, con sus vicios y virtudes, fuera admitida a la cámara del destino. Creen que las almas sobreviven a la muerte y que hay recompensas y castigos bajo tierra para aquellos que han llevado vidas de virtud o de vicio. Hay una prisión eterna para las almas malas, mientras que las buenas reciben un paso fácil a una vida nueva. De hecho, a causa de estos puntos de vista, son extremadamente influyentes entre la gente de las ciudades; y todas las oraciones y ritos sagrados de la adoración divina son realizados según su forma de verlos. Éste es el gran tributo que los habitantes de las ciudades, al practicar el más alto

ideal tanto en su manera de vivir como en su discurso, rinden a la excelencia de los fariseos... (*Ant.* 18, 1, 3)

No son estas las únicas referencias a los fariseos contenidas en las obras de Josefo y debe señalarse que, ocasionalmente, pueden incluso resultar contradictorias en algunos aspectos. Así, por ejemplo, la descripción de las *Antigüedades* (escritas aprox. 94 d. C.) contiene un matiz político y apologético que no aparece en la de la *Guerra* (aprox. 75 d. C.). De hecho, Josefo en *Ant.* 18, 1, 2-3, los presenta como todopoderosos (algo muy sugestivo e incluso tentador, seguramente, para el invasor romano que necesitaba colaboradores para afianzar su poder tras la guerra) aunque es considerablemente dudoso que su popularidad entre la población resultara tan grande.

Datos consignados por Josefo, como la presunta influencia de los fariseos sobre la reina Alejandra (*Ant.* 13, 5, 5) o cerca del rey Herodes (*Ant.* 17, 2, 4), parecen estar concebidos para mostrar no tanto la realidad como lo beneficioso que podía resultar para un gobernante que deseara controlar Judea el contar con ellos como aliados políticos. En esta misma obra, Josefo retrotrae la influencia de los fariseos al reinado de Juan Hircano (134-104 a. C.). Debe señalarse que estas referencias no resultan históricamente seguras y apuntan más bien a un relato modelado sobre la base del interés propagandístico y político.

La autobiografía de Josefo —titulada *Vida* y escrita en torno al 100 d. C.— vuelve a abundar en esta presentación de los fariseos. Uno de sus miembros, un tal Simón, aparece como persona versada en la Ley y dotada de una moderación política y una capacidad persuasiva encomiables (*Vida* 38 y 39).

A las notas distintivas mencionadas en relación con los fariseos habría que añadir la común creencia en el Dios único y en su Torá; la aceptación del sistema de sacrificios sagrados del templo (que, no obstante, no era común a todas las sectas) y la creencia en la venida del Mesías (que tampoco era sustentada por todos).

Los textos rabínicos contienen información de especial importancia por cuanto los fariseos fueron los predecesores de los rabinos. Estas tradiciones se hallan recogidas en la Mishná (concluida hacia el 200 d. C. aunque sus materiales son muy anteriores), la Toseftá (escrita hacia el 250 d. C.), y los dos Talmudes, el palestino (escrito sobre el 400-450 d. C.) y el babilonio (escrito hacia el 500-600 d. C.). Dada la distancia considerable de tiempo entre estos materiales y el periodo de tiempo abordado, resulta obligado examinarlos de manera crítica. El rabino J. Neusner[27] ha señalado la existencia de 371 tradiciones distintas, contenidas en 655 pasajes, relacionadas con los fariseos anteriores al año 70 d. C. De las 371, unas 280 están relacionadas con un fariseo llamado Hilel, un rabino del siglo i a. C. que vino desde Babilonia hasta Judea y fundó una escuela de interpretación. Opuesta a la escuela del rabino Shammai, se convertiría en la corriente dominante del fariseismo (y, con ello, del judaísmo) a finales del siglo i d. C. Se suele repetir que Hilel era un rabino liberal y que, por ello, Jesús debió estar influido por sus puntos de vista, pero la realidad es que ni la trayectoria ni las enseñanzas de Hilel pueden contemplarse de una manera tan idealizada. Por ejemplo, ideó un sistema para que se pudiera eludir el cumplimiento de la ley de perdón del Jubileo lo que erosionaba claramente el mandato contenido en la Torá[28] y aceptó como causa de divorcio el que una esposa quemara la comida. Identificarlo, pues, con Jesús constituye un considerable error.

Los datos que nos ofrecen las fuentes rabínicas en relación con los fariseos coinciden sustancialmente con los contenidos en Josefo y también en los escritos del Nuevo Testamento: tradiciones interpretativas propias, creencia en la inmortalidad del alma, el infierno y la resurrección, etc. No obstante, nos proporcionan más datos en cuanto a los personajes claves del movimiento. Así, la literatura rabínica nos ha transmitido severas críticas dirigidas a los fariseos. El Talmud (Sota 22b; TJ Berajot 14 b) habla de siete clases de fariseos de las cuales solo dos eran buenas, mientras que las otras cinco estaban constituidas por hipócritas. Entre estos, estaban los fariseos que «se ponen los mandamientos a las espaldas» (TJ Berajot 14 b), algo que recuerda la acusación de Jesús de que echaban cargas en las espaldas de la gente sin moverlas ellos con un dedo (Mat. 23:4).

De la misma forma, los escritos de los sectarios de Qumran manifiestan una clara animosidad contra los fariseos. Los califican de

---

[27] J. Neusner, *From Politics to Piety: The Emergence of Rabbinic Judaism* (Nueva York, 1979), pág. 81.

[28] Sobre este aspecto, véase John Howard Yoder, *The Politics of Jesus* (Grand Rapids, 1972), págs. 69.

«falsos maestros», «que se encaminan ciegamente a la ruina» y «cuyas obras no son más que engaño» (*Libro de los Himnos* 4, 6-8), algo que recuerda mucho la acusación de Jesús de ser «ciegos y guías de ciegos» (Mat. 23:24). En cuanto a la invectiva de Jesús acusándolos de no entrar ni dejar entrar en el conocimiento de Dios (Luc. 11:52) son menos duras que el qumraní Pesher de Nahum 2, 7-10, donde se dice de ellos que «cierran la fuente del verdadero conocimiento a los que tienen sed y les dan vinagre para apagar su sed».

De los 655 pasajes o perícopas estudiados por Neusner, la mayor parte están relacionados con diezmos, ofrendas y cuestiones parecidas y, después, con normas de pureza ritual. Los fariseos habían llegado a la conclusión de que la mesa donde se comía era un altar y que las normas de pureza sacerdotal que solo eran obligatorias para los sacerdotes debían extenderse a toda la población. Para ellos, tal medida era una manera de imponer la espiritualidad más refinada a toda la población de Israel, haciéndola vivir en santidad ante Dios. Después de la catástrofe del año 70 d. C., en la que fue arrasado el templo de Jerusalén, un sector de los fariseos acabaría monopolizando el control de la vida espiritual de Israel. De esa base surgirían la Mishná y el Talmud y con ellos, el judaísmo posterior al segundo templo.

Los fariseos, en última instancia, se veían como un Israel verdadero que destacaba —casi podríamos decir que brillaba— en medio de aquellos que, siendo judíos, no vivían de acuerdo con su visión de la religión. Su sueño era acabar vertebrando a todo el pueblo de Israel en torno a su interpretación de la Torá y debe reconocerse que lo consiguieron, pero solo después del inmenso desastre nacional que significó la toma de Jerusalén y la destrucción del templo.

De considerable importancia fueron los saduceos y rivalizaban con los fariseos por el control del pueblo judío. Sobre ellos[29], al igual que sucede con los fariseos, contamos con noticias que proceden de los escritos de Flavio Josefo, de los documentos neotestamentarios y de las fuentes rabínicas.

---

[29] Acerca de los saduceos, véase: C. Vidal, *Diccionario de Jesús y los Evangelios*, Estella; D. Gowan, *«The Sadduccees»* en *BBT*, págs. 139-55; J. Lighstone, *Sadduccees Versus Pharisees: The Tannaitic Sources* en J. Neusner (ed), *Christianity, Judaism and Other Greco-Roman Cults: Studies for Morton Smith at 60*, (Leiden, 1973), vol. 3, págs. 206-17; A. Saldarini, O.C.

Josefo recoge en sus obras cuatro descripciones breves de los saduceos:

> El partido saduceo [...] sostiene que solo aquellas regulaciones que están escritas deberían ser consideradas como válidas, y que aquellas que han sido transmitidas por las anteriores generaciones no tienen que ser observadas. Respecto a estos asuntos, los dos partidos (fariseos y saduceos) tienen controversias y serias diferencias, contando los saduceos con la confianza de los poderosos solo, pero sin que los siga el pueblo, mientras que los fariseos cuentan con el apoyo de las masas. (*Ant.* 13, 10, 6)

> Los saduceos sostienen que el alma perece junto con el cuerpo. No observan nada salvo las leyes y, de hecho, consideran como virtud el discutir con los maestros del camino de sabiduría que siguen. Son pocos los hombres a los que se ha dado a conocer esta doctrina, pero los mismos pertenecen a una posición elevada. (*Ant.* 18, 1, 4)

> Los saduceos, el segundo de los partidos, también rechazan el destino y apartan de Dios no solo la comisión, sino la misma visión del mal. Mantienen que el hombre cuenta con una voluntad libre para elegir entre el bien y el mal, y que depende de la voluntad del hombre si sigue uno u otro. En cuanto a la persistencia del alma después de la muerte, las penas en el infierno, y las recompensas, no creen en ninguna de estas cosas [...]. Los saduceos [...] son, incluso entre sí mismos, bastante ásperos en su comportamiento y, en su conducta con sus iguales, son tan distantes como en la que observan con los extraños. (*Guerra* 2, 8, 14)

> Pero los saduceos niegan el destino, sosteniendo que no existe tal cosa y que las acciones humanas no se realizan de acuerdo con su decreto, sino que todas las cosas están en nuestro poder, de manera que nosotros mismos somos responsables de nuestro bienestar, mientras que si sufrimos la desgracia, esta se debe a nuestra propia falta de razón. (*Ant.* 13, 5, 9.)

De los detalles suministrados por Flavio Josefo puede deducirse que, en primer lugar, los saduceos solo creían en la Ley de Moisés como escritura canónica. Rechazaban, por lo tanto, el resto del Tanaj, lo que, posteriormente, sería conocido como Antiguo Testamento. En segundo lugar, también repudiaban las tradiciones humanas como vinculantes religiosamente y, especialmente, las de los fariseos. En tercer lugar, no creían en la inmortalidad del alma, ni en la resurrección ni en el infierno. En otras palabras, la única vida de la que disponía el ser humano era la presente. En cuarto lugar, sostenían la existencia de un libre albedrío y de una responsabilidad del hombre por lo que le aconteciera. Finalmente, estaban constituidos fundamentalmente por gente de clase alta, lo que eliminaba considerablemente la solidaridad entre ellos y con el resto del pueblo. Como tendremos ocasión de ver, el Nuevo Testamento confirma el retrato de los saduceos que nos ha llegado a través de Josefo.

Por lo que se refiere a la literatura rabínica resulta muy parca en sus descripciones de los saduceos. Siempre aparecen opuestos a los fariseos en cuestiones relacionadas con regulaciones de pureza y, por supuesto, son presentados de manera negativa, pero pocos datos más obtenemos sobre su historia.

Los saduceos existieron como grupo organizado hasta algún tiempo después de la destrucción del templo de Jerusalén en el año 70 d. C. Tras este desastre, se vieron desplazados de la vida espiritual por los fariseos y debieron desaparecer como colectivo quizá antes del final del siglo I d. C. Tiene una enorme lógica que existan referencias a ellos previas a la aniquilación del sistema religioso del segundo templo y también que, prácticamente, desaparezcan después.

No menos exclusivistas que fariseos y saduceos fueron los esenios de los que hemos recibido una ingente cantidad de material con el descubrimiento de los documentos del Mar Muerto, pero en los que no vamos a detenernos porque no existen referencias a los mismos relacionados con la vida de Pedro[30]. Lo mismo puede decirse de los zelotes que no aparecieron, en realidad, hasta varias décadas después de la crucifixión de Jesús.

El panorama espiritual (V): los am-ha-aretz

A pesar de que fariseos y saduceos rivalizaban por controlar religiosamente al pueblo judío, lo cierto es que este distaba mucho de

---

[30] C. Vidal, *Jesús y los documentos del mar Muerto* (Barcelona, 2006), especialmente págs. 121 ss.

identificarse con ellos. A decir verdad, tanto fariseos como saduceos eran grupos muy reducidos numéricamente. Esa circunstancia explica que los fariseos que, como los esenios, se consideraban el verdadero Israel miraran con desprecio a aquellos judíos que denominaban *am-ha-aretz* o gente de la tierra.

En términos generales y salvo algunos casos, realmente excepcionales, de incrédulos, la inmensa mayoría de los judíos cumplía con las festividades religiosas, creía en el Dios único de Israel y en la Torá que le había entregado a Moisés, e intentaba obedecerla dentro de sus propios medios. También es cierto que la esperanza mesiánica se hallaba muy extendida, así como la creencia en la resurrección. Por desgracia para ellos, la Torá imponía una serie de normas que fariseos y saduceos habían contribuido a sofisticar en virtud de sus tradiciones. En el caso de los fariseos, por ejemplo, el enfoque sobre la pureza ritual era mucho más estricto que lo contenido en las Escrituras y colocaba, de hecho, a buen número de judíos en situación de impureza. De hecho, los que no eran fariseos, en términos generales, no pasaban de ser *am-ha-aretz*, la gente de la tierra, demasiado contaminada como para poder presentarse limpia ante el Dios de Israel. En términos generales, la mayoría de Israel no merecía ser considerada Israel y solo una diminuta minoría —fariseos o esenios— debía ser considerada como tal. Semejante idea, por otra parte, enlazaba con la visión del «resto» contenida en los profetas (Isa. 1:9).

Pedro, como tendremos ocasión de ver en los capítulos siguientes, formaba parte de esos am-ha-aretz. Creía en el Dios único y en la Torá; participaba en las festividades religiosas; acudía a la sinagoga y esperaba una restauración de Israel gracias a la acción del Mesías. Sin embargo, en cuestiones como el cumplimiento del sábat o de las normas de limpieza ritual, no era alguien sometido a la halajá o interpretación especial de los fariseos. Esa circunstancia debe ser tenida en cuenta para poder comprender la trayectoria de Simón. Ciertamente, fue una vida no vivida en circunstancias fáciles como hemos tenido ocasión de comprobar siquiera brevemente.

Suele ser un hábito común el hablar pésimamente de la época que le toca vivir a cada uno e incluso referirse a un pasado supuestamente ideal y perdido. Sin embargo, se mire como se mire, las coordenadas cronológicas en las que Pedro se encontró con Jesús y que aparecen expuestas por Lucas en pocas frases resultan dignas de reflexión. Aquel mundo era un cosmos en cuya cúspide un degenerado moral renunciaba al ejercicio del poder para entregarse al abuso sexual de hombres, mujeres y niños; donde su representante era un hombre que carecía de escrúpulos morales, pero también tenía una veta oculta de cobardía; donde Israel seguía estando en manos de gobernantes malvados y corruptos, pero, a la vez, desprovistos del talento político de Herodes el Grande; y donde la esperanza espiritual quedaba encarnada en una jerarquía religiosa pervertida en la que el nepotismo y la codicia resultaban más importantes que la oración y el temor de Dios. En tan poco atractivo contexto, Pedro iba a escuchar una predicación que cambiaría el curso de su vida.

SEGUNDA PARTE:
DE DISCÍPULO DE JUAN
A DISCÍPULO DE JESÚS

CAPÍTULO III

UN SEGUIDOR DE JUAN
EL BAUTISTA

Juan el Bautista

Para un hombre como Pedro la vida transcurría en medio de unos límites considerablemente estrechos. Sin duda, era afortunado porque no era un asalariado sino que trabajaba por su cuenta como pescador. Estaba por encima de la categoría no pocas veces miserable de los braceros y temporeros y, por supuesto, de los mendigos e inválidos por no decir los leprosos o esclavos. Sin embargo, su existencia no se presentaba fácil. El peso de los impuestos era abrumador, las inseguridades del trabajo no resultaban pequeñas y las posibilidades de cambio se reducían prácticamente a cero. Sí, existía una esperanza en la acción de Dios, pero, en términos reales, los representantes de ese Dios en Jerusalén eran corruptos y codiciosos y, además —no cabía engañarse— mantenían relaciones de colaboración con el opresivo gobierno de Roma. Ciertamente, Roma se manifestaba tolerante con la religión de los judíos, como, por otro lado, hacía con todas, pero era muy celosa con dos cuestiones bien concretas: el cobro de impuestos y la tranquilidad en las calles. Para alcanzar esas metas, estaba dispuesta a actuar incluso con una violencia brutal. Cabía esperar en Dios día a día y también cabía ansiar que un día el mesías llegara y pusiera punto final a esa situación. Sí, cabía esperarlo, pero eso no adelantaba un día la llegada del momento anhelado. A decir verdad, durante cuatro siglos, había existido un pavoroso silencio de la voz profética que antaño había sonado en medio de Israel. Solo cuando se tiene en cuenta ese contexto se puede comprender, siquiera aproximadamente, el impacto provocado por la aparición de Juan el Bautista.

De entrada, la apariencia de Juan era, como mínimo, llamativa. No vestía lujosamente como los que transitaban por la corte ni tampoco llevaba atuendos que pudieran llamar la atención por su presunta piedad, como denunciaría Jesús (Mat. 23:5). Por el contrario, Juan aparecía ataviado igual que Elías y su alimentación era impresionantemente frugal (2 Rey. 1:8). Pero aún más impresionante era lo que aquel hombre que procedía del desierto anunciaba.

El mensaje de Juan enlazaba ciertamente con una tradición propia de la historia religiosa de Israel y de ahí la sencillez y la contundencia que lo caracterizaron. Sustancialmente, se centraba en un llamamiento a volverse a Dios porque la esperada consumación de los tiempos se hallaba cerca. El anuncio, por utilizar los propios términos de Juan, era: «Arrepentíos, porque el reino de los cielos se ha acercado» (Mat. 3:1-2). En otras palabras, Dios iba a irrumpir en la historia de una manera extraordinariamente trascendental —posiblemente la más trascendental que podía pensarse— y la única salida coherente era la de la *teshuvah*, es decir, el arrepentimiento, el volverse a Dios, el convertirse.

Semejante anuncio —el llamamiento a la *teshuvah*— contaba con claros paralelos en los *neviim* (profetas) que habían aparecido con anterioridad en la historia de Israel. A decir verdad, casi puede decirse que esa había sido la nota más característica de la predicación de los *neviim* durante siglos y, muy posiblemente, fue determinante para que el pueblo viera en Juan a uno de ellos. Sin embargo, en Juan se daba un aspecto especialmente llamativo que carecía de precedentes en los profetas. Nos referimos a la práctica de un rito hasta cierto punto original: el bautismo.

La referencia al bautismo despertaría hoy en no pocas personas imágenes de niños que reciben un hilo de agua sobre la cabeza en el contexto de un rito que implica la entrada en la iglesia. Hay que señalar claramente que el significado y el ritual practicado por Juan era notablemente distinto. De entrada, el bautismo se identificaba con una inmersión total en agua que es, dicho sea de paso, lo que la palabra significa literalmente en griego. En contra de lo que hemos visto en algunas películas en que un Juan de aspecto anglosajón deja caer unas gotas sobre un arrepentido barbudo, los que habían escuchado las palabras del Bautista eran sumergidos totalmente en el agua —lo que explica que el predicador hubiera elegido como escenario de su proclama el río Jordán— simbolizando de esa manera que Dios les había otorgado el perdón de sus pecados y que se había producido un cambio en su vida. La persona no solo debía volverse a Dios sino además dar un testimonio público de su conversión dejándose sumergir en el agua.

Ocasionalmente, la predicación en el desierto y el bautismo como rito de iniciación se han relacionado con los esenios que vivían a orillas del Mar Muerto, pero semejante conexión resulta más que dudosa siquiera porque los esenios repetían los bautismos en repetidas ocasiones, algo que no sucedía con Juan. En realidad, el origen del rito seguramente debe localizarse en la ceremonia que los judíos seguían para admitir a los conversos en el seno de Israel. En el caso de las mujeres, eran sometidas a una inmersión total (bautismo); en el caso de los varones, también se daba ese bautismo, aunque precedido, como ordena la Torá, por la circuncisión. Esta circunstancia proporciona al bautismo un significado ciertamente profundo ya que Juan lo aplicaba no a gentiles que entraban en la religión de Israel sino a judíos que ya pertenecían a ella.

Hasta qué punto esa conducta era chocante e incluso insultante para muchos judíos puede deducirse de texto como el *Pirke Avot*, uno de los escritos esenciales de la literatura rabínica, redactado al menos siglo y medio después de la vida de Jesús, donde se afirma taxativamente que todo Israel tiene una parte en el mundo venidero, una máxima que encontramos también en el Talmud[31]. En otras palabras, frente a la idea de que todo judío por el hecho de ser judío puede esperar participar de la salvación, Juan sostenía un punto de vista radical y ofensivamente distinto. De manera clara, rechazaba de plano lo que podríamos denominar un nacionalismo espiritual que encontramos en escritos de la época y que garantizaba la salvación a cualquier judío por el simple hecho de serlo. Por el contrario, Juan afirmaba, de manera desagradable, pero inequívoca, que solo podían contar con ser salvados aquellos que se volvieran a Dios. Las fuentes, al respecto, no dejan lugar a dudas:

Y decía a las multitudes que salían para ser bautizadas por él: ¡Oh generación de víboras! ¿Quién os enseñó a huir de la ira venidera? Haced, pues, frutos dignos de arrepentimiento, y no comencéis a decir dentro de vosotros mismos: Tenemos a Abraham por padre;

---

[31] *Sanedrín* 90ª

porque os digo que Dios puede levantar hijos a Abraham aun de
estas piedras. Y ya también el hacha está puesta a la raíz de los
árboles; por tanto, todo árbol que no da buen fruto se corta y se
echa en el fuego. (Luc. 3:7-9; comp. Mat. 3:7-10)

Sin duda, hoy existiría la posibilidad de que un observador
externo calificara a Juan como antisemita. ¿Cómo se atrevía a
calificar a otros judíos de generación de víboras? Sin embargo,
Juan impulsaba su discurso dentro de las líneas trazadas durante
siglos por los profetas. Lo que establecía la diferencia entre los
salvos y los réprobos, entre aquellos cuyos pecados recibían o no
perdón, no era el hecho de pertenecer o no al pueblo de Israel,
sino de volverse hacia Dios con el anhelo de cambiar de vida, un
cambio que resultaba simbolizado públicamente por el bautismo.
Juan podría ser desagradable, drástico, antipático en sus prédicas,
pero el paralelo con profetas anteriores resultaba innegable. Recordaba a un Amós que había proferido invectivas contra distintos pueblos paganos para, al fin y a la postre, coronar su mensaje de juicio
con terribles alegatos dirigidos contra Judá (Amós 2:4-5) e Israel
(2:6 ss.); a un Isaías que había comparado a la sociedad judía de su
tiempo con las ciudades de Sodoma y Gomorra borradas de la faz
de la tierra por el juicio de Dios (Isa. 1:10 ss.); o a un Ezequiel que
había calificado de abominación la práctica religiosa de los judíos
de su época atreviéndose a anunciar la destrucción del templo de
Jerusalén (Ezeq. 8 y 10). Frente a la idea de que todo Israel tendría
lugar en el mundo por venir, la tesis de los profetas era que solo un
resto, un residuo de Israel, obtendría la salvación (Isa. 10:22-23).
Juan, sustancialmente, mantenía esa misma línea. La religión —no
digamos ya la pertenencia a un grupo nacional— no proporcionaba
la salvación y, por el contrario, la conversión a Dios permitía no
ganarla, pero sí recibirla.

El mensaje de Juan no se limitaba, sin embargo, a anunciar
la conversión para evitar el justo juicio de Dios. Además, incluía
un elemento de rutilante esperanza. Si resultaba ineludiblemente
urgente adoptar una decisión que desembocara en la conversión
era porque se acercaba la consumación de los tiempos. Al respecto,
Juan asociaba su labor con la profecía contenida en el capítulo 40
del profeta Isaías, la que afirma:

Voz que clama en el desierto: Preparad camino a Jehová; enderezad calzada en la soledad a nuestro Dios. Todo valle sea alzado, y bájese todo monte y collado; y lo torcido se enderece, y lo áspero se allane. Y se manifestará la gloria de Jehová, y toda carne juntamente la verá; porque la boca de Jehová ha hablado. (Isa. 40:3-5)

Dios estaba a punto de manifestarse de manera especialmente clara. Resultaba, pues, totalmente lógico que la gente se preparara y que también, tras el bautismo, cambiara de forma de vivir. La enseñanza de Juan, al respecto, pretendía, sobre todo, evitar los abusos de poder, la corrupción, la mentira o la falta de compasión. El testimonio lucano es claro en ese sentido:

Y las multitudes le preguntaban: «¿Qué, pues, haremos?». Juan les respondía: «El que tiene dos túnicas, comparta con el que no tiene; y el que tiene qué comer, haga lo mismo». Vinieron también unos recaudadores de impuestos para ser bautizados, y le dijeron: «Maestro, ¿qué haremos?». «No exijan más de lo que se les ha ordenado», les respondió Juan. También *algunos* soldados le preguntaban: «Y nosotros, ¿qué haremos?». «A nadie quiten dinero por la fuerza», les dijo, «ni *a nadie* acusen falsamente, y conténtense con su salario». (Luc. 3:10-14)

Resulta obvio que el mensaje de Juan distaba mucho de ser lo que ahora entenderíamos como revolucionario. No esperaba que cambiaran las estructuras sociales ni que se produjera alteración alguna en la división de clases que a la sazón existía. No condenó, desde luego, a los recaudadores de impuestos —los odiados publicanos al servicio de Roma— ni a los alguaciles o soldados que los acompañaban. Sí consideró, por el contrario, que, como todos, debían convertirse y que, tras su conversión, su vida debía experimentar cambios como el comportarse de forma honrada y el descartar conductas como la mentira, la violencia, la corrupción o la codicia.

Por añadidura, Juan esperaba que, muy pronto, se produciría un cambio radical, un cambio que no vendría por obra del esfuerzo humano, sino en virtud de la intervención directa de Dios que actuaría a través de Su Mesías. Este se manifestaría pronto y entonces las promesas pronunciadas durante siglos por los profetas se harían realidad. Los que hubieran experimentado la conversión serían preservados cuando se ejecutara el juicio de Dios, mientras que los que no la hubieran abrazado, resultarían aniquilados. La alternativa sería verse inmersos en la acción del Espíritu Santo o en el fuego. De manera totalmente comprensible, no pasó mucho tiempo antes de que las multitudes se preguntaran si Juan no solo era un profeta sino el mismo Mesías al que Israel esperaba desde hacía siglos.

Juan señala al Mesías

No resulta sorprendente que el pueblo se preguntara si Juan era el Mesías. Tampoco resulta sorprendente que un pescador galileo llamado Simón acudiera a escucharlo a predicar a orillas del río Jordán y que se convirtiera en su discípulo. Detengámonos, primero, en la respuesta de Juan el Bautista a las autoridades religiosas de la época. El testimonio ha sido recogido por Juan que conoció de primera mano lo acontecido:

> Este es el testimonio de Juan, cuando los judíos enviaron de Jerusalén sacerdotes y levitas para que le preguntasen: ¿Tú, quién eres? Confesó, y no negó, sino confesó: Yo no soy el Cristo. Y le preguntaron: ¿Qué pues? ¿Eres tú Elías? Dijo: No soy. ¿Eres tú el profeta? Y respondió: No. Le dijeron: ¿Pues quién eres? para que demos respuesta a los que nos enviaron. ¿Qué dices de ti mismo? Dijo: Yo soy la voz de uno que clama en el desierto: Enderezad el camino del Señor, como dijo el profeta Isaías. Y los que habían sido enviados eran de los fariseos. Y le preguntaron, y le dijeron: ¿Por qué, pues, bautizas, si tú no eres el Cristo, ni Elías, ni el profeta? Juan les respondió diciendo: Yo bautizo con agua; mas en medio de vosotros está uno a quien vosotros no conocéis. Este es el que viene después de mí, el que es antes de mí, del cual yo no soy digno de desatar la correa del calzado. Estas cosas sucedieron en Betábara, al otro lado del Jordán, donde Juan estaba bautizando. (Juan 1:19-28)

Los otros evangelistas han relatado la misma historia aunque de manera más breve. Por ejemplo, Lucas señala:

Como el pueblo estaba en expectativa, preguntándose todos en sus corazones si acaso Juan sería el Cristo, respondió Juan, diciendo a todos: Yo a la verdad os bautizo en agua; pero viene uno más poderoso que yo, de quien no soy digno de desatar la correa de su calzado; él os bautizará en Espíritu Santo y fuego. Su aventador está en su mano, y limpiará su era, y recogerá el trigo en su granero, y quemará la paja en fuego que nunca se apagará. (Luc. 3:15-17)

Juan iba a ser mucho más concreto al referirse al personaje al que anunciaba y Simón, el pescador, sería testigo de ello.

El Cordero de Dios

El Evangelio de Juan nos informa que justo al día siguiente de responder a las preguntas de los enviados desde Jerusalén, el Bautista realizó una afirmación de enorme trascendencia:

El siguiente día vio Juan a Jesús que venía a él, y dijo: He aquí el Cordero de Dios, que quita el pecado del mundo. Este es aquel de quien yo dije: Después de mí viene un varón, el cual es antes de mí; porque era primero que yo. Y yo no le conocía; mas para que fuese manifestado a Israel, por esto vine yo bautizando con agua. También dio Juan testimonio, diciendo: Vi al Espíritu que descendía del cielo como paloma, y permaneció sobre él. Y yo no le conocía; pero el que me envió a bautizar con agua, aquel me dijo: Sobre quien veas descender el Espíritu y que permanece sobre él, ese es el que bautiza con el Espíritu Santo. Y yo le vi, y he dado testimonio de que este es el Hijo de Dios. (Juan 1:29-35)

Tras una espera que se había alargado pocos meses, quizá unas semanas, Juan el Bautista reveló algo de naturaleza extraordinaria. Dios le había revelado que una de las personas bautizadas por él era el Mesías anunciado. No lo había sospechado antes, pero la acción directa de Dios le señaló quién era ese Cordero enviado por Dios que quita, o lleva, el pecado del mundo. En el momento del bautismo, había podido contemplar cómo el Espíritu había descendido sobre Él como si fuera una paloma y se había quedado sobre Él. En otras palabras, se había repetido la ceremonia habitual de legitimación de un rey de Israel. Un profeta había sido testigo de cómo Dios lo designaba. Aquel hombre que venía hacia el Bautista era el Hijo de Dios.

El anuncio de Juan se realizó ante dos discípulos y esa circunstancia sería el eslabón que conectaría por primera vez a Simón, el pescador galileo, con Jesús.

Los primeros discípulos

Las palabras de Juan el Bautista fueron absorbidas por los dos discípulos que lo escuchaban, que se dirigieron a Jesús y que, por invitación suya, se quedaron ya todo el día con él hasta la hora décima (Juan 1:35-39). De los dos, uno era Andrés y tenía un hermano que se llamaba Simón, el personaje del que trata el presente libro. Ignoramos la conversación que, junto al otro discípulo, mantuvo con Jesús. No sabemos lo que pudieron pesar en su ánimo las palabras que había escuchado a Juan el Bautista. Solo podemos intuir lo que pudo indicarles Jesús, pero lo que es innegable es que Andrés le dijo a su hermano Simón que él y el segundo discípulo habían encontrado al Mesías (Juan 1:41). Acto seguido, lo llevó a Jesús. El encuentro de Simón con Jesús está envuelto en las notas de lo enigmático. Jesús lo miró y le dijo que era Simón y que sería llamado Cefas, es decir, Pedro (Juan 1: 42). Podemos especular sobre la identificación llevada a cabo por Jesús. ¿Captó quién era Pedro porque Andrés se había referido a él? Muy posiblemente. ¿Había algo en Simón que lo relacionaba con el sobrenombre de Pedro? Se ha repetido que Jesús dio aquí a Simón un nuevo nombre. Incluso hay quien insiste en que ese nombre ya presentaba una carga teológica específica. Sin embargo, no es eso lo que dice el texto. Jesús se limitó a decir que Simón sería más conocido por su sobrenombre que por su nombre real (Juan 1:42). Se trataba de un sobrenombre que, como el de los hijos de Zebedeo, podía hacer referencia a alguna característica de su carácter. Quizá la testarudez o la rudeza.

En una rápida asociación de acontecimientos, al día siguiente, Jesús tenía la intención de marchar de regreso a Galilea y al encontrarse con Felipe le dijo que lo siguiera (Juan 1:43). Felipe era de Betsaida, la ciudad de la que procedían Andrés y Pedro y aceptó la invitación, pero, al igual que Andrés, no pudo evitar compartir con un conocido lo que estaba sucediendo. Llamó a Natanael y le testificó que habían encontrado al anunciado por la Torá y los neviim, a Jesús, el hijo de José, de Nazaret (Juan 1:45). La respuesta de Natanael fue escéptica. La idea de que algo bueno pudiera salir de ese villorrio galileo llamado Nazaret le parecía, como mínimo, dudosa (Juan 1:46). Resulta conmovedora la forma en que Felipe respondió a Natanael porque lo invitó simplemente a ir con él y verlo. Que Jesús hubiera despertado en aquellos hombres semejante reacción constituye un claro indicativo de Su capacidad de persuasión. Pero en Jesús había algo más que carisma o que poder de seducción. Algo sobrenatural se desprendía de Su persona como tuvo ocasión de comprobarlo Natanael cuando vio que lo identificaba con un verdadero israelita sin engaño y que incluso se refería a un oscuro episodio, sin duda, de naturaleza íntima (Juan 1:47-48). Fue precisamente esa referencia la que llevó a Natanael a afirmar que Jesús era el Hijo de Dios, el rey de Israel (Juan 1:49).

En poco más de dos días, Jesús había reunido en torno suyo a cuatro discípulos de los que tres, al menos, eran galileos y dos, hermanos. A ambos grupos pertenecía Pedro que había pasado de ser quizá un discípulo de Juan el Bautista (¿qué habría hecho si no en las cercanías del Jordán?) a formar parte del primer grupo de seguidores de un personaje afincado en Nazaret al que Juan había apuntado como el Mesías esperado. En adelante, ya nada sería igual.

CAPÍTULO IV

DE LOS PRIMEROS PASOS CON JESÚS A LA CONSOLIDACIÓN DEL GRUPO EN GALILEA

Los primeros días

Una lectura superficial de los Evangelios sinópticos podría llevar a pensar que, de manera casi inmediata, Jesús reunió un grupo de discípulos a Su alrededor y comenzó Su ministerio. El Evangelio de Juan nos permite ver que pasaron meses antes de llegar a esa situación y que, en esa época, el grupo era fluido, contaba con escasos miembros y, sobre todo, estos no habían tomado aún una decisión de abandonar la vida que llevaban y seguirlo. En aquellas primeras semanas cerca de Jesús, aquellos primeros discípulos —entre los que, presumiblemente, se hallaba Pedro— tuvieron ocasión de ver una primera señal en las bodas de Caná (Juan 2:1-12), señal cuando menos desconcertante porque Jesús la realizó para evitar a unos recién casados el pesar de ver cómo no había ya vino para los invitados a sus bodas. También tuvieron ocasión de celebrar con Jesús la primera pascua juntos, una pascua en la que llevaría a cabo la limpieza del templo (Juan 2:13-22) y llamaría la atención de un maestro de la Torá que aparece en el Talmud y al que conocemos como Nicodemo (Juan 2:23–3:21). Es muy posible que Pedro acompañara a Jesús en esos primeros días, aunque no podemos afirmarlo con absoluta certeza. Cuestión diferente fue cuando Jesús decidió abandonar Nazaret y establecer Su base en la misma población donde vivía Pedro. Nos referimos, claro está, a Capernaum o Cafarnaum.

Jesús se establece en Capernaum

Durante el otoño del año 27 d. C., Jesús inició lo que se ha denominado el gran ministerio en Galilea. Este período de la vida de Jesús se extendería hasta el inicio del año 29 en que comenzaría un descenso hacia Jerusalén para culminar allí Su ministerio. Es muy posible que Jesús hubiera curado ya al hijo de un cortesano en Capernaum (Juan 4:46-54) cuando acudió a la sinagoga de Nazaret y que sus paisanos lo supieron (Luc. 3:23-24). Allí fue rechazado de la manera más airada por unos paisanos que encontraron totalmente inaceptable Su predicación nada nacionalista (Luc. 4:16-31). Después de ese episodio, Jesús fijó Su residencia en Capernaum (Mat. 4:13-16).

Capernaum o Cafarnaum es la versión en español de *Kfar Nahum* o pueblo de Nahum, quizá en referencia al profeta del mismo nombre. Contamos con referencias en los cuatro Evangelios (Mat. 4:13: 8:5; 11:23; 17:24; Mar. 1:21; 2:1; 9:33; Luc. 4:23, 31; 7:1; 10:15; Juan 2:12; 4:46; 6:17, 24, 59), pero no dispusimos de restos arqueológicos del lugar hasta 1838 cuando el geógrafo bíblico norteamericano Edward Robinson encontró las ruinas del lugar. En 1866, el explorador británico Charles W. Wilson logró identificar los restos de una sinagoga. En 1894, los franciscanos de la Custodia de Tierra Santa compraron buena parte de la zona.

Sucesivas campañas de excavación permitieron descubrir algunos restos del segundo milenio a. C. De manera llamativa, Capernaum no estuvo habitada durante el período histórico que cubre el Antiguo Testamento que, lógicamente, no la menciona. Solo en el siglo II a. C., cuando los asmoneos comenzaron a judaizar Galilea, Capernaum fue poblada. Situada a la orilla del Mar de Galilea contaba con una extensión de oriente a occidente de unos trescientos metros y de sur a norte de aproximadamente la mitad. El plano de Capernaum nos muestra una calle ancha que discurría de norte a sur y a los dos lados pequeñas islas, limitadas por calles pequeñas o callejones sin salida.

Construidas con bloques de basalto reforzados por piedra y barro, las casas se reducían a edificaciones de techo muy liviano —generalmente, de paja o enramado— iluminadas por aberturas en el muro. Era común que esas edificaciones se agruparan en torno a un patio amplio. Ese patio permitía no solo refrescar el lugar —los veranos pueden ser muy calurosos en la zona— sino también realizar tareas como moler el trigo o hacer pan en hornos. En torno al patio abierto había escaleras de piedra que permitían llegar a la terraza y al techo de las viviendas.

Las excavaciones han dejado de manifiesto que la población de Capernaum vivía de la pesca, la agricultura, la fabricación de utensilios de piedra y barro y, modestamente, el comercio. Entre los objetos encontrados abundan los anzuelos de pescar, los punzones y husos para poder tejer y molinos destinados a hacer harina o prensar las aceitunas para fabricar aceite. Estos molinos tenían un enorme valor y pasaban de padres a hijos durante generaciones.

La arqueología de las últimas décadas nos ha permitido acceder a restos que arrojan luz sobre los Evangelios. Nos referiremos más adelante a la casa de Pedro, pero ahora hay que mencionar el hallazgo en 1981 de los restos de una sinagoga del siglo I d. C., que, muy posiblemente, es la mencionada en relación con la vida de Jesús. Cinco años después, una bajada poco habitual del caudal del lago permitió descubrir una embarcación pesquera del siglo I a. C. Con una longitud de ocho metros, el barro la había preservado y hoy en día está expuesta en el kibutz Ginosar de Israel.

La población de Capernaum fue mayoritariamente judía hasta el siglo IV d. C. Sin embargo, de manera bien significativa, según los escritos rabínicos, en Capernaum vivieron *minim*, es decir, judeo-cristianos. También de forma bien reveladora sabemos que Capernaum no se sumó a ninguno de los levantamientos judíos contra Roma que transcurrieron en los siglos I y II d. C.

En estos días, tuvieron lugar dos episodios que tuvieron como escenario Capernaum y de los que fue testigo Simón el pescador. El primero ha sido descrito por Lucas de la siguiente manera:

Descendió Jesús a Capernaum, ciudad de Galilea; y les enseñaba en los días de reposo. Y se admiraban de su doctrina, porque su palabra era con autoridad. Estaba en la sinagoga un hombre que tenía un espíritu de demonio inmundo, el cual exclamó a gran voz, diciendo: Déjanos; ¿qué tienes con nosotros, Jesús nazareno? ¿Has venido para destruirnos? Yo te conozco quién eres, el Santo de Dios. Y Jesús le reprendió, diciendo: Cállate, y sal de él. Entonces el demonio, derribándole en medio de ellos, salió de él, y no le hizo daño alguno. Y estaban todos maravillados, y hablaban unos a otros, diciendo: ¿Qué palabra es esta, que con autoridad y poder manda a los espíritus inmundos, y salen? Y su fama se difundía por todos los lugares de los contornos. (Luc. 4:31-37)

Tras la expulsión de un demonio que padecía alguien al que la asistencia a la sinagoga no había ayudado nada —sin duda, una circunstancia relevante— Pedro iba a tener ocasión de contemplar el poder sobrenatural de Jesús de manera directa. El episodio ha sido recogido no solo por Lucas sino también por los otros dos Evangelios sinópticos (Mat. 8:14-15; Mar. 1:29-31). La fuente lucana relata:

Entonces Jesús se levantó y salió de la sinagoga, y entró en casa de Simón. La suegra de Simón tenía una gran fiebre; y le rogaron por ella. E inclinándose hacia ella, reprendió a la fiebre; y la fiebre la dejó, y levantándose ella al instante, les servía. (Luc. 4:38-39)

El relato es impresionante en su tersa sencillez. Jesús salió de la sinagoga, tras expulsar al demonio, y se dirigió a la casa de Simón, donde, posiblemente, residía mientras estaba en Capernaum. La situación, sin embargo, no era la más apropiada para atenderlo. La suegra de Pedro —testimonio obvio de que estaba casado— sufría una fiebre elevada, algo en lo que Lucas, como médico, incide. De manera lógica, la gente de la casa pidió a Jesús que se ocupara de la mujer y el resultado fue impresionante. Jesús reprendió a la fiebre y la mujer se vio tan libre de ella al instante que se puso a servirlos.

El hecho de que esa misma noche afluyeran hacia Jesús gentes que necesitaban curación física o liberación de demonios (Luc. 5:40-41; Mat. 8:16-17; Mar. 1:32-34), sin duda, debió causar impresión en Simón. Sin embargo, lo que iba a decidir su implicación con Jesús iba a ser un episodio muy concreto al que vamos a referirnos a continuación.

Pescadores de hombres

Una lectura superficial de las fuentes podría llevar a pensar que Simón acabó involucrándose de manera definitiva con Jesús abrumado por las muestras de poder sobrenatural que contemplaba. La realidad es muy diferente y merece la pena detenerse en esta cuestión esencial en la vida de Simón. La fuente lucana relata lo siguiente:

> Aconteció que estando Jesús junto al lago de Genesaret, el gentío se agolpaba sobre él para oír la palabra de Dios. Y vio dos barcas que estaban cerca de la orilla del lago; y los pescadores, habiendo descendido de ellas, lavaban sus redes. Y entrando en una de aquellas barcas, la cual era de Simón, le rogó que la apartase de tierra un poco; y sentándose, enseñaba desde la barca a la multitud. Cuando terminó de hablar, dijo a Simón: Boga mar adentro, y echad vuestras redes para pescar. Respondiendo Simón, le dijo: Maestro, toda la noche hemos estado trabajando, y nada hemos pescado; mas en tu palabra echaré la red. Y habiéndolo hecho, encerraron gran cantidad de peces, y su red se rompía. Entonces hicieron señas a los compañeros que estaban en la otra barca, para que viniesen a ayudarles; y vinieron, y llenaron ambas barcas, de tal manera que se hundían. Viendo esto Simón Pedro, cayó de rodillas ante Jesús, diciendo: Apártate de mí, Señor, porque soy hombre pecador. Porque por la pesca que habían hecho, el temor se había apoderado de él, y de todos los que estaban con él, y asimismo de Jacobo y Juan, hijos de Zebedeo, que eran compañeros de Simón. Pero Jesús dijo a Simón: No temas; desde ahora serás pescador de hombres. Y cuando trajeron a tierra las barcas, dejándolo todo, le siguieron. (Luc. 5:1-11)

El relato señala un punto de inflexión en la vida de Simón que, ciertamente, marcó un antes y un después. Hasta ese momento, Simón había sido un seguidor de Jesús. Podría decirse que más cercano que otros en la medida en que incluso lo tenía alojado en su casa y podía interceder para que curara a su suegra enferma de una fiebre elevada. Sin embargo, aquella mañana tuvo lugar un cambio esencial. De manera aparentemente fortuita y para evitar ser aplastado por la muchedumbre, Jesús subió a su barca y le pidió que la apartara un poco de tierra para poder predicar desde ella. Simón aceptó y durante un rato es posible que escuchara las enseñanzas de Jesús igual que la gente que se encontraba en la orilla. Cuando Jesús terminó, sin embargo, le ordenó no que volviera a atracar, sino que se adentrara en el mar para pescar. Pedro le explicó a Jesús que no tenía mucho sentido hacerlo porque ya habían sufrido una noche estéril, pero, de manera respetuosa, obedeció. El resultado fue una pesca prodigiosa en la que fue necesario el concurso de otra barca para poder tirar de unas redes atestadas. Sin embargo, todo el episodio tuvo una consecuencia directa. No fue una alegría escandalosa por el éxito de la pesca. Tampoco fue una gratitud inmensa hacia Jesús por haber salvado económicamente la jornada. Fue, por el contrario, una abrumadora sensación de pecado, tan abrumadora que dobló a Pedro de rodillas reconociendo su situación espiritual. Por primera vez desde que su vida se había cruzado con la de Jesús, Pedro captó cuál era su realidad. Para otros, podía ser un pescador, una persona interesada en el mensaje de Juan el Bautista, alguien cercano a aquel predicador de Nazaret que había curado a su suegra, incluso el beneficiario de una pesca verdaderamente espectacular. Sin embargo, Pedro se había topado con la realidad. No pasaba de ser un pecador que solo podía caer de rodillas y reconocer que Dios no podía acercarse a él.

Resulta más que revelador que fuera justo tras esa confesión de su condición espiritual cuando Jesús anunció a Simón que no debía temer y que además sería pescador de hombres. Solo quien reconoce que es pecador y que no puede acercarse a Dios por sus méritos, quien es consciente de su necesidad espiritual, quien está dispuesto a dejarlo todo para iniciar una nueva vida con Jesús puede ser Su discípulo y convertirse en pescador de hombres. Encontramos el mismo caso en un personaje en apariencia tan opuesto a Simón como Mateo (Luc. 5:27-32; Mat. 9:9-13; Mar. 2:13-17). Mateo era un recaudador de impuestos y Jesús fue a buscarlo al telonio o banco de los tributos. Cuando Jesús le dijo que lo siguiera, Mateo dejó todo, se levantó y lo siguió e incluso celebró una fiesta a la que invitó a otros publicanos para anunciarles el inicio de una nueva vida. Resulta significativo que sea precisamente Mateo el evangelista que dedica más espacio a referirse a Pedro como si hubiera disfrutado de una relación especial con él. ¿Acaso Mateo Leví hizo imposible la vida de Simón cuando era recaudador de impuestos y luego, tras seguir a Jesús, dejó de manifiesto que su vida había cambiado? No es posible responder a la pregunta, pero, muy posiblemente, si existe una prueba de hasta qué punto en el mismo grupo de seguidores cabían las personas más diversas habría que mencionar a estos dos personajes. Ambos, sin embargo, coincidían en la experiencia espiritual genuina que no es la de sentirse abrumados ante el milagro —los demonios pueden aullar ante la presencia del Mesías— sino la de comprender la hondura del pecado, la enorme distancia que media con Dios y la necesidad de dejar todo atrás para seguir a Jesús. Solo de esa gente, pueden salir pescadores de hombres.

Sin embargo, quedaba todavía mucho por aprender. Es muy posible que Simón pensara entonces que Jesús podría convertirse en un rabino afincado en su casa, alzado sobre una inmensa ola de popularidad y que irradiaría beneficios también sobre él. De hecho, cuando Jesús decidió apartarse a orar en un lugar desierto y Simón decidió acudir a donde se encontraba para decirle que todos lo buscaban, se topó con una respuesta directa, aunque quizá desconcertante, la de que no iba a quedarse fijado en aquel punto de la geografía sino que tenía que acudir a otros lugares porque para eso había venido (Mar. 1:35-39). Con todo, la casa de Pedro iba a ser todavía escenario de algún episodio extraordinario.

CAPÍTULO V

EL GRUPO DE LOS DISCÍPULOS

En la casa de Pedro

Con ocasión del XIX centenario de la muerte de Pedro, la Custodia de Tierra Santa decidió adecentar los santuarios relacionados con el apóstol y situados cerca del Mar de Galilea, en et-Tabgha y en Capernaum. De hecho, en este último lugar y pese a que los evangelistas mencionan a diversos personajes que vivieron allí (Mateo, Jairo, el centurión y Pedro), solo la supuesta casa de Pedro ha sido identificada a lo largo de los siglos. No podemos tener certeza en la identificación ya que resulta muy tardía, pero sí sabemos que la española Egeria[32] (hacia el 400) menciona la conservación del lugar, así como su transformación en lugar de culto y un siglo y medio más tarde el *Anónimo de Plasencia* señala que en el lugar se había alzado una basílica.

En 1968, bajo la dirección de V. Corbo, se iniciaron las excavaciones relacionadas con la supuesta situación de la casa de Pedro. Los hallazgos confirmaron los datos suministrados por Egeria y el *Anónimo de Plasencia* y han sido publicados de manera concienzuda y extraordinariamente documentada[33].

---

[32] Sobre Egeria, ver: H. Erkell, «*Zur sog. Peregrinatio Aetheriae*» en «*Eranos*», 56, 1958, págs. 41-58; A. A. R. Bastiansen, «*Observations sur le vocabulaire liturgique dans l'itineraire d'Ègerie*» en «*Latinitas christianorum primaeva*», 17, (Nimega, 1962); G. F. M. Vermeer, «*Observations sur le vocabulaire de pèlerinage chez Egérie et chez Antoine de Plaisance*» Nimega, 1965; G. E. Gingras, «*Egeria: Diary of a Pilgrimage*», (Nueva York, 1970); «Egeria» en César Vidal, *Diccionario de Patrística*, (Estella, 1992).

[33] Las excavaciones generales de Cafarnaum (casa de Pedro y sinagoga) se hallan estudiadas en 4 volúmenes: V. Corbo, *Gli edifici della Città*, Jerusalén, 1975; S. Loffreda, *La Ceramica* Jerusalén, 1974; A. Spijkerman, *Le Monete della Città*

La construcción de la vivienda data del siglo I a. C., pero las reuniones religiosas en su interior pueden documentarse a partir de la segunda mitad del siglo I d. C. En cuanto a los participantes, parece indubitado que eran judeocristianos. Por un lado, el carácter hebreo de las inscripciones delata el origen nacional de los asistentes a estas reuniones, pero, por otro, no es menos evidente su carácter cristiano. Así, en las inscripciones hebreas aparece repetidamente el nombre de Jesús —al que se lo asocia con los títulos de Mesías, Señor, Altísimo y Dios— el monograma cristiano, varias cruces de formas diferentes y dos grafitis con el nombre de Pedro.

Presumiblemente, el lugar estuvo en posesión de judeocristianos —muy numerosos en Capernaum según sabemos por otras fuentes de la época— hasta Constantino el Grande, es decir, inicios del siglo IV. A partir del reinado de este emperador, los cristianos gentiles pudieron visitar la casa, se hicieron con la posesión de esta a mitad del siglo V y construyeron con posterioridad en el lugar de esta una iglesia de planta octogonal. No podemos tener ninguna certeza de que la denominada casa de Pedro lo fuera, pero, ciertamente, era un lugar de reunión de judeocristianos en la segunda mitad del siglo I d. C., y así se mantuvo hasta el siglo IV en que pasó a manos gentiles. Que el lugar se asociara con Pedro resulta, por lo tanto, posible. Aún tiene más posibilidades de identificación que el relato contenido en Lucas 5:17-26 tuviera lugar en la casa de Simón. Dice así la fuente lucana:

> Aconteció un día, que él estaba enseñando, y estaban sentados los fariseos y doctores de la ley, los cuales habían venido de todas las aldeas de Galilea, de Judea y Jerusalén; y el poder del Señor estaba con él para sanar. Y sucedió que unos hombres que traían en un lecho a un hombre que estaba paralítico, procuraban llevarle adentro y ponerle delante de él. Pero no hallando cómo hacerlo a causa de la multitud, subieron encima de la casa, y por el tejado le bajaron con el lecho, poniéndole en medio, delante de Jesús. Al ver él la fe de ellos, le dijo: Hombre, tus pecados te son perdonados. Entonces los escribas y los fariseos comenzaron a cavilar, diciendo: ¿Quién

---

Jerusalén, 1975 y E. Testa, *I Graffiti della Casa di San Pietro*, Jerusalén, 1972. El P. Loffreda ha redactado un resumen, acompañado de numerosas ilustraciones, de las excavaciones con el título de «*Guide de Capharnaum*», (Jerusalén, 1976).

es este que habla blasfemias? ¿Quién puede perdonar pecados sino solo Dios? Jesús entonces, conociendo los pensamientos de ellos, respondiendo les dijo: ¿Qué caviláis en vuestros corazones? ¿Qué es más fácil, decir: Tus pecados te son perdonados, o decir: Levántate y anda? Pues para que sepáis que el Hijo del Hombre tiene potestad en la tierra para perdonar pecados (dijo al paralítico): A ti te digo: Levántate, toma tu lecho, y vete a tu casa. Al instante, levantándose en presencia de ellos, y tomando el lecho en que estaba acostado, se fue a su casa, glorificando a Dios. Y todos, sobrecogidos de asombro, glorificaban a Dios; y llenos de temor, decían: Hoy hemos visto maravillas. (Luc. 5:17-26)

Hemos descrito con anterioridad la manera en que se trazaban las casas en Capernaum lo que nos permite comprender con facilidad lo sucedido. Los hombres que llevaban al paralítico posiblemente subieron por la escalera exterior que llevaba hasta la techumbre de la casa y, a continuación, retiraron una parte del tejado liviano de ramas y bajaron el lecho con el paralítico. Simón había decidido dejar todo atrás y no tenemos noticia de que emitiera la menor protesta por el destrozo realizado en el tejado de la casa. El llamado a ser pescador de hombres comenzaba a comprender lo que era ser discípulo de Jesús.

Los especiales discípulos de Jesús

Conocemos con bastante certidumbre lo que significaba ser discípulo de un rabí en el judaísmo del segundo templo. En no pocas ocasiones, implicaba someterse a una forma de vida considerablemente modesta, incluso pobre; significaba servir al rabí y se traducía en renuncias que podían afectar a la vida de familia. No puede sorprender que los seguidores del rabí fueran gente especialmente piadosa y entregada a un cumplimiento de la Torá que, como en el caso de los fariseos, iba más allá de lo enseñado por Moisés. Esa exigencia de superioridad espiritual se manifestaba, por ejemplo, en los fariseos, en la exigencia de que incluso los laicos cumplieran con las normas de pureza que solo se exigía a los sacerdotes. El grupo en que se vio integrado Simón fue considerablemente diferente.

De entrada, Jesús no se limitó a personas que, en mayor o menor medida, pudieran presentar un perfil piadoso. Ya señalamos como uno de los primeros llamados más allá de las filas de los seguidores fue un publicano de nombre Mateo Leví (Mat. 9:9-13; Mar. 2:13-17; Luc. 5:27-32), un paso que provocó reacciones muy negativas entre las gentes que no podían aceptar que una persona que extorsionaba al prójimo cobrando impuestos pudiera entrar en el reino. Otros, como Simón o Andrés podían no presentar terreno para ese tipo de objeciones, pero, a fin de cuentas, no pasaban de ser sencillos trabajadores o pequeños emprendedores con inquietud espiritual. Sin embargo, para Jesús la vía de la conversión no estaba cerrada para nadie. En Marcos 2:13-17, encontramos la respuesta que dio Jesús a las objeciones sobre la presencia de publicanos entre Sus seguidores. Se trataba de uno de los puntos esenciales de Su mensaje, la afirmación de que todo el género humano —sin excepción— es equiparable a un enfermo o, como indicaría posteriormente, a una oveja que se ha perdido, a una moneda extraviada o a un muchacho que dilapida estúpidamente su herencia (Luc. 15). Jesús no dividía el mundo en buenos (los judíos piadosos) y malos (los gentiles y los judíos impíos). Esa cosmovisión hubiera sido similar a la de los esenios o los fariseos, aunque entre ellos no hubieran coincidido a la hora de señalar quiénes eran los judíos piadosos. Jesús veía todo de una manera radicalmente diferente que recordaba a la de Juan el Bautista, pero que, a la vez, iba mucho más allá. Dios llamaba a todos a la conversión, a volverse a Él, a reconciliarse con Él y, de manera bien significativa, el hecho de pertenecer a la estirpe de Abraham no cambiaba esa circunstancia. La Mishná[34] afirmaría que «todos los judíos tienen una parte en el mundo futuro». Sin embargo, el mensaje de Jesús, como antes el de los profetas y Juan el Bautista, afirmaba que incluso los descendientes de Abraham también tenían que volverse a Dios porque la simple estirpe no era, en absoluto, garantía de salvación. Jesús repetiría ese mensaje, claro, incómodo, pero rezumante de amor y esperanza una y otra vez. Precisamente por ello, Simón fue designado como pescador de hombres después de ser consciente de su condición de pecador y confesarla y Mateo encontró entrada en el mismo grupo tras dejar atrás su vida de recaudador de impuestos.

---

[34] *Sanedrín* 10, 1.

En los meses siguientes, aquel grupo nó dejó de inquietar a los miembros de otros. Por ejemplo, seguramente era sabido que algunos de los seguidores más cercanos de Jesús procedían de los que habían sido discípulos de Juan el Bautista. Sin embargo, a pesar de esas circunstancias, los discípulos de Jesús no ayunaban como los de Juan o de otros grupos. Para colmo, Jesús respaldaba esa conducta señalando que no se podía hacer que ayunaran los que estaban celebrando unas bodas y el esposo estaba con ellos (Luc. 5:33-39). En contra de lo que se suele interpretar, Jesús señaló que esas nuevas tradiciones que añadían ayunos donde no estaban y prácticas religiosas donde la Torá no establecía nada eran el camino para destruir la verdadera fe de la misma manera que el vino nuevo destruye los odres veteranos. Se trataba de una conducta errónea porque todo el mundo sabe que el vino añejo —lo contenido en las Escrituras— es mucho mejor que el vino nuevo que representaba las nuevas tradiciones (Luc. 5:39).

Por si esto fuera poco escandaloso, Jesús además permitía que Sus discípulos arrancaran espigas en sábado y que no siguieran la visión de otros grupos. Al respecto, las fuentes históricas son claras y contundentes:

En aquel tiempo iba Jesús por los sembrados en un día de reposo; y sus discípulos tuvieron hambre, y comenzaron a arrancar espigas y a comer. Viéndolo los fariseos, le dijeron: He aquí tus discípulos hacen lo que no es lícito hacer en el día de reposo. Pero él les dijo: ¿No habéis leído lo que hizo David, cuando él y los que con él estaban tuvieron hambre; cómo entró en la casa de Dios, y comió los panes de la proposición, que no les era lícito comer ni a él ni a los que con él estaban, sino solamente a los sacerdotes? ¿O no habéis leído en la ley, cómo en el día de reposo los sacerdotes en el templo profanan el día de reposo, y son sin culpa? Pues os digo que uno mayor que el templo está aquí. Y si supieseis qué significa: Misericordia quiero, y no sacrificio, no condenaríais a los inocentes; porque el Hijo del Hombre es Señor del día de reposo. (Mat. 12:1-8)

De manera bien reveladora, Mateo sitúa inmediatamente después de este relato el de una curación realizada en sábado por Jesús

(Mat. 12:9-14) y justo antes de la narración de una de las curaciones en masa de Jesús (Mat. 12:15-21).

Visto con perspectiva de tiempo, no se puede negar que la vida de Simón el pescador había experimentado unos cambios verdaderamente espectaculares en apenas unos pocos meses. En primer lugar, había sabido de la existencia de un profeta llamado Juan el Bautista que predicaba la conversión y anunciaba la pronta llegada del Mesías. A continuación, su hermano Andrés le había comunicado cómo el propio Juan había identificado a Jesús de Nazaret como el Cordero de Dios y el Mesías de Israel. Durante las semanas siguientes, Simón había sido uno de los primeros en contemplar con sus ojos el inicio del ministerio de Jesús. De esa manera, había llegado a contemplar cómo quien inicialmente solo parecía ser un predicador capaz de curar enfermos y de expulsar demonios se iba revelando como un ser de dimensiones abrumadoras. Precisamente, en una de esas ocasiones, Pedro había descubierto que no era sino un pecador y que no podía acercarse a alguien como Jesús que superaba por mucho lo simplemente humano. De forma totalmente sorprendente, Jesús no se había apartado de él, sino que le había exhortado a no sentir miedo y le había anunciado que sería pescador de hombres. Casi de manera inmediata, había contemplado cómo Jesús llamaba a ser Sus discípulos a gente tan diversa como a otros pescadores como él o a un recaudador de impuestos como Mateo. Pero aún faltaba que Simón contemplara un paso más en esa creciente articulación de un grupo de discípulos y en ese paso él tendría un papel especial.

CAPÍTULO VI

PEDRO ENTRE LOS DOCE

El verdadero Israel

Tras algunos meses de predicación de Jesús en Galilea, el choque entre Sus enseñanzas y los conceptos religiosos encarnados por escribas y fariseos —pero también por los herodianos— resultaba innegable, tanto que estos comenzaron a pensar en la forma de destruirlo (Mar. 3:6). De manera bien reveladora, la tensión había alcanzado su punto máximo al ver cómo Jesús no se ajustaba a su interpretación del cumplimiento del sábado. La respuesta de Jesús no fue la de amilanarse o intentar llegar a un acuerdo. Por el contrario, en ese mismo momento, optó por establecer un grupo que sirviera de cañamazo a un Israel no racial, no nacional, no sanguíneo, pero sí verdadero que nacía de responder a Su mensaje de regreso a Dios y de cercanía del reino. Semejante paso se ha interpretado en no pocas ocasiones como una referencia a una nueva entidad espiritual que rompería con Israel y que incluso contaría con un cuerpo rector que se sucedería a lo largo de las generaciones. Ambas visiones son insostenibles a la luz de las fuentes. En primer lugar, porque, como tendremos ocasión de ver, la existencia del grupo de los Doce ni significó la ruptura con Israel —todo lo contrario— ni careció de paralelos en el seno del judaísmo del segundo templo. En segundo lugar, porque las fuentes más antiguas del cristianismo no hacen referencia alguna a una sucesión apostólica siquiera porque los apóstoles tenían que ser gente que hubiera acompañado a Jesús desde el inicio de Su ministerio hasta Su muerte, algo imposible al cabo de unas décadas (Hech. 1:21-22). Pero además porque Jesús, como siempre, actuó, «según las Escrituras», y no según una innovación como aquellas a las que eran tan proclives los fariseos.

La idea de un grupo que se consideraba el verdadero Israel no fue extraña al judaísmo del segundo templo. La encontramos, desde luego, en los esenios y en los fariseos. Acostumbrado a las definiciones dogmáticas que caracterizan a las religiones que conoce, más o menos superficialmente, el hombre de nuestro tiempo —incluso el judío— difícilmente puede hacerse una idea de la variedad que caracterizaba al judaísmo que antecedió la época de Jesús y que existió, al menos, hasta la destrucción del templo en el año 70 d. C. Salvo la creencia en el Dios único y verdadero que se había revelado históricamente al pueblo de Israel (Deut. 6:4) y cuyas palabras habían sido entregadas en la Torá o Ley a Moisés, los distintos segmentos espirituales del pueblo judío poco tenían que los uniera por igual incluidas instituciones como el templo o la sinagoga. Por otro lado, existía una clara ausencia de creencias que ahora son comunes en algunos sectores del judaísmo como la de la reencarnación o la práctica de una magia sagrada. Esos aspectos —incluidas no pocas interpretaciones de las Escrituras— estuvieron totalmente ausentes del judaísmo del segundo templo a pesar de su innegable variedad.

La visión de Jesús compartía con grupos como los fariseos o los esenios la constatación de la triste realidad de que, en efecto, la gente de Israel no vivía de acuerdo con la Torá y era innegablemente pecadora. Sin embargo, esa coincidencia no lo llevó a rechazarla sino, por el contrario, a dibujar una nueva realidad en que esa gente pudiera integrarse. Se trataba de la realidad del reino. A esa realidad había llamado Jesús a gentes tan dispares como los pescadores Simón y Andrés y el recaudador de impuestos Mateo. En esa realidad, además escogería a un grupo llamado a juzgar a Israel y de él formaría parte Simón.

Los Doce[35]

Como hemos tenido ocasión de ver, en el corazón de la predicación de Jesús se encontraba desde el principio el llamamiento a

---

[35] Sobre el tema, ver: C. K. Barrett, *The Signs of an Apostle*, Filadelfia, 1972; F. Hahn, «*Der Apostolat in Urchristentum*» en KD, 20, 1974, págs. 56-77; R. D. Culver, «*Apostles and Apostolate in the New Testament*» en Bsac, 134, 1977, págs. 131©43; R. W. Herron, «*The Origin of the New Testament Apostolate*» en WJT,

la conversión. Este llamado se orientaba hacia todos sin excepción porque ni siquiera los que se autodenominaban justos o creían serlo lo eran. A decir verdad, también ellos necesitaban imperiosamente volverse a Dios. En realidad, de esa entrada en el reino solo quedaban fuera los que se autoexcluían, es decir, los que no iban a escuchar jamás una invitación a convertirse fundamentalmente porque ya se consideraban justos y porque despreciaban a los demás a pesar de que, en realidad, podían resultar incluso más pecadores que los últimos marginados de la sociedad (Luc. 18:9 ss.).

Jesús podía coincidir con esenios y fariseos en que Israel tenía que arrepentirse y en que la realidad presente debía verse sustituida por otra nueva con un Israel verdadero y restaurado. Sin embargo, iba mucho más allá. De entrada, ese Israel nuevo no podía estar formado por la simple descendencia de Abraham, descendencia que, como había señalado Juan el Bautista, Dios podía levantar de las mismas piedras (Mat. 3:9). Tampoco podía basarse en la exclusión de los injustos —especialmente los considerados impuros— sino que tenía que iniciarse con un claro llamamiento para comenzar una nueva vida que abriera para ellos la oportunidad de ser incluidos. Resulta enormemente importante darse cuenta ahora que tanto se utiliza el término «inclusivo» que para Jesús la inclusión jamás significó permitir que una persona continuara en sus caminos de espaldas a las enseñanzas de Dios, sino que, por el contrario, enseñó que cualquiera podía ser incluido en el reino, pero solo después de pedir humildemente perdón a Dios por desviarse de Su ley y después de experimentar una conversión como paso primero de una vida nueva y diferente. Precisamente por eso, no sorprende que el mismo Jesús enfatizara que Su ministerio estaba dirigido a llamar a «las ovejas perdidas de la casa de Israel» (Mat. 15:24). Esa nueva realidad, fundamentada en la conversión y en la fe en Jesús, iba a tener una configuración concreta en torno a un número de

45, 1983, págs. 101-31; K. Giles, «*Apostles before and after Paul*» en «*Churchman*», 99, 1985, págs. 241-56; F. H. Agnew, «*On the Origin of the Term Apostolos*» en «CBQ», 38, 1976, págs. 49-53; Idem, «*The Origin of the NT Apostle-Concept*» en «JBL» 105, 1986, págs. 75-96; B. Villegas, «*Peter, Philip and James of Alphaeus*» en «NTS», 33, 1987, págs. 292-4; César Vidal, «Apóstol» en *Diccionario de las Tres Religiones monoteístas*, (Madrid, 1993).

personas semejante al de las tribus de Israel[36] . Como señalaría el propio Jesús:

> De cierto os digo que en la regeneración, cuando el Hijo del Hombre se siente en el trono de su gloria, vosotros que me habéis seguido también os sentaréis en doce tronos para juzgar a las doce tribus de Israel. (Mat. 19:28; Luc. 22:30)

Las fuentes coinciden en señalar dos circunstancias muy significativas inmediatamente anteriores a la elección más que relevante de los Doce. La primera es el reconocimiento por parte de las fuerzas demoníacas de que, efectivamente, Jesús era el Hijo de Dios (Mar. 3:7-12) y la segunda que vino precedida por una noche de oración de Jesús, una noche en la que, obviamente, buscó la dirección de Dios para dar un paso de enorme trascendencia[37]. Solo después de establecer ese nuevo grupo, Jesús pronunciaría la Carta Magna de Sus discípulos, el denominado Sermón del Monte (Mat. 5–7) o de la Llanura (6:17-49). Las fuentes son claras al describir la elección de los Doce:

> Después subió al monte, y llamó a sí a los que él quiso; y vinieron a él. Y estableció a doce, para que estuviesen con él, y para enviarlos a predicar, y que tuviesen autoridad para sanar enfermedades y para echar fuera demonios: a Simón, a quien puso por sobrenombre

---

[36] Debe señalarse que ya en la época de Jesús era común asociar el número doce con la organización de Dios. Al respecto, bastaba recordar que Jacob tuvo doce hijos, que los panes sin levadura colocados cada semana en el templo eran doce (Lev. 24) o que el pectoral del sumo sacerdote —que el Talmud y Josefo identifican con el urim y tummim utilizados para comunicarse con Dios— contaba con doce piedras (1 Sam. 28:3-6; Núm. 27:21).

[37] En contra de la posibilidad de retrotraer la institución de los doce a Jesús, ver: P. Vielhauer, «*Gottesreich und Menschensohn in der Verkündigung Jesu*» en Wilhelm Schneemelcher (ed), *Festschrift für Gunther Dehn*, Neukirchen, 1957, págs. 51-79; R. Meye, *Jesus and the Twelve*, (Grand Rapids, 1968), págs. 206 ss. A favor de tal posibilidad, ver: L. Gaston, *No Stone on Another*, Leiden, 1970; F. F. Bruce, *New Testament History*, (Nueva York, 1980), págs. 210 ss.; M. Hengel, *The Charismatic Leader and His Followers*, (TI), (Nueva York, 1981); C. F. D. Moule, *The Birth of the New Testament*, (Londres y San Francisco, 1981), pág. 4; C. Vidal, «Apóstol» en *Diccionario de las Tres Religiones*, (Madrid, 1993).

Pedro; a Jacobo hijo de Zebedeo, y a Juan hermano de Jacobo, a quienes apellidó Boanerges, esto es, Hijos del trueno; a Andrés, Felipe, Bartolomé, Mateo, Tomás, Jacobo hijo de Alfeo, Tadeo, Simón el cananista, y Judas Iscariote, el que le entregó. Y vinieron a casa. (Mar. 3:13-19; ver también Luc. 6:12-16)

Detengámonos ahora unas páginas en la composición de este grupo especial de discípulos llamado a juzgar a las tribus de Israel.

La composición de los Doce

Resulta de enorme relevancia poder examinar las identidades de aquellos que fueron escogidos por Jesús para formar parte de este grupo selecto de discípulos. Los nombres de los Doce nos han llegado consignados en cuatro listas diferentes recogidas en Mateo 10:2-4, Marcos 3:16-9, Lucas 6:14-16 y, posteriormente, Hechos 1:13, donde se omite, lógicamente, a Judas Iscariote ya que se refiere al grupo después de la Pascua en que fue crucificado Jesús. Juan no da ninguna lista, pero menciona a los Doce como conjunto (Juan 6:67; 20:24) y en el mismo sentido se perfila la tradición que Pablo de Tarso conocía décadas después del episodio (1 Cor. 15:5).

Convencionalmente, se ha solido dividir las listas en tres grupos de cuatro. En el primer grupo de cuatro, el apóstol mencionado en primer lugar es siempre Simón, cuyo nombre fue sustituido por el sobrenombre *Petrós* (piedra), traducción del arameo *Kefas*. Simón, como ya vimos, tras conocer a Jesús, regresó a su trabajo como pescador, pero lo acabó abandonando para seguir totalmente a Jesús[38] que lo incluiría no solo entre los Doce sino en un grupo aún más selecto.

Asociada muy de cerca a la figura de Pedro se hallaba la de su hermano Andrés[39] (Juan 1:40-1; Mar. 1:16). También fue uno de los discípulos de Juan el Bautista e igualmente uno de los primeros

---

[38] Un acercamiento a las fuentes sobre Pedro en R. Pesch, «Simon-Petrus», en «TAG», 1980, págs. 112-124; R. E. Brown, K. P. Donfried y J. Reumann, *Pedro en el Nuevo Testamento*, (Santander, 1976); C. P. Thiede, *Simon Peter*, (Grand Rapids, 1988).

[39] P. M. Peterson, *Andrew, Brother of Simon Peter*, (Leiden, 1958).

seguidores de Jesús, pero no tenemos muchos más datos fidedignos sobre él.

Como ya hemos visto, Santiago y Juan eran, como los dos hermanos anteriormente citados, pescadores en Galilea (Mar. 1:19). Se ha especulado con la posibilidad de que su madre (Mat. 27:56) fuera Salomé, la hermana de la madre de Jesús (Mar. 15:40; Juan 19:25). De ser exacto este dato, Santiago y Juan habrían sido primos de Jesús. La hipótesis resulta muy posible, pero no es del todo segura.

En el segundo grupo de cuatro, nos encontramos, en primer lugar, con Felipe. Originario de Betsaida, parece haber sido un amigo íntimo de Andrés (Juan 1:44; 6:5-8; 12:22). Ya tuvimos ocasión de ver que fue una de las primeras personas que siguieron a Jesús. En cuanto a Bartolomé, carecemos de datos, aunque es muy posible que sea el mismo personaje que aparece con el nombre de Natanael, otro de los primeros seguidores de Jesús (Juan 1:45-46; 21:2). Con todo, las fuentes paleocristianas manifiestan posturas encontradas sobre el tema y no se puede rechazar la posibilidad de que se trate de dos personas distintas, habiendo sido Natanael alguien ajeno al grupo de los Doce.

Sobre Tomás, denominado «el gemelo» en Juan 11:16 y 20:24, carecemos también de datos previos a su elección como apóstol.

Mateo es el Leví de otras listas, un antiguo publicano que ejercía en Galilea y que, como ya vimos, dejó su ocupación para seguir a Jesús.

Por lo que se refiere al tercer grupo de cuatro, tanto Simón el cananista —al que se ha querido asociar erróneamente con el movimiento de los zelotes[40]— como Santiago de Alfeo no parecen ocasionar problemas en cuanto a su identidad histórica. No puede decirse lo mismo del personaje situado en décimo lugar en Mateo y Marcos y en undécimo en Lucas y Hechos. En las distintas fuentes aparecen tres nombres (Lebeo, Tadeo y Judas). Para explicar —carecemos de referencias alternativas— esta discrepancia, se ha recurrido incluso a una supuesta falta de memoria[41]. Lo más posible, sin embargo, es que debamos identificar a Tadeo con Judas el

---

[40] En ese sentido, Oscar Cullmann, *Jesus and the Revolutionaries* (TI), (Nueva York, 1970), pág. 8 ss.

[41] R. E. Brown, «*The Twelve and the Apostolate*» en «NJBC», (Englewood Cliffs, 1990), pág. 1379.

hermano de Santiago, siendo Lebeo solo una variante textual[42] . De ser así, Judas se habría llamado Lebeo —del hebreo *leb*, corazón— y Tadeo habría sido un sobrenombre derivado a su vez de *Todah*, alabanza. Cabe la posibilidad de que Simón el cananista fuera hijo de Cleofás y hermano de Santiago y Judas Lebeo-Tadeo, según la posición en el listado de los Doce y el testimonio de Hegesipo (HE, III, 11; IV, 22). Estos tres eran primos de Jesús si aceptamos el testimonio de Hegesipo de que Cleofás era hermano de José y los hijos de Zebedeo también lo serían ya que Salomé, la madre de los hijos de Zebedeo, era hermana de María, la madre de Jesús. Se trata de una circunstancia que debería considerarse y que indicaría que, de acuerdo con la profecía contenida en el Salmo 69:8, los hijos de la madre de Jesús no creían en él, pero no sucedió lo mismo con sus primos.

Finalmente, resulta obligado referirnos a Judas Iscariote[43]. De entrada, el nombre —Yehudah en hebreo— era relativamente común en la época. No solo correspondía a uno de los doce patriarcas del que partió la tribu de Judá, sino que también había sido el de alguno de los grandes personajes judíos como fue el caso de Judas Macabeo, el héroe de la resistencia contra Antíoco IV Epífanes a mediados del siglo ii a. C. El sobrenombre Iscariote —Ishkariot— ha sido objeto de diversas interpretaciones. Algún autor, con más imaginación que base histórica, lo ha considerado una corrupción del término *sicarius* lo que lo convertiría en un terrorista judío integrado en el grupo de Jesús[44] . Literariamente, la hipótesis es atractiva, pero no se sostiene en términos históricos. En realidad, *ish kariot* tan solo significa el «hombre de Kariot», una pequeña localidad judía no lejos de Hebrón (Jos. 15:25). Así, Judas sería el único discípulo de los Doce que procedía de Judea, mientras que los otros eran galileos.

Es bastante posible que el sobrenombre fuera de origen familiar porque la fuente joánica —que presenta datos extraordinariamente interesantes sobre el personaje— lo relaciona con un tal Simón,

---

[42] A. T. Robertson, *Una armonía de los cuatro Evangelios*, (El Paso, 1975), págs. 224-226. En el mismo sentido, M. J. Wilkins, «Disciples» en «DJG», pág. 181.

[43] Sobre el personaje, el estudio más completo en español es C. Vidal, *Jesús y Judas*, (Barcelona, 2007).

[44] O. Cullman, *Jesus and the Revolutionaries...*, pág. 9.

padre de Judas (Juan 6:71; 13:26). Este Simón es, muy posiblemente, el fariseo al que se refiere Lucas 7:36-50 y sobre el que volveremos más adelante. Este hecho hace que sea muy posible que Judas recibiera una educación propia de los fariseos, más estricta que la del resto de los apóstoles, que iban de gente que incluso había seguido a Juan el Bautista a publicanos como Mateo.

En su conjunto, el grupo de los Doce pasaría a la historia como los apóstoles, una circunstancia que, de manera nada sorprendente, engarzaba con la tradición religiosa de Israel.

La función de los apóstoles

El término «apóstol» con que serían denominados los componentes del grupo de los Doce en que se encontraba Simón deriva del infinitivo griego *apostellein* (enviar), pero no era muy común en esta lengua. En la Septuaginta, la traducción al griego del Antiguo Testamento, solo aparece una vez (1 Rey. 14:6) como traducción del participio pasado *shaluaj* de *shlj* (enviar). Precisamente tomando como punto de partida esta circunstancia, H. Vogelstein[45] y K. Rengstorf[46] conectaron la institución de los apóstoles con los *sheluhim* rabínicos. Estos tuvieron una especial importancia a finales del siglo I e inicios del siglo II d. C. Eran comisionados rabínicos enviados por las autoridades palestinas para representarlas con plenos poderes. Los *sheluhim* recibían una ordenación simbolizada por la imposición de manos y sus tareas —que, muchas veces, eran meramente civiles— incluían en ocasiones la autoridad religiosa y la proclamación de verdades espirituales. La tesis resulta muy atractiva incluso hoy en día, pero presenta no pocos inconvenientes. El primero es que no poseemos referencias a los *sheluhim* paralelas cronológicamente a la época de Jesús. De hecho, esta circunstancia provocó que la citada interpretación recibiera ya fuertes ataques desde la mitad del siglo XX. A lo anterior hay que unirle que la misión de los Doce, tal y como aparece en las

---

[45] H. Vogelstein, «*The Development of the Apostolate in Judaism and Its Transformation in Christianity*» en *HUCA*, 2, 1925, págs. 99-123.

[46] K. Rengstorf, «*Apostolos*» en «TDNT», vol. I, págs. 407-47.

fuentes, implicaba aspectos mucho más importantes que el de ser meros comisionados.

Hoy en día, se tiende a conectar nuevamente la figura del apóstol con la raíz verbal *shlj* que es vertida en la Septuaginta unas setecientas veces por *apostollein* o *exapostollein*. El término generalmente hace referencia a alguien enviado por Dios para una misión concreta como es el caso de Moisés, los profetas, etc., algo que coincide con los datos neotestamentarios relacionados con la misión de los apóstoles (Mat. 28:19-20; Mar. 16:15; Luc. 24:47-48; Juan 20: 21; Hech. 1: 8;). Pero ahí no acaba todo.

Tanto H. Riesenfeld[47] como B. Gerhardsson[48] han estudiado la posibilidad de que los Doce fueran el receptáculo de la enseñanza de Jesús de acuerdo con una metodología de aprendizaje similar a la rabínica. Así, a partir de los mismos, se fue formando un depósito de enseñanza que procedía directamente de la predicación de Jesús. Semejante tesis es correcta y, sin duda, fue decisiva a la hora de configurar con meticulosa exactitud los datos que quedaron consignados en los Evangelios en una fecha muy temprana. Son numerosos los pasajes de los Evangelios en los que se nos muestra a Jesús a solas con los discípulos revelándoles enseñanzas que permanecían ocultas de la gente del común. Aquellos hombres atesoraron las palabras de Jesús que han acabado llegando a nosotros. Con todo y a pesar de lo importante que resultó esa misión, no agota el significado de los Doce. Este —como ya hemos indicado y volveremos sobre el tema— era la base de un Israel renovado, un Israel renovado que comenzaba a experimentar ya sus primeras defecciones. En ese Israel, Simón tenía el cometido de juzgar a las doce tribus al lado de sus otros once compañeros (Luc. 22:30).

---

[47] H. Riesenfeld, *The Gospel Traditions and Its Beginings*, (Londres, 1957).

[48] B. Gerhardsson, *Memory and Manuscript: Oral Tradition and Written Transmission in the Rabbinic Judaism and Early Christianity*, (Uppsala, 1961).

CAPÍTULO VII

DEL REGRESO A CAPERNAUM A LA REPRENSIÓN DE LAS CIUDADES

De nuevo en Capernaum

La designación de los doce apóstoles fue seguida, seguramente de manera inmediata, por el regreso a Capernaum. El primer hecho que protagonizó Jesús y del que Simón tuvo que ser testigo fue la curación del siervo de un centurión (Luc. 7:1-10). En los últimos años se han dado casos de gente que ha intentado pervertir la Palabra de Dios afirmando que el centurión y su siervo eran amantes y que, al curarlo, Jesús bendijo las relaciones homosexuales. Por supuesto, el texto no dice nada parecido y en semejante interpretación solo cabe ver un ejemplo de cómo hay gente dispuesta a retorcer la Biblia para satisfacer sus deseos. El relato, a decir verdad, solo habla de un centurión al que preocupaba enormemente el estado de salud de su siervo y que pensó en que Jesús podría curarlo. Sin embargo, el centurión era consciente de que no pasaba de ser un pagano —aunque muy interesado en la fe de Israel— y optó por presentar su súplica a Jesús a través de los ancianos de la sinagoga de Capernaum (7:3).

Para aquellos ancianos, la petición estaba más que justificada porque el centurión amaba a los judíos e incluso les había construido una sinagoga (7:4-5), más que posiblemente aquella cuyos restos arqueológicos conocemos. El centurión, sin embargo, tenía un punto de vista mucho más realista. Él sabía cuál era su condición espiritual y, precisamente por ello, es posible que se acercara a los judíos. Fuera como fuese, sabía que no era digno a pesar de que hubiera levantado una sinagoga (7:6). Cuando Jesús se hallaba de camino, le envió recado diciendo que no era digno, pero que le rogaba que curara a su siervo. La base para solicitar esa merced no eran sus méritos —inexistentes para él— sino que Jesús tenía verdaderamente autoridad y poder para enfrentarse con su necesidad.

El centurión sabía, ciertamente, lo que era la autoridad. Tenía hombres a sus órdenes y bastaba que formulara una orden para que la obedecieran (7:8). Jesús tenía también autoridad y una autoridad que se extendía incluso a la enfermedad y quizá la muerte. Bastaría, pues, con que Jesús dijera la palabra, pronunciara la orden y, con toda seguridad, el siervo sería sanado (7:7). Cuando Jesús escuchó las palabras que le transmitían del centurión, se volvió hacia la gente que lo seguía —¡cuántos de ellos no serían sino curiosos que deseaban ver si lo que se contaba de Jesús era cierto!— y les reveló una verdad que no sería agradable para muchos, pero que resultaba innegable: aquel pagano tenía una fe mayor de la que había contemplado en Israel (7:9). Y, efectivamente, el siervo fue curado (7:10).

El relato, sin duda, apunta a realidades espirituales de enorme interés. Mucha gente —especialmente, gente religiosa— ve la relación con Dios como un toma y daca, como un «*do ut des*»: hago esto y, por lo tanto, me merezco que me concedas lo que te pido. Esa era la visión del paganismo, pero es también la de mucha gente que se considera cristiana en la actualidad y lo era también de judíos contemporáneos de Jesús. De acuerdo con ese punto de vista, el centurión pedía y lo suyo es que Jesús respondiera a su súplica porque tenía aprecio por la religión e incluso lo había manifestado construyendo una sinagoga. Sin embargo, el centurión —a pesar de su origen pagano— sabía mejor que otros cuál era la realidad. La realidad es que no somos dignos de recibir nada de Dios. A decir verdad, en multitud de ocasiones dejamos de manifiesto que nuestra vida y Sus mandatos son líneas paralelas que no se cruzan. Sin embargo, a pesar de esa realidad, el ser humano se puede aproximar a Dios reconociendo que no merece nada y que se fía en ese Dios que no solo es Todopoderoso, que no solo tiene todo sometido a Su designio, sino que además desea acoger a Sus criaturas.

Ese salto de fe es lo único que permite que Dios y el ser humano se conecten. No porque la fe sea un mérito o una obra —como algunos creen— o porque la fe sea la adhesión de un conjunto de doctrinas, sino porque la fe es la mano tendida y abierta que puede recibir lo que no se merece, pero Dios da. Esa era la fe que Jesús no había encontrado en Israel —vimos los antecedentes en entregas previas— pero que resultaba innegable en aquel centurión, un pagano miembro de un ejército de ocupación.

No sabemos el efecto que este episodio tuvo en la vida de Simón. Una cosa era que Jesús escuchara las peticiones de los ancianos de la sinagoga y otra, bien diferente, es que comparara, y de manera elogiosa, a un oficial del ejército romano de ocupación con el pueblo judío. Lo primero estaba bien; lo segundo resultaba tan intolerable como Su última predicación en la sinagoga de Nazaret (Luc. 4).

En los días siguientes, Jesús demostraría ser capaz de resucitar al hijo de una viuda en Naín (Luc. 7:11-17) e incluso de responder acertadamente a los discípulos que Juan le envió desde la cárcel para preguntarle si era él quien había de venir o si había que esperar a otro (Luc. 7:18-35). Serían señales tan poderosas que obligarían a Sus seguidores a preguntarse quién era en profundidad aquel Jesús.

Poder sobre la naturaleza y los demonios

Los siguientes meses debieron ser para los discípulos de Jesús tiempos de enorme tensión. Por un lado, el rechazo de las autoridades religiosas fue en ascenso, como tendremos ocasión de ver, pero, por otro, resultó innegable que aquel maestro no era otro rabino más. No se trataba solo de que hablaba con autoridad y no como los otros maestros de la Torá (Mat. 7:28-29) sino de que también desplegaba un poder absolutamente sobrehumano. Al respecto hay dos episodios que tuvieron lugar de manera seguida y que sumieron en el estupor incluso a Sus seguidores más cercanos. El primero, relatado en Lucas 8:22-25, Mateo 8:23-27 y Marcos 4:35-41, tuvo lugar un día en que mientras cruzaban el lago de Galilea, Jesús quedó sumido en un sueño profundo, circunstancia nada extraña si se tiene en cuenta el ritmo agotador de actividad que llevaba. Precisamente mientras Jesús estaba durmiendo, se desencadenó en el lago una tempestad de tal magnitud que los discípulos temieron que la embarcación se viera anegada y perecieran ahogados. Solo el despertar a Jesús y que Él reprendiera al viento y a las olas les permitió salir de tan delicada situación. Sin embargo, salieron con más interrogantes que respuestas directas. De hecho, preguntarse: «¿Quién es este, que aun a los vientos y a las aguas manda, y le obedecen?» no admitía otra respuesta que la de recordar pasajes de las Escrituras como el siguiente:

Los que descienden al mar en naves,
Y hacen negocio en las muchas aguas,
Ellos han visto las obras de Jehová,
Y sus maravillas en las profundidades.
Porque habló, e hizo levantar un viento tempestuoso,
Que encrespa sus ondas.
Suben a los cielos, descienden a los abismos;
Sus almas se derriten con el mal.
Tiemblan y titubean como ebrios,
Y toda su ciencia es inútil.
Entonces claman a Jehová en su angustia,
Y los libra de sus aflicciones.
Cambia la tempestad en sosiego,
Y se apaciguan sus ondas.
Luego se alegran, porque se apaciguaron;
Y así los guía al puerto que deseaban. (Sal. 107:23-30)

Sí, solo el propio Dios era capaz de calmar las tempestades desatadas en medio del mar, esas tempestades que sumían en el terror más pavoroso a los que contemplaban cómo las olas podían anegarlos. Solo Él era capaz de dar órdenes al océano y someterlo a Su poder hasta convertir las encrespadas olas en aguas calmadas. Solo Él podía conducir, luego, a los aterrados pasajeros hacia el puerto que ansiaban. Solo Él... pero aquel Jesús también lo había hecho. Todos ellos eran testigos de lo que había sucedido, luego ¿quién podía ser aquel que se había dormido en la embarcación en la que iban?

No menos impresión debió causar a Sus discípulos lo que contemplaron en Gadara, al otro lado del mar. De la importancia del episodio da cuenta el hecho de que nos haya llegado en los tres Evangelios sinópticos:

Vinieron al otro lado del mar, a la región de los gadarenos. Y cuando salió él de la barca, en seguida vino a su encuentro, de los sepulcros, un hombre con un espíritu inmundo, que tenía su morada en los sepulcros, y nadie podía atarle, ni aun con cadenas.

Porque muchas veces había sido atado con grillos y cadenas, mas las cadenas habían sido hechas pedazos por él, y desmenuzados los grillos; y nadie le podía dominar. Y siempre, de día y de noche, andaba dando voces en los montes y en los sepulcros, e hiriéndose con piedras. Cuando vio, pues, a Jesús de lejos, corrió, y se arrodilló ante él. Y clamando a gran voz, dijo: ¿Qué tienes conmigo, Jesús, Hijo del Dios Altísimo? Te conjuro por Dios que no me atormentes. Porque le decía: Sal de este hombre, espíritu inmundo. Y le preguntó: ¿Cómo te llamas? Y respondió diciendo: Legión me llamo; porque somos muchos. Y le rogaba mucho que no los enviase fuera de aquella región. Estaba allí cerca del monte un gran hato de cerdos paciendo. Y le rogaron todos los demonios, diciendo: Envíanos a los cerdos para que entremos en ellos. Y luego Jesús les dio permiso. Y saliendo aquellos espíritus inmundos, entraron en los cerdos, los cuales eran como dos mil; y el hato se precipitó en el mar por un despeñadero, y en el mar se ahogaron.

Y los que apacentaban los cerdos huyeron, y dieron aviso en la ciudad y en los campos. Y salieron a ver qué era aquello que había sucedido. Vienen a Jesús, y ven al que había sido atormentado del demonio, y que había tenido la legión, sentado, vestido y en su juicio cabal; y tuvieron miedo. Y les contaron los que lo habían visto, cómo le había acontecido al que había tenido el demonio, y lo de los cerdos. Y comenzaron a rogarle que se fuera de sus contornos. Al entrar él en la barca, el que había estado endemoniado le rogaba que le dejase estar con él. Mas Jesús no se lo permitió, sino que le dijo: Vete a tu casa, a los tuyos, y cuéntales cuán grandes cosas el Señor ha hecho contigo, y cómo ha tenido misericordia de ti. Y se fue, y comenzó a publicar en Decápolis cuán grandes cosas había hecho Jesús con él; y todos se maravillaban. (Mar. 5:1-20; comp. Mat. 8:28-34; Luc. 8:26-39)

En no escasa medida, este episodio constituía un anticipo de una actitud que Simón y los otros discípulos más cercanos irían contemplando durante los meses siguientes. Jesús desplegaba un poder que solo podía calificarse como sobrehumano. Donde los responsables de la sinagoga de Capernaum no habían conseguido ayudar a un endemoniado, Jesús lo había liberado. Donde los discípulos se habían visto aterrados ante la posibilidad de ahogarse a causa de la tempestad, Jesús había ordenado a las olas que se calmaran

y le habían obedecido. Donde los habitantes de Gadara no habían
podido ayudar a un poseso, Jesús no solo había logrado sacarlo de
su pésima situación, sino que además había dado un nuevo sentido
a su vida. Todo eso era cierto y, sin embargo… sin embargo, en
Capernaum, la respuesta no había sido de fe; en Gadara, la gente no
se había rendido ante Jesús sino que le había suplicado que se mar-
chara y los mismos discípulos no habían podido dejar de ser llevados
por el estupor tras ver cómo se calmaba el mar. La realidad es que ni
las señales realizadas en tantos puntos de Galilea ni sus enseñanzas
evitarían un rechazo creciente del que Simón sería testigo como lo
sería de su pesar ante la incredulidad de aquellas tierras.

Incredulidad en Galilea

Pocos pasajes dejan de manifiesto con más claridad cuál era la
situación por la que atravesaban en aquellos momentos Jesús y Sus
discípulos que el recogido por Mateo:

> Entonces comenzó a reconvenir a las ciudades en las cuales había
> hecho muchos de sus milagros, porque no se habían arrepentido,
> diciendo: ¡Ay de ti, Corazín! ¡Ay de ti, Betsaida! Porque si en Tiro
> y en Sidón se hubieran hecho los milagros que han sido hechos
> en vosotras, tiempo ha que se hubieran arrepentido en cilicio y en
> ceniza. Por tanto os digo que en el día del juicio, será más tole-
> rable el castigo para Tiro y para Sidón, que para vosotras. Y tú,
> Capernaum, que eres levantada hasta el cielo, hasta el Hades serás
> abatida; porque si en Sodoma se hubieran hecho los milagros que
> han sido hechos en ti, habría permanecido hasta el día de hoy. Por
> tanto os digo que en el día del juicio, será más tolerable el castigo
> para la tierra de Sodoma, que para ti. (Mat. 11:20-24)

La represión de Jesús no podía ser más clara. En Betsaida,
de donde eran Pedro y Andrés, Jesús había sido rechazado de una
manera indigna de poblaciones paganas. Pero Capernaum la ciudad donde residía y donde también vivía Simón, la ciudad que
había contemplado cómo un endemoniado era liberado del espíritu inmundo en una sinagoga, la ciudad donde había curado a un

paralítico y al siervo del centurión, la ciudad que había escuchado Sus predicaciones, esa misma ciudad se comportaba como una sorda y soberbia cuyo comportamiento era menos justificado que el de las aniquiladas Sodoma y Gomorra.

Sin duda, se trataba de una situación que podía inspirar al desaliento, pero, en el caso de Jesús, sucedió exactamente lo contrario. En aquella incredulidad, en aquella contrariedad, en aquella dificultad, Jesús podía ver a la perfección la mano de Dios. Precisamente los versículos siguientes recogidos por Mateo apuntan en esa dirección:

> En aquel tiempo, respondiendo Jesús, dijo: Te alabo, Padre, Señor del cielo y de la tierra, porque escondiste estas cosas de los sabios y de los entendidos, y las revelaste a los niños. Sí, Padre, porque así te agradó. Todas las cosas me fueron entregadas por mi Padre; y nadie conoce al Hijo, sino el Padre, ni al Padre conoce alguno, sino el Hijo, y aquel a quien el Hijo lo quiera revelar. Venid a mí todos los que estáis trabajados y cargados, y yo os haré descansar. Llevad mi yugo sobre vosotros, y aprended de mí, que soy manso y humilde de corazón; y hallaréis descanso para vuestras almas; porque mi yugo es fácil, y ligera mi carga. (Mat. 11:25-30)

Sí, humanamente hablando, todo parecía indicar que la resistencia cada vez era mayor. Sin embargo, para Jesús, la realidad consistía en que el Padre revelaba la Verdad a los que deseaba y eso era precisamente lo que estaba haciendo ahora. Aquellas poblaciones infectadas de nacionalismo espiritual podían comportarse igual que Sodoma y Gomorra, peor que Tiro y Sidón, pero esa conducta no impediría que aquellos cargados y cansados que lo desearan pudieran acudir a Él para recibir descanso.

CAPÍTULO VIII

LA OPOSICIÓN CONTRA JESÚS

El perdón de la pecadora

Solo cuando se es consciente de la oposición creciente con la que chocaba Jesús en Su propia tierra y sus razones se puede comprender la enorme carga del episodio relacionado con la pecadora pública. Lucas lo ha transmitido de la siguiente manera:

Uno de los fariseos rogó a Jesús que comiese con él. Y habiendo entrado en casa del fariseo, se sentó a la mesa. Entonces una mujer de la ciudad, que era pecadora, al saber que Jesús estaba a la mesa en casa del fariseo, trajo un frasco de alabastro con perfume; y estando detrás de él a sus pies, llorando, comenzó a regar con lágrimas sus pies, y los enjugaba con sus cabellos; y besaba sus pies, y los ungía con el perfume. Cuando vio esto el fariseo que le había convidado, dijo para sí: Este, si fuera profeta, conocería quién y qué clase de mujer es la que le toca, que es pecadora. Entonces respondiendo Jesús, le dijo: Simón, una cosa tengo que decirte. Y él le dijo: Di, Maestro. Un acreedor tenía dos deudores: el uno le debía quinientos denarios, y el otro cincuenta; y no teniendo ellos con qué pagar, perdonó a ambos. Di, pues, ¿cuál de ellos le amará más? Respondiendo Simón, dijo: Pienso que aquel a quien perdonó más. Y él le dijo: Rectamente has juzgado. Y vuelto a la mujer, dijo a Simón: ¿Ves esta mujer? Entré en tu casa, y no me diste agua para mis pies; mas esta ha regado mis pies con lágrimas, y los ha enjugado con sus cabellos. No me diste beso; mas esta, desde que entré, no ha cesado de besar mis pies. No ungiste mi cabeza con aceite; mas esta ha ungido con perfume mis pies. Por lo cual te digo que sus muchos pecados le son perdonados, porque amó mucho; mas aquel a quien se le perdona poco, poco ama. Y a ella le dijo: Tus pecados te son perdonados. Y los que estaban juntamente sentados a la mesa, comenzaron a decir entre sí: ¿Quién es este, que también perdona pecados? Pero él dijo a la mujer: Tu fe te ha salvado, ve en paz. (Luc. 7:36-50)

El episodio relatado por Lucas forma parte de esas conductas escandalosas de Jesús que, teóricamente, justificaban su rechazo por parte de las personas religiosas. La ocasión vino dada por la invitación de un fariseo que deseaba hablar con Jesús (7:36). Si lo impulsaba la malicia, la curiosidad o el deseo de recoger pruebas en su contra es algo que no sabemos, pero sí sabemos que no se mostró especialmente cortés con su invitado (7:44-46). Podría ser discutible hasta qué punto estaba obligado a que lo besara o le ungiera la cabeza, pero es que ni siquiera le ofreció agua para lavar los pies de la suciedad del camino. Da la sensación de que para el fariseo Simón, Jesús, muy posiblemente, era una molesta, quizá incluso dolorosa, obligación.

Para terminar de oscurecer una situación no especialmente grata, en escena entró una mujer a la que nadie había invitado. Lucas señala que era una pecadora (v. 37) y es posible que con ese calificativo quisiera indicar que se dedicaba a la prostitución o que vivía en una situación de inmoralidad continua y fácilmente reconocible. Como los comensales no se sentaban sino que se tumbaban sobre lechos, la mujer se colocó detrás de Jesús y, acercándose a Sus pies, comenzó a lavárselos con sus lágrimas, a secarlos con sus cabellos y a ungirlos con perfume (v. 38). Aquella conducta resultaba intolerable porque, de entrada, que una mujer tocara a un hombre ya implicaba riesgos. Si, por ejemplo, tenía la menstruación comunicaría su impureza al hombre y, en el caso de ser un sacerdote o un rabino, todavía resultaría peor si cabe. Aquel Jesús no solo es que parecía tener poco cuidado con las normas de pureza ritual sino que además infringía la ley en favor de una mujer de pésima reputación. ¿Quién podría creer que aquel hombre era un profeta si no se percataba de algo tan obvio? (v. 39).

Fue precisamente en ese momento en que los presentes discurrían de esta manera cuando Jesús intervino. La comparación entre el fariseo y la pecadora debió resultar especialmente ofensiva para el primero. En términos generales, las comparaciones podrán o no ser odiosas, pero establecer un paralelo con una prostituta no resulta precisamente agradable. La comparación además resultaba especialmente grave para el rabino porque su falta de cortesía era contrapuesta a la conducta de la mujer. Aunque en una muestra de pésima exégesis se ha dicho en ocasiones que la mujer buscaba el perdón de los pecados mediante una buena obra, Jesús no dijo nada ni lejanamente parecido. Lo que había salvado a esa mujer no era ninguna obra sino la fe, es decir, esa mano tendida que recibe el perdón inmerecido de Dios (v. 50). Precisamente porque la mujer había captado hasta qué punto no se merecía el perdón, hasta qué punto lo que recibía era pura gracia, hasta qué punto era algo que no podía adquirir por obras, su amor rezumante de gratitud se ponía de manifiesto (v. 47). El fariseo no podía comprenderlo y además se escandalizaba por la sencilla razón de que no pensaba que tuviera que ser perdonado y porque, muy posiblemente, pensaba que sus obras le abrían las puertas de la salvación (v. 47). Pero sobre aquella pobre mujer, pecadora pública, Jesús podía pronunciar el perdón de los pecados y despedirla en paz (vv. 48-50). El paralelo con la parábola del fariseo y del publicano (Luc. 18:9-14) resulta más que obvio.

Resulta altamente significativo que, a continuación, Lucas señale cómo Jesús, a diferencia de otros rabinos y maestros, tenía un grupo de mujeres que lo seguía (8:1). En él, habían hallado lo que jamás vieron en ningún dirigente espiritual: la curación física y espiritual (8:2). En ese grupo, estaban María Magdalena, una mujer que había sufrido una gravísima posesión demoníaca (v. 2) y también Juana, la esposa del intendente de Herodes a la que la altísima posición de que disfrutaba no parecía llenarla; Susana de la que no poseemos más datos y otras que lo servían con sus bienes (v. 3). A medida que pasaba el tiempo no eran pocos los que se sentían cada vez más alejados e incluso enfrentados con la enseñanza de Jesús. En poco tiempo, verterían sobre Jesús las peores acusaciones.

Jesús, acusado de aliado del diablo

Durante los últimos meses y de manera que tuvo que resultar pasmosa y no agradable para muchos, Jesús estaba insistiendo en Sus predicaciones en centrar la esperanza de Israel no en la

Torá o en una intervención divina que aplastara militarmente a Roma sino en sí mismo. Jesús había afirmado que la salvación no derivaba de la pertenencia a Israel ni tampoco de un riguroso cumplimiento de la Torá o de la sumisión a una escuela rabínica. La salvación brotaba de acudir a Jesús el Mesías, aquel que era el único que conocía al Padre y podía revelarlo. Para colmo, es cierto que Jesús predicaba el reino, pero lo que podía intuir de Sus parábolas no encajaba ni de lejos en la esperanza nacional de multitud de judíos. Su propio grupo de discípulos integrado por sujetos odiosos como un recaudador de impuestos o de escasa relevancia social como algunos pescadores no presentaba tampoco ninguna señal externa de santidad y al respecto no había más que ver Su actitud hacia los ayunos o el sábado. Cuando se contempla el contenido de las fuentes como, por ejemplo, en Mateo 12:1-14, se descubre que Jesús afirmaba ser superior al templo (12:5), que insistía en que la misericordia era superior al sacrificio ritual (12:7) y, por supuesto, no asumía la interpretación de la Torá de los autoproclamados representantes de Dios en la tierra. No puede sorprender que los fariseos comenzaran a idear como podían destruirlo (12:14). No necesariamente ese deseo implicaría entonces matarlo, pero sí «destruirlo», desacreditarlo, matarlo civilmente para que la gente no lo escuchara y para que no presentara una alternativa a su visión.

El mensaje de Jesús resultaba antipáticamente claro y, sin duda, desagradable y desilusionante para muchos de los que lo escuchaban. No era el mesías sionista que hubiera gustado a muchos judíos, sino el siervo-Mesías profetizado por Isaías, aquel que proclamaría la justicia no solo a los judíos sino también a las naciones (12:18), el que no gritaría ni se dedicaría a contender (12:19), el que no aplastaría a los pecadores, sino que les daría una oportunidad llamándolos a pesar de sus debilidades (12:20), el que sería esperanza no solo de Israel sino de las naciones (12:21), esas naciones odiadas por sus correligionarios.

Este distanciamiento creciente —para que no hubiera existido, aquella gente tendría que haber reconocido que Jesús era el Mesías y el Hijo de Dios— desembocó en una calumnia que implicaba el descrédito y la ruina de Jesús. Al respecto, la fuente mateana es contundente:

Entonces fue traído a él un endemoniado, ciego y mudo; y le sanó, de tal manera que el ciego y mudo veía y hablaba. Y toda la gente estaba atónita, y decía: ¿Será este aquel Hijo de David? Mas los fariseos, al oírlo, decían: Este no echa fuera los demonios sino por Beelzebú, príncipe de los demonios. Sabiendo Jesús los pensamientos de ellos, les dijo: Todo reino dividido contra sí mismo, es asolado, y toda ciudad o casa dividida contra sí misma, no permanecerá. Y si Satanás echa fuera a Satanás, contra sí mismo está dividido; ¿cómo, pues, permanecerá su reino? Y si yo echo fuera los demonios por Beelzebú, ¿por quién los echan vuestros hijos? Por tanto, ellos serán vuestros jueces. Pero si yo por el Espíritu de Dios echo fuera los demonios, ciertamente ha llegado a vosotros el reino de Dios. Porque ¿cómo puede alguno entrar en la casa del hombre fuerte, y saquear sus bienes, si primero no le ata? Y entonces podrá saquear su casa. El que no es conmigo, contra mí es; y el que conmigo no recoge, desparrama. Por tanto os digo: Todo pecado y blasfemia será perdonado a los hombres; mas la blasfemia contra el Espíritu no les será perdonada. A cualquiera que dijere alguna palabra contra el Hijo del Hombre, le será perdonado; pero al que hable contra el Espíritu Santo, no le será perdonado, ni en este siglo ni en el venidero. O haced el árbol bueno, y su fruto bueno, o haced el árbol malo, y su fruto malo; porque por el fruto se conoce el árbol. ¡Generación de víboras! ¿Cómo podéis hablar lo bueno, siendo malos? Porque de la abundancia del corazón habla la boca. El hombre bueno, del buen tesoro del corazón saca buenas cosas; y el hombre malo, del mal tesoro saca malas cosas. Mas yo os digo que de toda palabra ociosa que hablen los hombres, de ella darán cuenta en el día del juicio. Porque por tus palabras serás justificado, y por tus palabras serás condenado. (Mat. 12:22-37: véase también Mar. 3:20-30; Luc. 11:14-23)

El episodio reviste un enorme interés para comprender la difícil situación que atravesaba Jesús en ese momento. Imaginemos a un predicador, a un clérigo, a un teólogo al que se acusara de mantener un pacto con el diablo. Ciertamente, la acusación no podría ser peor. Aquella persona que requiere ser escuchada e incluso seguida se ve descalificada por el hecho rotundo de que, en realidad, no sirve a Dios, sino que es un aliado de Satanás. Sí, no se podía negar que realizaba milagros y que incluso los demonios se le sometían, pero semejantes hechos se debían simplemente a que tenía un pacto con Belzebú, el príncipe de los demonios (12:23). La acusación seguiría siendo formulada por el judaísmo posterior y aparece consignada en el mismísimo Talmud como justificación para la ejecución de Jesús. Sí, hacía milagros, pero no porque viniera de Dios sino porque era un hechicero. Jesús respondió mostrando el absurdo de ese argumento siquiera porque ninguna casa enfrentada consigo misma puede subsistir (12:25). Pero Su respuesta no se limitó a mostrar lo absurdo de la acusación, sino que además incluyó una severa advertencia. Cerrarse a la acción de Dios a través de Su Mesías era cerrarse al Espíritu Santo y ese era el único pecado que no podía perdonarse. No es que se tratara de una falta que no podía ser objeto de perdón, sino de toda una actitud vital que, por su propia naturaleza, impedía recibir el perdón. Esa actitud era la que impedía contemplar la realidad de que las señales realizadas por Jesús, de hecho, ponen de manifiesto que el reino de Dios ha llegado (12:28). Al final, aquella actitud de negarse a entrar en el reino, presa de una inmensa autojustificación, de una clara soberbia espiritual, de un nacionalismo cerril, daba sus frutos y daba frutos como pronunciar calumnias e injurias sin base (12:33-37).

La fuente mateana señala que los adversarios de Jesús le exigieron entonces que realizara una señal, algo verdaderamente notable si se tiene en cuenta que la expulsión de demonios la habían rechazado como una muestra de que mantenía una relación de pacto con el diablo. El gran drama de Israel —el Israel cuyos dirigentes pedían una señal más para creer en Jesús (12:38-39)— es que su insistencia en apegarse a sus prejuicios espirituales y nacionales los apartaban de los propósitos redentores de Dios. Al final, la gran señal sería la muerte y la resurrección de Jesús el Mesías (12:39-40). Lamentablemente, para aquellos que no la aceptaran solo quedaría un destino peor que el de la Nínive a la que, arrepentida, perdonó Dios. Y es que hasta paganos como la reina de Saba se comportaron mejor ante Dios que aquellos judíos convencidos de su superioridad moral (12:42). Jesús era superior a los profetas (12:41) y al constructor del templo (12:42). Israel, por el contrario, era un triste ejemplo de lo que sucede con aquel que, liberado de un demonio, no se llena realmente de Dios. Había sido restaurado en el pasado tras el castigo divino terrible de la destrucción de Jerusalén y el templo en el siglo VI a. C., pero, en lugar de llenarse de Dios, se había llenado de su engreimiento y soberbia espirituales. El resultado es que semejante conducta acabaría arrastrando a Israel a una situación mucho peor que la que había experimentado en el pasado si llegaba a rechazar al Mesías (12:43-45). Pero, de momento, lo que quedaba de manifiesto era la situación de peligro creciente en que se encontraba sumido Jesús.

La familia de Jesús quiere protegerlo

No puede sorprender que, en medio de una situación tan amenazadora, los familiares de Jesús intentaran evitarle todo tipo de peligro. Tampoco puede causar extrañeza que acudieran a verlo para disuadirlo de seguir Su ministerio. Marcos 12:21 incluso sitúa a los suyos —una referencia a los parientes— queriendo llevarse a Jesús porque «estaba fuera de sí» en paralelo a los insultos lanzados por los fariseos. En Mateo 12:46-47, esos parientes —más en concreto, la madre y los hermanos de Jesús— llegaron después y cuando Jesús hablaba a la multitud. Los dos pasajes son complementarios. El temor venía de antes y lo que consideraban el remedio para un pariente que con su actitud se colocaba en un peligro mortal era disuadirlo para que se dejara de aquellas cuestiones. Sin embargo, llegaron cuando Jesús estaba rodeado de gente (12:46-47) y no tuvieron más remedio que hacerle saber que deseaban hablar con Él. En buena teología católica, Jesús tendría que haber salido despedido a recibir a Su madre y atender a sus peticiones, pero lo que sucedió fue enormemente distinto. Jesús no otorgó ni a Su madre ni a Sus hermanos una consideración especial. Por el contrario, dejó de manifiesto que para Él, Su madre y Sus hermanos eran Sus discípulos, aquellos que hacían la voluntad del Padre (12:48-50).

Jesús señaló así una extraordinaria y sobrecogedora realidad espiritual. Sus verdaderos hermanos —¡¡¡Su misma madre!!!— no eran los carnales sino los que habían decidido aceptar los propósitos de Dios. Con Jesús, emergía una nueva realidad, la realidad del reino. Ese reino no podía encajar en los más que estrechos moldes de los nacionalistas judíos o de sus autoridades espirituales; ese reino

superaba incluso los límites familiares; ese reino provocaba la más
que esperable agresividad contraria de los que se presentaban como
representantes de Dios en la tierra; ese reino era el reino al que
había sido llamado Simón el pescador y en las tareas de ese reino
iba a entrar muy pronto en actividad.

CAPÍTULO IX

EL IMPETUOSO PEDRO

Pedro, uno de los tres más cercanos

En medio de esa situación, Jesús regresó a Capernaum —la Capernaum que se negaba a arrepentirse— donde Pedro iba a ser testigo de unos hechos de considerable relevancia. Se trataría de un episodio, por añadidura, que nos permite ver cómo en el curso de esos meses, aunque no podamos indicar con exactitud en qué momento, el antiguo pescador se había convertido en parte de un grupo aún más restringidamente cercano a Jesús. Marcos —muy posiblemente recogiendo el testimonio del propio Pedro— lo relata de la siguiente manera:

Pasando otra vez Jesús en una barca a la otra orilla, se reunió alrededor de él una gran multitud; y él estaba junto al mar. Y vino uno de los principales de la sinagoga, llamado Jairo; y luego que le vio, se postró a sus pies, y le rogaba mucho, diciendo: Mi hija está agonizando; ven y pon las manos sobre ella para que sea salva, y vivirá.

Fue, pues, con él; y le seguía una gran multitud, y le apretaban. Pero una mujer que desde hacía doce años padecía de flujo de sangre, y había sufrido mucho de muchos médicos, y gastado todo lo que tenía, y nada había aprovechado, antes le iba peor, cuando oyó hablar de Jesús, vino por detrás entre la multitud, y tocó su manto. Porque decía: Si tocare tan solamente su manto, seré salva. Y en seguida la fuente de su sangre se secó; y sintió en el cuerpo que estaba sana de aquel azote. Luego Jesús, conociendo en sí mismo el poder que había salido de él, volviéndose a la multitud, dijo: ¿Quién ha tocado mis vestidos? Sus discípulos le dijeron: Ves que la multitud te aprieta, y dices: ¿Quién me ha tocado? Pero él miraba alrededor para ver quién había hecho esto. Entonces la mujer, temiendo y temblando, sabiendo lo que en ella había sido hecho, vino y se postró delante de él, y le dijo toda la verdad. Y él le dijo: Hija, tu fe te ha hecho salva; ve en paz, y queda sana de tu azote.

Mientras él aún hablaba, vinieron de casa del principal de la sinagoga, diciendo: Tu hija ha muerto; ¿para qué molestas más al Maestro? Pero Jesús, luego que oyó lo que se decía, dijo al principal de la sinagoga: No temas, cree solamente. Y no permitió que le siguiese nadie sino Pedro, Jacobo, y Juan hermano de Jacobo. Y vino a casa del principal de la sinagoga, y vio el alboroto y a los que lloraban y lamentaban mucho. Y entrando, les dijo: ¿Por qué alborotáis y lloráis? La niña no está muerta, sino duerme. Y se burlaban de él. Mas él, echando fuera a todos, tomó al padre y a la madre de la niña, y a los que estaban con él, y entró donde estaba la niña. Y tomando la mano de la niña, le dijo: Talita cumi; que traducido es: Niña, a ti te digo, levántate. Y luego la niña se levantó y andaba, pues tenía doce años. Y se espantaron grandemente. Pero él les mandó mucho que nadie lo supiese, y dijo que se le diese de comer. (Mar. 5:21-43; comp. Mat. 9:18-26 y Luc. 8:40-56)

El episodio —narrado por alguien que, muy posiblemente, lo escuchó del propio Pedro— nos dice no poco de la situación de Simón en esos momentos. Una niña, cuya salud preocupaba a su padre, falleció antes de que Jesús llegara al lugar. Jesús, de forma bien reveladora, no quiso convertir la situación en un espectáculo o en una plataforma de promoción personal. Por el contrario, tomó consigo solo a los tres discípulos más cercanos (5:37) —entre los cuales estaba Pedro—, se deshizo de los presentes (5:38) y levantó a la niña de entre los muertos —la expresión puede traducirse tanto «levántate» como «resucita»— provocando el espanto de los padres (5:42). Jesús entonces insistió en que no difundieran lo sucedido y en que se ocuparan de alimentarla.

La selección de un grupo de tres discípulos más cercanos para acompañarlo nos habla, en primer lugar, de un grupo selecto del que formaba parte Pedro y, segundo, de situaciones totalmente excepcionales. A decir verdad, solo nos ha llegado la referencia a otras dos ocasiones en las que Jesús se hizo acompañar por esos tres mismos apóstoles. Por añadidura, carecemos de paralelos con otros discípulos. Sin duda, Pedro, Santiago (Jacobo) y Juan eran los apóstoles más cercanos a Jesús. Simón el pescador había recorrido, por decisión personal de Jesús, un largo camino. Sin embargo, a pesar de todo lo acontecido, aún quedaba por delante el trayecto más comprometido.

La última visita a Nazaret

Si Jesús estaba siendo rechazado en lugares de Galilea como Betsaida o Su propia base de Capernaum, quizá uno de los momentos más tristes de ese período fue su última visita a Nazaret, la población en la que había vivido desde la infancia hasta poco antes.

Así, sobre hechos prodigiosos como la curación de una hemorroisa o el regreso de una niña a la vida (Mat. 9:18-26; Mar. 5:21-43; Luc. 8:40-56) o la curación de ciegos y mudos (Mat. 9:27-34), se superpuso la última visita a Nazaret, una visita que iba a caracterizarse por la incredulidad que Jesús encontró en sus paisanos. Las fuentes, al respecto, son unánimes:

Salió Jesús de allí y vino a su tierra, y le seguían sus discípulos. Y llegado el día de reposo, comenzó a enseñar en la sinagoga; y muchos, oyéndole, se admiraban, y decían: ¿De dónde tiene este estas cosas? ¿Y qué sabiduría es esta que le es dada, y estos milagros que por sus manos son hechos? ¿No es este el carpintero, hijo de María, hermano de Jacobo, de José, de Judas y de Simón? ¿No están también aquí con nosotros sus hermanas? Y se escandalizaban de él. Mas Jesús les decía: No hay profeta sin honra sino en su propia tierra, y entre sus parientes, y en su casa. Y no pudo hacer allí ningún milagro, salvo que sanó a unos pocos enfermos, poniendo sobre ellos las manos. Y estaba asombrado de la incredulidad de ellos. Y recorría las aldeas de alrededor, enseñando. (Mar. 6:1-6; comp. Mat. 13:54-58)

Aquella última visita de Jesús a Nazaret debió resultarle especialmente triste. No solo Sus paisanos seguían empeñados en ver en él únicamente al hermano de algunos vecinos y al hijo de María, sino que además —y esto fue lo que más le dolió— al persistir en su incredulidad, en su falta de fe, en su cerrilidad, se cerraban la única puerta para recibir las bendiciones del reino. Para convertir la situación en más enrarecida, el rey Herodes —que ya había ordenado la ejecución de Juan el Bautista en medio de un vergonzoso episodio cortesano— estaba comenzando a preocuparse por aquel predicador que era Jesús preguntándose incluso si no sería el profeta al que él había ordenado decapitar.

Ante aquella mezcla inquietante de incredulidad de sus paisanos, hostilidad de las autoridades religiosas e incluso amenaza regia, Jesús respondería fortaleciendo las bases del verdadero Israel y desarrollando una actividad centrada en enseñar más que nunca a aquellos destinados a juzgar a las doce tribus.

Pedro se queda con Jesús

Los Evangelios sinópticos sitúan en esta época del ministerio de Jesús el envío de los Doce, en grupos de dos en dos, a predicar por Galilea. El episodio —recogido por los tres sinópticos— nos habla de gente que predicaba el reino de Dios y sanaba enfermos, que salía a predicar por fe sin llevar dinero y de forma gratuita y que se movía con enorme velocidad en el desempeño de su misión (Mat. 10:5-15; Mar. 6:7-13; Luc. 9:9-6). Lucas 10 añade incluso la información de que a esa misión apostólica se sumaría otra de un grupo más amplio de setenta que volvieron entusiasmados por los resultados de la experiencia.

Existe una coincidencia en todas las fuentes en el hecho de señalar que, a su regreso de la misión itinerante, Jesús propuso a los discípulos apartarse a un lugar retirado en el que pudieran descansar (Mat. 14:13; Mar. 6:30-31; Luc. 9:10). La fecha de esos hechos fue poco anterior a la Pascua del año 29 (Juan 6:4). Resulta, por lo tanto, muy verosímil que los ánimos se encontraran más caldeados de lo habitual con el recuerdo del significado de aquella fiesta que rememoraba la liberación del pueblo de Israel del terrible yugo que durante siglos le había impuesto Egipto. Fue precisamente en esos momentos cuando se produjo un episodio que revela con enorme claridad la naturaleza de la situación por la que atravesaban Jesús y Sus discípulos.

Como ya hemos indicado, el propósito de Jesús era apartarse con los Doce a un lugar retirado en el que pudieran descansar y donde comunicarles mejor Su enseñanza. Para lograrlo, subieron a una embarcación y cruzaron el Mar de Galilea. Sin embargo, no pudieron evitar que la muchedumbre los reconociera. Electrizados por la idea de acercarse a Jesús, circundaron el lago con la intención de encontrarse con Él en la otra orilla. Quizá otro hubiera persistido en sus intenciones iniciales y se hubiera mantenido a distancia de la multitud. Sin embargo, Jesús se sintió embargado por la compasión hacia aquellas masas que actuaban como «ovejas sin pastor» (Mar. 6:34). Pacientemente, los acogió y comenzó a enseñarles. Así transcurrió el día y llegó la tarde. En ese momento, los discípulos —seguramente cansados— le aconsejaron que los despidiera. Pero, una vez más, volvió a quedar de manifiesto la compasión de Jesús. Si se marchaban ahora después de estar en ayunas todo el día, si tenían que bordear de nuevo el lago de regreso a sus hogares, desfallecerían por el camino. Resultaba imperioso darles de comer. Las palabras de Jesús fueron acogidas por los discípulos con incredulidad y quizá incluso con inquietud. La muchedumbre sumaba varios millares de personas y las provisiones que llevaban consigo eran escasas. Pensar en alimentarlos constituía un claro imposible. Lo que se produjo entonces forma parte del elenco de acontecimientos prodigiosos que pespuntean la vida de Jesús y que son reproducidos de manera unánime por las fuentes. Tras ordenar que se sentaran, Jesús tomó los escasos panes y peces con que contaban los apóstoles y dio de comer a la muchedumbre. Semejante episodio tuvo una consecuencia inmediata en las gentes. La fuente joánica la ha referido de la siguiente manera:

> Aquellos hombres entonces, viendo la señal que Jesús había hecho, dijeron: Este verdaderamente es el profeta que había de venir al mundo. (Juan 6:14)

Como si fuera una repetición de la tentación diabólica experimentada en el desierto (Mat. 4; Luc. 4) y tras demostrar que podía alimentar a las multitudes con pan, ¿a qué estaba esperando Jesús para colocarse al frente de aquella gente y manifestarse como el Mesías libertador que todos ellos esperaban? ¿Podía pensarse en un mejor momento para hacerlo? ¿Cuándo volverían a entrelazarse un entusiasmo semejante con una época del año tan significativa desde el punto de vista de la fe judía? Sin embargo, una vez más,

Jesús rechazó la tentación. Tal y como nos refiere la fuente joanea: «Pero entendiendo Jesús que iban a venir para apoderarse de él y hacerle rey, volvió a retirarse al monte él solo» (Juan 6:15).

La reacción de Jesús no pudo resultar más clara. Ante la posibilidad de apartarse de la fidelidad a Su visión personal, prefirió distanciarse no solo de las masas, sino también, momentáneamente, de unos discípulos que, sin duda, se identificaban con las ansias de poder político de aquellas.

Sin embargo, Jesús no logró eludir a la multitud. Cuando, de regreso al barco, navegó hasta tocar en Genesaret, las multitudes lo estaban aguardando con un entusiasmo redoblado por la espera (Mar. 6:53-56). La fuente joanea nos ha transmitido unos datos que resultan de enorme relevancia. De regreso a Capernaum, ya en la sinagoga, Jesús rechazó una vez más las exigencias de las masas. No se le escapaba que lo seguían no porque hubieran captado el significado real y profundo de las «señales», sino porque se habían hartado de comer (Juan 6:26). Jesús no despreciaba las necesidades materiales y la prueba es que, compasivamente, las había colmado. Sin embargo, esa no era Su misión. No tenía intención de repetir las hazañas de Moisés que, siglos antes, había sacado a Israel de Egipto bajo la guía de Dios y luego lo había alimentado durante años con el maná. Su propósito más bien era ofrecerles un «pan» superior que los alimentaría espiritualmente, un pan que les permitiría vivir eternamente (Juan 6:58). Lo que les ofrecía era comer la carne y beber la sangre del Hijo del Hombre, del Mesías (Juan 6:54-55).

La exégesis posterior ha explicado ocasionalmente estas palabras como una referencia de Jesús a la Eucaristía. Sin embargo, resulta obvio que esa interpretación no puede ser, en absoluto, correcta. De entrada, hay que reconocer que mal podía referirse Jesús a una práctica de las primeras comunidades cristianas que aún no había sido establecida y todavía menos lo podía hacer en los términos de un dogma que se definiría en el siglo XIII. Una interpretación semejante intenta sustentar un dogma ciertamente tardío en un pasaje del Evangelio, pero lo cierto es que no pasa de ser un anacronismo disparatado. Por añadidura, la gente a la que se dirigía Jesús no hubiera podido entender ni lejanamente una referencia eucarística. ¿Qué sentido hubiera tenido que Jesús se refiriera a una práctica todavía no instituida y que además tardaría en ser definida más de un milenio? Ciertamente, ninguno. Para colmo, nos consta que aquella gente comprendió a la perfección lo que Jesús estaba diciéndoles y que lo rechazó con horror. Seguir a Jesús no significaba subirse alegremente al carro de un reino que iba a terminar con Roma y que se caracterizaría por una satisfacción de las necesidades materiales. Tal visión —reducida a acabar con una opresión puramente política y con la cobertura de ciertas aspiraciones materiales— encajaría con la de dislates ideológicos varios siglos posteriores como la teología de la liberación de la segunda mitad del siglo XX o incluso con pensamientos utópicos como el socialismo, pero, desde luego, era diametralmente opuesta a su predicación en la que el elemento central era que «El espíritu es el que da vida; la carne para nada aprovecha; las palabras que yo os he hablado son espíritu y son vida» (Juan 6:63). La aceptación de las enseñanzas de Jesús —unas enseñanzas que distaban enormemente de las ansias primarias de aquellas gentes— constituía la clave para entrar en el reino. Resultaba totalmente lógico que así fuera porque el reino era el ámbito de soberanía de Dios y ¿cómo se podía permanecer en él sin reconocer mediante la obediencia que Dios era soberano?

Las palabras de Jesús, a pesar de su contenido simbólico, fueron captadas de manera cabal por sus oyentes. Como señala la fuente joanea, «muchos de sus discípulos dijeron: Dura es esta palabra; ¿quién la puede oír?» (Juan 6:60). No se trataba de que no comprendieran el anuncio de un dogma definido siguiendo categorías aristotélicas expresadas en el lenguaje del siglo XIII. Por el contrario, habían captado la enseñanza de Jesús y por eso podían calificarla de dura.

La crisis que aquella actitud de Jesús, decidido firmemente a rechazar la corona real, había provocado en el embrionario movimiento resulta clara y las fuentes no intentan ocultarla. De hecho, a la desilusión de las masas se sumó la deserción de no pocos de Sus seguidores. Indica nuevamente la fuente joanea que «Desde entonces muchos de sus discípulos volvieron atrás, y ya no andaban con él» (Juan 6:66).

Si Jesús hubiera sido un político, si hubiera buscado fundamentalmente reunir en torno a Él un número creciente de seguidores, si Su intención hubiera sido implantar el reino tal y como lo esperaban Sus paisanos judíos, es más que posible que hubiera flexibilizado Sus exigencias e intentado hallar un terreno común que le permitiera conservar Su influencia. Como ya lo había tentado el diablo en el desierto, habría bastado con doblar un poco la rodilla para apoderarse de la potestad y la gloria de los reinos del mundo. Sin embargo, Jesús no contemplaba Su misión de esa manera. Estaba convencido de que, al fin y a la postre, era la acción misteriosa de Dios la que provocaba que unos siguieran siendo fieles y otros, no (Juan 6:65) y, de forma extremadamente audaz, preguntó a los Doce, si también ellos deseaban abandonarlo (Juan 6:67).

La pregunta de Jesús debió causar una enorme conmoción en Sus seguidores más cercanos. Seguramente, su confusión no era menor que la que padecían sus paisanos y a ella se sumaba el dolor de ver cómo los frutos de su reciente misión —de la que habían regresado entusiasmados— se estaban desvaneciendo igual que el humo como una consecuencia directa de las palabras de su maestro. Ahora, por si todo lo anterior fuera poco, ¡les preguntaba si también ellos querían desertar! Fue precisamente Pedro el que se revelaría como el más impetuoso de los apóstoles, el que se adelantó a responder a Jesús y lo hizo de una manera extraordinariamente cándida. ¿A quién iban a ir? ¿Acaso no era Jesús el único que tenía palabras de vida eterna? (Juan 6:68). Sí, no podía haber duda de que la gente se iba; de que personas conocidas como seguidores habían emprendido el camino de la deserción porque, en lugar de un camino de pan y gloria, se les revelaba otro de entrega hasta la muerte al lado de un Mesías que no deseaba dejarse coronar rey; de que las exigencias iban más allá de lo que habían imaginado hasta entonces. Sin embargo, Pedro demostró una comprensión de la situación muy superior a la de sus compatriotas. Por supuesto, se podía emprender el camino de la separación de Jesús, pero ¿cuál sería entonces la perspectiva de futuro? No, desde luego, la de la vida eterna porque, precisamente, esa vida eterna estaba unida de manera ineludible a Jesús. ¿Dónde, pues, se podría ir si no era en pos de Él?

La manera en que Jesús le respondió a Pedro pudo añadir un motivo adicional de inquietud a los Doce. Sí, era cierto que Él los había escogido de manera personal, pero, con todo y con eso, uno de ellos no era sincero (Juan 6:70). La referencia a un futuro traidor era clara, aunque en aquel momento nadie pudiera captarla (Juan 6:71).

Caminar sobre las aguas

El episodio posterior a la multiplicación de los panes y los peces y al abandono de numerosos discípulos podría llevar a pensar en Pedro como un personaje aventajado en fe en relación con sus compañeros. Sin embargo, esa conclusión no pasaría de ser superficial como lo deja de manifiesto un hecho que ha sido recogido por Mateo, Marcos y Juan aunque, de manera bien reveladora, solo el primero de los Evangelistas haya transmitido el papel de Pedro en él. Nos referimos a la vez en que Jesús fue visto caminando sobre las aguas. La fuente mateana relata lo siguiente:

> En seguida Jesús hizo a sus discípulos entrar en la barca e ir delante de él a la otra ribera, entre tanto que él despedía a la multitud. Despedida la multitud, subió al monte a orar aparte; y cuando llegó la noche, estaba allí solo. Y ya la barca estaba en medio del mar, azotada por las olas; porque el viento era contrario. Mas a la cuarta vigilia de la noche, Jesús vino a ellos andando sobre el mar. Y los discípulos, viéndole andar sobre el mar, se turbaron, diciendo: ¡Un fantasma! Y dieron voces de miedo. Pero en seguida Jesús les habló, diciendo: ¡Tened ánimo; yo soy, no temáis!
>
> Entonces le respondió Pedro, y dijo: Señor, si eres tú, manda que yo vaya a ti sobre las aguas. Y él dijo: Ven. Y descendiendo Pedro de la barca, andaba sobre las aguas para ir a Jesús. Pero al ver el fuerte viento, tuvo miedo; y comenzando a hundirse, dio voces, diciendo: ¡Señor, sálvame! Al momento Jesús, extendiendo la mano, asió de él, y le dijo: ¡Hombre de poca fe! ¿Por qué dudaste? Y cuando ellos subieron en la barca, se calmó el viento. Entonces los que estaban en la barca vinieron y le adoraron, diciendo: Verdaderamente eres Hijo de Dios. (Mat. 14:22-33; comp. Mar. 6:45-52; Juan. 6:15-21)

El episodio nos permite trazar un retrato psicológico de Pedro de no escasa relevancia. Siguiendo órdenes de Jesús, los discípulos se habían lanzado al mar con la intención de encontrarse con Él más adelante. Jesús se retiró a orar a un lugar apartado, pero cuando Sus discípulos, en medio de la noche, atravesaban el mar, de la manera más inesperada, contemplaron una figura desplazándose sobre las aguas del mar. Por un momento, pensaron que se estaban topando con una aparición fantasmal y comenzaron, de manera bastante lógica, a dar gritos de pavor. Sin embargo, aquella manifestación se identificó inmediatamente como Jesús y los instó a no tener miedo. De manera bien reveladora, Pedro se lanzó de la forma más impetuosa a demostrar que confiaba totalmente en el Maestro. Si era Él, que le ordenara acercársele caminando sobre las aguas que lo haría. Y, efectivamente, Jesús se lo ordenó y, efectivamente, Pedro descendió de la barca. Sin embargo, la resolución de Pedro, más entusiasta que reflexiva, desapareció de manera inmediata. El mar, el viento, en suma, las circunstancias nada favorables asustaron a Pedro que se hundió y clamó a Jesús pidiendo socorro. Jesús lo asió y, tras reconvenirlo por su falta de fe, lo ayudó a subir en la barca.

Pedro, ciertamente, se había quedado al lado de Jesús poco antes. No solo eso. A diferencia de los otros discípulos, él había verbalizado la razón de su comportamiento. Quizá también Andrés o Mateo o Juan habían pensado que Jesús tenía palabras de vida eterna, pero lo cierto es que nadie había tenido el ímpetu de Pedro para manifestarlo. Ahora había vuelto a repetirse la situación. Ante la situación desfavorable, Pedro había decidido sobreponerse al miedo y caminar hacia Jesús. Pero ese arrojo aparente no tardó en dejar de manifiesto que su fe era demasiado pequeña. Bastó con que viera las olas y escuchara el silbido del viento para que todo se tambaleara y comenzara a hundirse. Pedro había deseado estar a la altura de las circunstancias e incluso dio pasos en ese sentido, pero la realidad se impuso. Carecía de la fe suficiente y la carencia de fe nunca se ha podido suplir con impetuosidad. En el próximo año, Pedro tendría ocasión de comprobarlo más veces.

CAPÍTULO X

LA CONFESIÓN DE PEDRO

¿Quién dicen los hombres que soy?

Durante los meses siguientes, Jesús estuvo entregado de manera preeminente a formar a Sus discípulos más cercanos. De forma bien reveladora, los lugares que escogió para llevar a cabo esos retiros estaban ubicados en tierra de gentiles, en su cercanía o entre gente de mucha confianza. Cabe pensar que la situación era más peligrosa de lo que parece desprenderse de una lectura superficial de los Evangelios. De hecho, a la creciente hostilidad de los fariseos que no podían aceptar la interpretación de la Torá enseñada por Jesús (Mar. 7:1-23) se sumó la enemistad de los saduceos (Mat. 15:39–16:4; Mar. 8:10-12), la secta que controlaba el templo y con él los centros neurálgicos de la vida espiritual y política de Israel.

En medio de este contexto crecientemente hostil, los Evangelios se refieren a cuatro retiros especiales de Jesús con el grupo de los discípulos más cercanos. El primero tuvo lugar al otro lado del mar después de que los Doce regresaran de su misión (Mat. 14:13-21; Mar. 6:30-44; Luc. 9:10-17 y Juan 6:1-13). El segundo sucedió después de que Jesús se negara a ser proclamado rey y, de manera bien significativa, implicó marchar a las regiones de Tiro y Sidón (Mat. 15:21-28; Mar. 7:24-30). El tercero llevó al grupo de Fenicia a oriente, al monte Hermón y al sur atravesando la Decápolis y evitando pasar por el territorio de Herodes Antipas (Mat. 15:29-38; Mar. 7:31–8:9). Finalmente, el cuarto tuvo como escenario un lugar en Betsaida Julia, en la tetrarquía de Herodes Felipe (Mat. 16:5-12 y Mar. 8:13-26). De manera bien significativa, todos los lugares fueron zonas de suma seguridad o territorios situados en territorio gentil. En otras palabras, Jesús estaba evitando la posibilidad de ser objeto de las agresiones de Sus enemigos o bien viajando a zonas donde ellos nunca se desplazarían por tratarse de territorio pagano o bien alojándose en lugares donde contaba con gente de confianza. Esos cuatro retiros con Sus discípulos que llevaron al grupo más allá de las estrechas fronteras de la tierra de Israel tuvieron su punto culminante en un enclave conocido como Cesarea de Filipo, un lugar situado en el extremo del mundo judío y en la frontera con los gentiles.

Este —en el que Pedro volvería a tener un papel relevante— nos ha sido transmitido de manera unánime por las fuentes sinópticas (Mat. 16:13-20; Mar. 8:27-30 y Luc. 9:18-21) lo que indica hasta qué punto resultó de una importancia trascendental. La fuente lucana lo ha narrado de la siguiente manera:

> Aconteció que mientras Jesús oraba aparte, estaban con él los discípulos; y les preguntó, diciendo: ¿Quién dice la gente que soy yo? Ellos respondieron: Unos, Juan el Bautista; otros, Elías; y otros, que algún profeta de los antiguos ha resucitado. Él les dijo: ¿Y vosotros, quién decís que soy? Entonces respondiendo Pedro, dijo: El Cristo de Dios.

> Pero él les mandó que a nadie dijesen esto, encargándoselo rigurosamente, y diciendo: Es necesario que el Hijo del Hombre padezca muchas cosas, y sea desechado por los ancianos, por los principales sacerdotes y por los escribas, y que sea muerto, y resucite al tercer día. (Luc. 9:18-22)

Como en tantas otras ocasiones, Jesús se sirvió de la formulación de preguntas para llevar a Sus oyentes al lugar que deseaba. La primera —la referida a la gente— era solo un paso para impulsar a los Doce a responder. Era obvio que la muchedumbre, una muchedumbre que llevaba un tiempo desilusionándose, tenía ideas confusas, quizá incluso extremadamente confusas, sobre Su identidad. Algunos, como Herodes Antipas, pensaban que era Juan el Bautista, el ejecutado que había regresado de entre los muertos. Otros lo identificaban con Elías, el profeta que había sido arrebatado por Dios al cielo. Finalmente, no faltaban los que lo consideraban un *naví*, un profeta como los que habían llamado a la conversión a Israel en el pasado. Bien, esas eran las distintas opiniones, pero ellos, los que llevaban en torno a dos años compartiendo la vida con Él, ¿quién pensaban que era?

La respuesta del otra vez impulsivo Pedro fue, una vez más, terminante. Era el Mesías de Dios. Jesús, de manera inmediata, contuvo a Su discípulo. No debían decir nada de aquello a la gente. De hacerlo, solo contribuirían a excitar más los ánimos de aquellos que buscaban únicamente a un libertador político, de aquellos que, tras comer los panes y los peces, habían pretendido hacerlo rey. La orden de Jesús no puede interpretarse solo como una muestra de prudencia táctica. La razón era mucho más profunda. Es que, por añadidura, Él no era esa clase de mesías. Él estaba llamado a sufrir mucho, a verse rechazado por los dirigentes espirituales de Israel, a morir. Solo entonces se alzaría —significado literal del término que se traduce habitualmente como resucitar— al tercer día.

Semejantes palabras debieron caer como un jarro de agua fría sobre los Doce. Desde luego, si esperaban un triunfo glorioso, fácil e inmediato, Jesús no estaba alentando ni lejanamente ese punto de vista. La fuente marcana, conectada directamente con Pedro, señala que, al escuchar la sombría exposición de Jesús, este apóstol se adelantó para decirle que no debía expresarse de manera semejante:

> Entonces Pedro le tomó aparte y comenzó a reconvenirle. Pero él, volviéndose y mirando a los discípulos, reprendió a Pedro, diciendo: ¡Quítate de delante de mí, Satanás! porque no pones la mira en las cosas de Dios, sino en las de los hombres. (Mar. 8:32-33)

Una vez más, el impulsivo Pedro iba a enfrentarse con una respuesta inesperada que volvería a situarlo en los términos adecuados, bien distintos de aquellos con los que se comportaba.

El Mesías verdadero

Por supuesto, Jesús podía entender la inquietud de Pedro que, muy probablemente, era la de otros discípulos. Sin embargo, no estaba dispuesto a realizar la menor concesión en lo que al cumplimiento de Su misión se refería. La manera en que Pedro veía las cosas era la propia de los hombres, la de todos aquellos que creen que el triunfo material es la verdadera victoria, la de todos aquellos que no saben hallar otro sentido a la vida. La gente estaba dispuesta a seguir a un mesías nacionalista —sionista, diríamos hoy— a alguien que asentara a Israel como un reino que derrotara triunfalmente a sus enemigos y estableciera su dominio absoluto sobre ellos. Sin embargo, la idea de un mesías sufriente podía provocar el desencanto, la desilusión y el abandono de muchos. Al juicio —preocupado, por otra parte— de Pedro, lo mejor era que Jesús no siguiera por ese camino. ¡Jamás debería acontecerle algo semejante!

Pedro podía estar cargado de las mejores intenciones e incluso quizá su preocupación por el Maestro fuera mayor que su frustración personal, pero Jesús respondió a sus palabras de manera enérgica. Ver las cosas de esa manera era, en realidad, verlas como el mismo diablo que ya le había tentado con el poder político en el desierto. Por el contrario, Dios contempla todo de una manera muy diferente y esa era una circunstancia que los que deseaban seguirlo no podían pasar por alto. De hecho, acto seguido, Jesús subrayó el futuro que debían esperar Sus discípulos:

> Y decía a todos: Si alguno quiere venir en pos de mí, niéguese a sí mismo, tome su cruz cada día, y sígame. Porque todo el que quiera salvar su vida, la perderá; y todo el que pierda su vida por causa de mí, este la salvará. Pues ¿qué aprovecha al hombre, si gana todo el mundo, y se destruye o se pierde a sí mismo? Porque el que se avergonzare de mí y de mis palabras, de este se avergonzará el Hijo del Hombre cuando venga en su gloria, y en la del Padre, y de los santos ángeles. Pero os digo en verdad, que hay algunos de los que están aquí, que no gustarán la muerte hasta que vean el reino de Dios. (Luc. 9:23-27)

En las últimas décadas, se ha convertido en algo común presentar la vida cristiana como una consecución de éxitos materiales y sociales sin mezcla de problema alguno. Diríase —y se dice— que ser cristiano es un camino para vivir sin problemas, aumentar la cuenta corriente, cambiar de automóvil cuanto antes y conseguir una buena casa. La predicación de ese tipo es, sin duda, popular y tiene éxito, pero presenta un problema muy serio y es que carece de punto de contacto con las enseñanzas de Jesús acerca de lo que debe ser un discípulo. Como Jesús dijo en Cesarea de Filipo a los, seguramente, desconcertados apóstoles, seguirlo no iba a implicar un paseo sosegado por senderos de gloria material en este mundo. Por el contrario, significaba la posibilidad nada remota de tener que llevar la cruz. Semejante expresión ha ido adquiriendo un significado espiritualizado —y bastante falso, dicho sea de paso— con el transcurrir de los siglos. Así, llevar la cruz equivaldría a soportar a una suegra incómoda, a un marido desabrido o una dolencia física. Sin embargo, a decir verdad, para Jesús —y para los que lo escuchaban— la cruz nada tenía que ver con un padecimiento cotidiano supuestamente atribuido a Dios. La cruz era, en el sentido más literal, el instrumento de tortura y ejecución más cruel de la época[49]. Era el patíbulo del que pendían, envueltos en terribles dolores, sometidos a sarcásticas burlas y contemplados en vergonzosa desnudez, los condenados hasta que, finalmente, exhalaban el último aliento. Eso, y no un trono, una cuenta corriente abultada o una vida de lujos era lo que esperaba a los seguidores de Jesús. Ni ellos debían engañarse ni Él tenía la menor intención de hacerlo. Solo el que estuviera dispuesto a seguir ese camino que podía terminar en una ejecución pública y vergonzosa no se perdería. Solo el que actuara así podría ser considerado como un verdadero discípulo.

Pedro en la transfiguración

En contra de lo que pudieran pensar algunos al leer las palabras de Jesús, lo cierto es que no era ni un predicador amargado ni un asceta pesimista. En el pasado, ya había señalado cómo, precisamente, lo acusaban de glotón y borracho (Luc. 7:34). Ahora, continuó Su exposición señalando que algunos de los que estaban allí presentes no morirían sin ver el reino de Dios. Las interpretaciones sobre esas palabras han hecho correr ríos de tinta provocados mucho más por la imaginación que por un análisis serio de las fuentes. Lejos de estar anunciando un cercano «fin del mundo», como algunos se han empeñado en comprender las palabras de Jesús, todo indica que se refería a una experiencia que, seis días después, tuvieron al lado

---

[49] Sobre el significado de la cruz en la época, véase M. Hengel, *Crucifixion*, (Filadelfia, Fortress Press) 1977.

de Jesús Pedro, Santiago y Juan, Sus tres discípulos más cercanos y que se conoce convencionalmente como la transfiguración[50]. La fuente mateana relata el episodio de la siguiente manera:

> Seis días después, Jesús tomó a Pedro, a Jacobo y a Juan su hermano, y los llevó aparte a un monte alto; y se transfiguró delante de ellos, y resplandeció su rostro como el sol, y sus vestidos se hicieron blancos como la luz. Y he aquí les aparecieron Moisés y Elías, hablando con él. Entonces Pedro dijo a Jesús: Señor, bueno es para nosotros que estemos aquí; si quieres, hagamos aquí tres enramadas: una para ti, otra para Moisés, y otra para Elías. Mientras él aún hablaba, una nube de luz los cubrió; y he aquí una voz desde la nube, que decía: Este es mi Hijo amado, en quien tengo complacencia; a él oíd. Al oír esto los discípulos, se postraron sobre sus rostros, y tuvieron gran temor. Entonces Jesús se acercó y los tocó, y dijo: Levantaos, y no temáis. Y alzando ellos los ojos, a nadie vieron sino a Jesús solo.
>
> Cuando descendieron del monte, Jesús les mandó, diciendo: No digáis a nadie la visión, hasta que el Hijo del Hombre resucite de los muertos. Entonces sus discípulos le preguntaron, diciendo: ¿Por qué, pues, dicen los escribas que es necesario que Elías venga primero? Respondiendo Jesús, les dijo: A la verdad, Elías viene primero, y restaurará todas las cosas. Mas os digo que Elías ya vino, y no le conocieron, sino que hicieron con él todo lo que quisieron; así también el Hijo del Hombre padecerá de ellos. Entonces los discípulos comprendieron que les había hablado de Juan el Bautista. (Mat. 17:1-13; comp. Mar. 9:2-13 y Luc. 9:28-36)

Como muchas experiencias de carácter espiritual, la transfiguración resulta difícil de describir entre otras razones porque sus términos trascienden ampliamente el lenguaje de lo meramente sensorial. Si Jesús había hecho referencia a que el Mesías que era Él sufriría, sería rechazado y moriría de manera vergonzosa, semejantes

---

[50] En favor de la historicidad del episodio, véase: C. Vidal, «Transfiguración» en *Diccionario de Jesús y los Evangelios*, (Ed. Verbo Divino, Estella, España) y, de manera muy especial, D. Flusser, *Jesús en sus palabras y en su tiempo*, (Ediciones Cristiandad, Madrid, 1975), pág. 114. Flusser captó perfectamente cómo la idea de la autoconciencia de Jesús como Hijo iba vinculada a la muerte.

afirmaciones no significaban ni que careciera de gloria ni que Su reino no la tuviera. En menos de una semana, tres de Sus discípulos más cercanos —entre los que se encontraba Pedro— verían una gloria que era precisamente la del reino de Dios y, a pesar de que no podrían revelar nada de momento, no es menos cierto que los tres descendieron del monte convencidos de que Dios respaldaba a Jesús como Su Hijo y Mesías, y que Moisés y Elías lo habían reconocido como tal.

Si se habían sentido deprimidos unos días antes por las palabras de Jesús —Pedro incluso debió experimentar la tristeza de la reprensión— ahora volvían a verse situados en la cresta de la ola. ¡Habían visto el reino! Incluso mientras bajaban del monte, como judíos piadosos, se atrevieron a preguntarle a Jesús por el Elías anunciado por el profeta Malaquías (Mal. 4:5-6), aquel que debía manifestarse antes del triunfo del Mesías. La respuesta de Jesús —una vez más— apuntó a Su propio destino, un destino concebido no en términos de victoria material, sino de padecimiento. Elías no era un personaje que aparecería al final de la historia, sino que ya había aparecido y habían hecho con él lo que habían deseado porque, a fin de cuentas, ese Elías profetizado no era otro que Juan el Bautista (Mar. 9:9-13).

Una vez más, Jesús había vuelto a exponer la situación en los términos que juzgaba adecuados. Los discípulos le habían preguntado por Elías y Su respuesta directa había sido que el Elías profetizado ya había venido, pero su destino había resultado trágico. *Le habían hecho todo lo que habían querido.* Y, dicho esto, ¿por qué pensaban ellos que las Escrituras afirmaban que el Hijo del Hombre tenía que padecer mucho y ser despreciado? ¿Acaso no se percataban del sentido de esas palabras? A los tres no les costó comprender que el Elías al que Jesús se refería no era otro que Juan el Bautista (Mat. 17:13), pero la idea de un Mesías que sufría —una idea que Jesús ya les había expuesto— no iba a calar con tanta fuerza en su ser. Jesús, sin embargo, estaba dispuesto a repetirla una y otra vez. De hecho, el segundo anuncio de que el Mesías sufriría la muerte tras un proceso de abandono y desprecio se produjo pocos días después en el camino de Galilea. Una vez más las fuentes son unánimes al respecto y, una vez más, dejan de manifiesto que del comportamiento del Mesías debía desprenderse el de Sus seguidores:

Habiendo salido de allí, caminaron por Galilea; y no quería que
nadie lo supiese. Porque enseñaba a sus discípulos, y les decía: El
Hijo del Hombre será entregado en manos de hombres, y le matarán; pero después de muerto, resucitará al tercer día. Pero ellos no
entendían esta palabra, y tenían miedo de preguntarle.

Y llegó a Capernaum; y cuando estuvo en casa, les preguntó: ¿Qué
disputabais entre vosotros en el camino? Mas ellos callaron; porque
en el camino habían disputado entre sí, quién había de ser el mayor.
Entonces él se sentó y llamó a los doce, y les dijo: Si alguno quiere
ser el primero, será el postrero de todos, y el servidor de todos. Y
tomó a un niño, y lo puso en medio de ellos; y tomándole en sus
brazos, les dijo: El que reciba en mi nombre a un niño como este,
me recibe a mí; y el que a mí me recibe, no me recibe a mí sino al
que me envió. (Mar. 9:30-37)

Las fuentes difícilmente podrían ser más honradas en la transmisión de lo que sucedió en aquellos días. Por un lado, Jesús
estaba repitiendo cada vez con más claridad que Su destino pasaba
por el desprecio, el sufrimiento y la muerte; que no habría consumación del reino sin que antes Él mismo atravesara el umbral
de un final vergonzoso y humillante y que no ver así las cosas
ponía de manifiesto que, en lugar de tener la visión de Dios,
únicamente se poseía la del hombre vulgar y corriente. Por otro,
Sus discípulos continuaban anclados en sus viejas concepciones.
Si preguntaban por Elías era para saber lo que faltaba para ocupar
cargos de importancia en el reino y si escuchaban a Jesús hablar
de Su muerte se sentían confusos e inquietos. Fuera como fuese,
Jesús había dejado claramente de manifiesto quién era y lo que
cabía esperar en el futuro.

Excurso. ¿Quién es la piedra de Mateo 16:18?

El Evangelio de Mateo, tras la confesión de Pedro, incluye una
referencia de Jesús, ausente en el resto de las fuentes, en el sentido
de que levantaría Su iglesia sobre una piedra —literalmente, roca—
que daría a Pedro las llaves del reino de los cielos y que lo que atara
y desatara en la tierra quedaría atado y desatado en los cielos.

No resulta necesario extenderse en que el texto acerca de Pedro y la roca es la base sobre la que la iglesia católico-romana pretende sustentar la supremacía papal alegando que la piedra sobre la que se levanta la iglesia es Pedro. La afirmación se repite hasta la saciedad, pero hay que decir que no son pocos los teólogos católicos de cierta seriedad que no se la creen.

De entrada, debe señalarse que la piedra-roca en las fuentes judías es un título relacionado con el Mesías y no con otro ser humano por relevante que pudiera ser. Así, por citar algunos ejemplos, el Targum Jonathan utiliza «piedra» como título mesiánico y lo mismo podemos ver en el Midrash sobre Nm 13:14, donde además el Mesías es denominado «Hijo del Hombre» (Dn 7:14). En este último caso, la «piedra» es, más concretamente, la que deshizo los reinos gentiles (Dan. 2:35). En ambos pasajes está ausente la idea de un rechazo del Mesías por el pueblo de Israel, pero todo lo contrario es lo que nos encontramos en el Talmud (Sanh 38a). En esta referencia, el Mesías, hijo de David, es descrito como aquel que, según el texto de Isaías 8:14, será piedra de tropiezo y roca de escándalo para las dos casas de Israel. El pasaje talmúdico señala que las dos casas de Israel son el exilarcado de Babilonia y el patriarcado de Palestina y de ello deduce que, por lo tanto, el Mesías no ha podido venir. No es cometido nuestro examinar esta última parte de la interpretación, pero sí nos parece de especial importancia destacar que los pasajes donde se habla en el Antiguo Testamento de la piedra rechazada por Israel, piedra de escándalo y tropiezo, fueron interpretados en varias ocasiones en el seno del judaísmo como una referencia al Mesías.

También era judía la conversión de la «piedra de tropiezo» en «piedra de ángulo». Un ejemplo de ello lo tenemos en el Testamento de Salomón 22, 7-23, 4, donde la piedra del Salmo 118:22 ya es «cabeza de ángulo»[51], y lo mismo cabría decir de las referencias que encontramos en el Manual de Disciplina 8, 4 y en Yoma 54a.

Partiendo de esa interpretación tan común en el judaísmo no puede sorprender que uno de los títulos aplicados a Jesús —presumiblemente conectado asimismo con Su muerte final— fue el de

---

[51] J. Jeremias, «*Eckstein-Sclussstein*» en *ZNW*, 38, 1937, págs. 154-7. Bibliografía sobre el tema en R. J. McKelvey, «*Christ the Cornerstone*» en *NTS*, 8, 1962, págs. 352 ss.

la piedra rechazada que se convertiría en tropiezo para Israel. La aplicación a Jesús de estos pasajes resultaba indiscutiblemente oportuna para Sus primeros seguidores, los judeocristianos, en la medida en que servía para dar una explicación, primero, al hecho de que hubiera judíos, y no en número reducido, que no habían reconocido como Mesías a Jesús y, segundo, a que este hubiera sido entregado a los gentiles por algunos de Sus compatriotas. Tales hechos, vividos muy de cerca por los judeocristianos, eran interpretados, a la luz de estos pasajes, como el cumplimiento de profecías centenarias que atestiguaban aún más claramente la legitimidad de las pretensiones mesiánicas de Jesús y del movimiento nacido de Su predicación[52].

De hecho, los pasajes del Nuevo Testamento referidos a Jesús como piedra rechazada (Sal. 118:22) o de tropiezo (Isa. 8:14) pretenden retrotraerse originalmente a aquel[53], lo que no tiene nada de extraño si juzgamos el fracaso final de Su ministerio galileo y la más que probable conciencia de cuál sería su final[54].

En Hechos 4:11[55] (comp. 1 Ped. 2:4 y 7), resulta bastante significativo que el propio Pedro no declarara que él era la piedra —como pretende la interpretación medieval católico-romana— sino que esa piedra, en cumplimiento de las profecías, era el Jesús rechazado por los judíos.

Esta visión de Jesús como la Piedra sobre la que se levantaba el pueblo de Dios no quedaría limitada al judeocristianismo afincado

---

[52] Un estudio especialmente interesante sobre este título en M. Pérez Fernández, «*Aportación de la hermenéutica judía...*» en *VII Simposio Internacional de Teología*, (Pamplona, 1985), págs. 298-301.

[53] Comp: Mateo 21:42-44; Marcos 12:10; Lucas 20:17-18. En el sentido de aceptar la autenticidad de los dichos, ver: R. N. Longenecker, «The *Christology of Early Jewish Christianity*, (Londres, 1970), págs. 50 ss.; L. Goppelt, *Typos: The Typological Interpretation of the Old Testament in the New*, (Wm. B. Eerdmans-Lightning Source, Grand Rapids, 1982); C. A. Evans, «Tipology» en «DJG» 1991, pág. 865.

[54] En el mismo sentido, ver: S. H. T. Page, «*The Authenticity of the Ramson Logion*» (Mark 10:45b), en R. T. France y D. Wenham (eds.), *Gospel Perspectives I*, Sheffield, 1980, págs. 137-61; H. Schürmann, *Gottes Reich-Jesu Geschick. Jesu ureigener Tod im Lichte seiner Basileia-Verkündigung*, (Friburgo, 1983); K. R. Snodgrass, *The Parable of the Wicked Tenants*, (Tubinga, 1983); B. H. Young, *Jesus and His Jewish Parables*, (Paulist Pr, Nueva York, 1989), págs. 170 ss.

[55] Comparar con el mismo concepto en 1 Pedro 2:4, 7.

en Israel, sino que sería desarrollada también a partir de textos del Antiguo Testamento por el judeocristianismo de la Diáspora (1 Ped. 2:4-8) y por Pablo (Rom. 9:33; 1 Cor. 3:11) pero, una vez más, el origen de la terminología era única y exclusivamente judío y el canal de transmisión había sido el judeocristianismo.

Por si todo lo anterior fuera poco, la interpretación clásica católico romana resulta total y absolutamente imposible salvo que se parta del deseo de encontrar en el texto lo que no hay. En primer lugar, aunque la roca mencionada por Jesús fuera Pedro, en ningún caso se dice que se identificara con el obispo de Roma ni menos que ese cargo fuera sometido a sucesión. Por mucho que se quiera darle vueltas al tema la verdad es que en las palabras de Jesús no existe la menor referencia a Roma ni a una sucesión de Pedro. Por el contrario, lo que se dice, en todo caso, se afirmaría únicamente de Pedro. En segundo lugar, el texto griego desmiente también esa interpretación. De hecho, señala una clara separación entre la roca-piedra (*petra*) sobre la que se basa la iglesia y la piedrecilla (*petrós*) que es Pedro. Parafraseando a Jesús, el texto dice: «tú eres una piedrecilla, pero yo levantaré mi iglesia sobre una ROCA». Esa Roca no puede ser otra que el Mesías, es decir, precisamente Jesús al que ha confesado como tal Pedro. En tercer lugar —y resulta de enorme relevancia— el mismo Pedro señaló quién era la piedra y, ciertamente, NO era él. En otras palabras, Pedro fue siempre consciente de que él NO era la piedra. Lo sabía, entre otras razones, porque la Biblia profetizaba quién era esa piedra sobre la que se elevaría el edificio de Dios que se conoce como iglesia. Así, al comparecer ante el Sanedrín, Pedro afirmó con claridad no que la piedra era él, sino que era Jesús y para ello apeló a la profecía del Salmo 118:22:

> Sea notorio a todos vosotros, y a todo el pueblo de Israel, que en el nombre de Jesucristo de Nazaret, a quien vosotros crucificasteis y a quien Dios resucitó de los muertos, por él este hombre está en vuestra presencia sano. Este *Jesús* es la PIEDRA REPOBADA por vosotros LOS EDIFICADORES, la cual HA VENIDO A SER CABEZA DEL ÁNGULO. Y en ningún otro hay salvación; porque no hay otro nombre bajo el cielo, dado a los hombres, en que podamos ser salvos. (Hech. 4:10-12, énfasis del autor).

En otras palabras, Pedro JAMÁS dijo que él fuera la Piedra sino que señaló al Jesús que había cumplido la profecía como esa Piedra indicando además que la salvación no dependía de adherirse a Pedro —mucho menos por someterse al obispo de Roma como definió como dogma el papa Bonifacio VIII— sino de creer en Jesús.

De manera bien significativa, esa misma posición la siguió manteniendo Pedro hasta el final de su vida. Así, por ejemplo, en su primera carta —a la que haremos referencia más adelante— 2:1-8 afirma:

Desechando, pues, toda malicia, todo engaño, hipocresía, envidias, y todas las detracciones, desead, como niños recién nacidos, la leche espiritual no adulterada, para que por ella crezcáis para salvación, si es que habéis gustado la benignidad del Señor.

Acercándoos a él, piedra viva, desechada ciertamente por los hombres, mas para Dios escogida y preciosa, vosotros también, como piedras vivas, sed edificados como casa espiritual y sacerdocio santo, para ofrecer sacrificios espirituales aceptables a Dios por medio de Jesucristo. Por lo cual también contiene la Escritura:

He aquí, pongo en Sion la principal piedra del ángulo, escogida, preciosa;

Y el que creyere en él, no será avergonzado.

Para vosotros, pues, los que creéis, él es precioso; pero para los que no creen, la piedra que los edificadores desecharon, ha venido a ser la cabeza del ángulo;

y:

Piedra de tropiezo, y roca que hace caer,

porque tropiezan en la palabra, siendo desobedientes; a lo cual fueron también destinados.

Las palabras de Pedro son dignas de reflexión. La piedra NO es él sino el Mesías. A lo sumo, los demás creyentes, como él mismo, son piedrecitas que se acercan a esa Piedra que es el Mesías. La afirmación de Pedro resulta de especial relevancia porque implica el cumplimiento de dos profecías. La primera ya la citó Pedro en su respuesta al Sanedrín y está en el Salmo 118. La segunda se encuentra en el capítulo 8:14 del profeta Isaías y se refiere al mismo Dios. En otras palabras, la piedra sobre la que se levanta el edificio de Dios —la iglesia— no es un simple ser humano sino el mismo YHVH, el Dios manifestado desde el principio y encarnado en Cristo. De ello se deduce que si alguien pretende ser esa piedra o afirma que lo es alguien que no es el Mesías-Dios, simplemente está colocándose en el lugar de Dios, una de las características del hombre de pecado señalado por Pablo en 2 Tesalonicenses 2. Pedro, desde luego, jamás incurrió en esa blasfemia ni instó a nadie a hacerlo ya que siempre enseñó que la piedra sobre la que se levantaba la iglesia era Cristo.

Finalmente, hay que señalar que, de manera aplastantemente mayoritaria, los primeros cristianos NO creyeron que la piedra era Pedro. El padre Launoy realizó un estudio sobre las afirmaciones de los padres de la iglesia respecto a este texto y las conclusiones a las que llegó fueron reveladoras. El número de padres que creía que la piedra era el contenido de la declaración de fe expresado por Pedro era cuarenta y cuatro, el de los que pensaban que era el mismo Cristo era de dieciséis, el de los que pensaba que era Pedro era tan solo de diecisiete y el de los que pensaban que era la fe de todos los apóstoles se reducía a ocho. Las distintas opiniones dicen mucho sobre que la posición que identificaba la piedra con Pedro era muy minoritaria, pero incluso en esos casos no implicaba ni sucesión ni mucho menos sucesión a través del obispo de Roma.

A todo lo anterior hay que añadir que las afirmaciones de Jesús sobre el ministerio de Pedro se cumplieron en vida de Pedro, pero no pasaron a nadie más. Si la referencia a las llaves de Pedro se relaciona, como veremos más adelante, con que Pedro abriría el reino a los judíos con su predicación de Pentecostés (Hech. 2) y a los gentiles con la entrada del gentil Cornelio (Hech. 10–11) resulta obvio que fue una misión cumplida durante su vida y que no puede ser repetida. En cuanto al hecho de atar y desatar ni siquiera fue exclusivo de Pedro. De hecho, en Juan 20:23 se menciona en esa acción a todos los apóstoles y en Mateo 18:18, como manifestación de la disciplina eclesial, a toda la iglesia.

La pretensión de que Pedro es la Piedra y de que esa circunstancia es base a su vez de la Iglesia Católico Romana resulta, pues, insostenible a la luz de las Escrituras y de las fuentes históricas. La Piedra es Jesús y Jesús confesado como el Mesías y el Hijo de Dios.

CAPÍTULO XI

DE LOS TABERNÁCULOS A LA DEDICACIÓN

El tributo del templo

Ha sido Mateo —tan dispuesto a transmitirnos datos sobre Pedro que no nos han transmitido los otros Evangelistas— el que ha recogido un episodio que tuvo lugar en Capernaum, que se relacionaba con la enseñanza de Jesús y en el que intervino Pedro. Mateo lo relata de la siguiente manera:

> Cuando llegaron a Capernaum, vinieron a Pedro los que cobraban las dos dracmas, y le dijeron: ¿Vuestro Maestro no paga las dos dracmas? Él dijo: Sí. Y al entrar él en casa, Jesús le habló primero, diciendo: ¿Qué te parece, Simón? Los reyes de la tierra, ¿de quiénes cobran los tributos o los impuestos? ¿De sus hijos, o de los extraños? Pedro le respondió: De los extraños. Jesús le dijo: Luego los hijos están exentos. Sin embargo, para no ofenderles, ve al mar, y echa el anzuelo, y el primer pez que saques, tómalo, y al abrirle la boca, hallarás un estatero; tómalo, y dáselo por mí y por ti. (Mat. 17:24-27)

Aunque resulta muy habitual que se pierda el tiempo con este pasaje alegando que el famoso pez de san Pedro tiene capacidad sobrada para llevar una moneda en la boca —algo que, por otra parte, es cierto— el interés de estos versículos no se encuentra en ese detalle casi folklórico sino en la cuestión de fondo planteada. Cuando a Pedro le preguntaron en la población donde vivía si su Maestro pagaba el tributo del templo, en ningún momento razonó que ese Maestro era el Mesías e Hijo de Dios y, por lo tanto, estaba exento del pago. Por el contrario, se dejó llevar por el ambiente.

Seguramente, eran paisanos los que le planteaban las preguntas y Pedro respondió de la manera menos comprometida. ¡Por supuesto que su Maestro pagaba el tributo!

Jesús no dejó en evidencia a Pedro —al que llama por su nombre, Simón— desmintiéndolo ante sus vecinos. Por el contrario, esperó a que ambos entraran en la casa para plantearle la cuestión de una manera elegante. ¿Los reyes a quiénes cobran tributos? ¿A los hijos o a los extraños? Obviamente, a los extraños. Por lo tanto, si Pedro creía que Jesús era el Mesías e Hijo de Dios como había confesado en Cesarea de Filipo, tenía que llegar a la conclusión de que Él estaba exento de pagar ese tributo. Podemos imaginar la perplejidad de Pedro al captar que, una vez más, su impulsividad y su temor lo habían llevado a dar un paso en falso. Si solo hubiera reflexionado, si solo hubiera pensado más en quién era su Señor que en quedar bien ante sus vecinos, si solo... pero así era Simón y así daría muestras de ser en los próximos meses.

Los verdaderos discípulos

Durante los meses siguientes, Pedro —como el resto de los discípulos— tendría que escuchar enseñanzas de Jesús que se relacionaban de manera acentuada con la forma en que deberían vivir Sus seguidores. Así, escuchó cómo, en lugar de preocuparse por quién era el mayor, tenían que aprender a ser como niños (Luc. 9:46-48), cómo debían renunciar a todo —bienes, familia, posición social— para seguir a Jesús (Luc. 9:57-62) y cómo debían aprender a perdonar. Es precisamente en relación con esta enseñanza, sin duda, peculiar de Jesús que Mateo vuelve a recoger un episodio en el que intervino Pedro. La fuente mateana lo relata así:

> Por tanto, si tu hermano peca contra ti, ve y repréndele estando tú y él solos; si te oyere, has ganado a tu hermano. Mas si no te oyere, toma aún contigo a uno o dos, para que en boca de dos o tres testigos conste toda palabra. Si no los oyere a ellos, dilo a la iglesia; y si no oyere a la iglesia, tenle por gentil y publicano. De cierto os digo que todo lo que atéis en la tierra, será atado en el

cielo; y todo lo que desatéis en la tierra, será desatado en el cielo. Otra vez os digo, que si dos de vosotros se pusieren de acuerdo en la tierra acerca de cualquiera cosa que pidieren, les será hecho por mi Padre que está en los cielos. Porque donde están dos o tres congregados en mi nombre, allí estoy yo en medio de ellos.

Entonces se le acercó Pedro y le dijo: Señor, ¿cuántas veces perdonaré a mi hermano que peque contra mí? ¿Hasta siete? Jesús le dijo: No te digo hasta siete, sino aun hasta setenta veces siete. (Mat. 18:15-22)

El episodio resulta enormemente revelador y debería prestársele no poca atención ya que es la segunda —y última vez— que Jesús se refiere a la iglesia. De manera bien reveladora, la iglesia es un lugar donde se recibe y se otorga perdón y eso sí, previamente, no se ha solucionado con el perdón cualquier tipo de diferencias entre gentes que deben considerarse hermanos. Precisamente, esos hermanos —aunque se reúnan en un número pequeño— son los que forman la iglesia y los que reciben, si se reúnen en el nombre de Jesús, aquello que piden al Padre celestial. No cabe la menor duda de que la eclesiología expuesta por Jesús es, a la vez, sencilla, profunda y práctica y, dicho sea de paso, se parece muy poco a la que han ido construyendo siglos de divagaciones teológicas. Desde luego, nada tiene que ver con la idea de una construcción jerárquica supuestamente basada en Pedro. Sin embargo, Pedro sí que intervino en la cuestión planteada por Jesús. Una vez más, el pescador exteriorizaba lo que debió pasar por la cabeza de más de uno de los discípulos. Perdonar estaba bien, sí, ¿quién podía negarlo?, pero el perdón no podía otorgarse de manera indefinida creando una perpetua situación de indefensión y peligro para el que lo otorgaba. ¿Sería adecuado fijar el límite del perdón en siete veces? La respuesta de Jesús sería determinante. No, siete no era bastante. Si acaso setenta veces siete, es decir, siempre.

Precisamente para dejar de manifiesto lo que implicaba el perdón y hasta qué punto era algo totalmente lógico entre Sus seguidores, Jesús relató a continuación uno de sus *meshalim* o parábolas que reproducían más claramente el mundo que conocían Pedro y los demás. De nuevo, es Mateo el que ha recogido el relato:

Por lo cual el reino de los cielos es semejante a un rey que quiso hacer cuentas con sus siervos. Y comenzando a hacer cuentas, le fue presentado uno que le debía diez mil talentos. A este, como no pudo pagar, ordenó su señor venderle, y a su mujer e hijos, y todo lo que tenía, para que se le pagase la deuda. Entonces aquel siervo, postrado, le suplicaba, diciendo: Señor, ten paciencia conmigo, y yo te lo pagaré todo. El señor de aquel siervo, movido a misericordia, le soltó y le perdonó la deuda. Pero saliendo aquel siervo, halló a uno de sus consiervos, que le debía cien denarios; y asiendo de él, le ahogaba, diciendo: Págame lo que me debes. Entonces su consiervo, postrándose a sus pies, le rogaba diciendo: Ten paciencia conmigo, y yo te lo pagaré todo. Mas él no quiso, sino fue y le echó en la cárcel, hasta que pagase la deuda. Viendo sus consiervos lo que pasaba, se entristecieron mucho, y fueron y refirieron a su señor todo lo que había pasado. Entonces, llamándole su señor, le dijo: Siervo malvado, toda aquella deuda te perdoné, porque me rogaste. ¿No debías tú también tener misericordia de tu consiervo, como yo tuve misericordia de ti? Entonces su señor, enojado, le entregó a los verdugos, hasta que pagase todo lo que le debía. Así también mi Padre celestial hará con vosotros si no perdonáis de todo corazón cada uno a su hermano sus ofensas. (Mat. 18:23-35)

La parábola con la que Jesús respondió a Pedro rezuma circunstancias que cualquiera de Sus discípulos podía reconocer. En aquella Galilea, a menudo, un campesino se veía incapaz de saldar las deudas con su señor. Una mala cosecha, el pago de impuestos, una enfermedad inesperada lo colocaban en una situación desesperada y cuando eso sucedía, era muy fácil que, en poco tiempo, la deuda resultara impagable. Llegado a ese punto, podía perder todo lo que tenía, pero también a su esposa y a sus hijos vendidos como esclavos e incluso su propia libertad. No sorprende por ello que el protagonista de la historia se arrojara a los pies de su señor y lo adorara —el verbo utilizado es *proskyneo* y se utiliza para expresar la conducta del fiel hacia Dios— lo que indica su desesperación. Ante la perspectiva que se presentaba, aquel pobre hombre estaba dispuesto a humillarse ante su acreedor de la misma manera que el creyente ante la Divinidad. Conmovido, el amo había perdonado al deudor, pero este no había aprendido la lección y se había comportado de una manera muy diferente con alguien que le debía muchísimo menos. No podía sorprender que cuando el señor se enteró de lo sucedido se airara y lo castigara. Esa realidad, que muy posiblemente Simón y los demás habían contemplado en más de una ocasión, presentaba un claro paralelo con la realidad espiritual de un Dios con el que todos tenemos una deuda inmensa e impagable que no podemos saldar. Puesto que ese Dios está dispuesto a perdonarnos de manera generosa e inmerecida, ¿es tan difícil comprender que nosotros debemos perdonar a los demás hasta setenta veces siete y más cuando nosotros tenemos una deuda superior a esa con Dios?

De la fiesta de los tabernáculos a la fiesta de la dedicación

Los próximos meses transcurrirían entre dos fiestas: la de los tabernáculos y la de la dedicación a cuyo contenido hemos hecho referencia en un capítulo anterior. Durante la fiesta de los tabernáculos —que nos ha sido relatada puntualmente por Juan— Jesús tuvo que enfrentarse con la ansiedad y la hostilidad de Sus compatriotas concentrados en Jerusalén. Se preguntaron si era el Mesías (Juan 7:25-31) e incluso pensaron en arrestarlo (Juan 7:32-36), pero no pudieron impedir que se presentara como una fuente de aguas infinitamente más poderosa que la que derramaba el sacerdote en la fiesta (Juan 7:37-39), ni lograron atraparlo llevando ante Él a una mujer adúltera a la que había que lapidar de acuerdo con la ley de Moisés (Juan 7:53–8:11) ni consiguieron que no se presentara como la luz del mundo (Juan 8:12-59), una luz que quedó más que de manifiesto cuando dio la vista a un ciego de nacimiento (Juan 9:1-41).

Después de esta fiesta, sabemos que Jesús se detendría con Sus discípulos en Betania (Luc. 10:38-42) y que enseñaría parábolas como la del rico insensato (Luc. 12:13-21) o insistiría en la necesidad de convertirse para cualquier tipo de personas lo mismo si se trataba de enemigos del poder romano que de sus colaboradores. A fin de cuentas, sin conversión, cualquiera acabará pereciendo (Luc. 13:1-9).

La fiesta de la Dedicación, durante el invierno, no resultó tampoco una experiencia halagüeña. No podemos detenernos en ese episodio, pero debe recordarse que, en medio de una creciente hostilidad, Jesús dejó de manifiesto que los que no creían en Él era porque no eran de Sus ovejas (Juan 10:26) mientras que, por el contrario, aquellos que eran de Sus ovejas jamás serían arrebatados de Su mano y de la mano de Su Padre (Juan 10:27-30). El pronunciamiento de Jesús —una afirmación clara de la seguridad y la perseverancia de Sus discípulos— solo puede ser entendida en toda su dimensión si se tiene en cuenta el contexto en que Jesús lo formuló porque los ánimos se habían enardecido tanto que Él mismo por poco se salvó de que lo apedrearan tras anunciar Su unidad con el Padre (Juan 10:30-31). Tanto aquellos judíos que habían bajado a celebrar la fiesta como sus dirigentes podían considerarlo un blasfemo, un falso maestro que había pactado con el mismo diablo, un extraviador del pueblo como lo calificaría siglos después el Talmud, pero la realidad era que era uno con el Padre y por ello podía garantizar que si bien Sus ovejas no lo escuchaban, aquellos que sí lo eran serían preservados.

No se trataba de una afirmación de carácter especulativamente teológico. Era más bien un anuncio apenas velado del destino trágico que lo esperaba en breve y de la confianza y la fe que, a pesar de todo, debían tener Sus discípulos, una confianza y una fe que marcarían dolorosamente la existencia de Pedro el pescador.

CAPÍTULO XII

DE PEREA A JERUSALÉN

Hacia Jerusalén (I): el llamamiento amoroso de Dios

Los discípulos no podían saberlo, pero tras la fiesta de la Dedicación eran ya pocos los meses en que caminarían al lado del Maestro. A decir verdad, desde la mencionada fiesta del año 29 d. C. hasta el último viaje a Jerusalén para llegar a celebrar la Pascua del año 30 d. C. se extendería tan solo el breve lapso de tres meses y medio, tres meses y medio que discurrirían desde el invierno hasta la primavera. Ocuparse tan solo de ese último período de la vida de Jesús implica material histórico suficiente como para ser objeto de un libro específico. Dado que además lo hemos estudiado en una obra anterior[56], nos limitaremos aquí a trazar las líneas maestras de esos meses y, en especial, el papel de Pedro durante los mismos.

Para cualquiera que se tome el trabajo de analizar adecuadamente el desarrollo histórico de ese trimestre largo resultan obvias tres grandes líneas maestras. En primer lugar, hay que señalar la oposición contra Jesús, una oposición que venía de atrás, pero que se fue acentuando hasta concluir con Su condena y Su crucifixión. En segundo lugar, el desconcierto de unos discípulos que se sentían presa de lo que podían interpretar como mensajes contradictorios. Por un lado, las referencias continuas al sufrimiento de su Maestro; por otro, la insistencia en que guardaría a Sus ovejas y en que lo que se extendía ante ellos era un horizonte de consumación. Finalmente, y esta circunstancia resulta bien llamativa, un comportamiento de Jesús que no solo excluía la amargura y la acritud tan propias de aquellos seres humanos que chocan con la incredulidad y

---

[56] C. Vidal, *Más que un rabino* (Nashville: TN, B&H 2020).

la agresividad, sino que se caracterizaba por encima de todo por un comportamiento y una enseñanza marcados por el amor y la gracia más inmerecida. En absoluto es difícil contemplar en las palabras de Jesús un sentido de premura, de urgencia, de necesidad, pero ese tono no derrama ira sino dulzura.

Al respecto, fijémonos, por ejemplo, en la parábola de la Gran cena que nos ha sido transmitida por Lucas, precisamente el Evangelista que se detiene en relatarnos el paso de Jesús por Perea (Luc. 14:1-24). En este pasaje, podemos ver con facilidad que la predicación del reino rezuma gozo. Es como una cena a lo grande a la que se invita a muchos (14:16). Es cierto también que, de manera bien reveladora, las excusas para no ir se multiplican. Para algunos, las preocupaciones materiales son más relevantes como aquel que, al comprar una hacienda, encuentra su recorrido mucho más atrayente que el de ir a la cena (14:18). Para otros, el trabajo resulta de mayor importancia y, desde luego, jamás lo descuidarían para acudir a la invitación (14:19). Finalmente, no faltan los que consideran que la familia debe ser puesta por delante de todo y, por supuesto, también de aceptar la participación en el banquete (14:20). Por supuesto, ni las posesiones materiales ni el trabajo ni la familia son malos. Por el contrario, habría que reconocer sus bondades e incluso la manera en que pueden resultar bendiciones que proceden del mismo Dios. Sin embargo, esa situación es así solo si no obstaculizan acudir al llamamiento del reino. Precisamente por ello, no puede sorprender que el señor que convocó a aquella cena se sintiera indignado por los que habían hecho oídos sordos a su invitación. Jesús relata que entonces fueron invitados ya no los que rechazaron inicialmente el convite sino todo tipo de menesterosos de las plazas y calles (14:21) y, visto que quedaba sitio, incluso acabaron en la casa los que andaban por campos y descampados (14:23) mientras que los convidados iniciales se quedaron sin disfrutar de aquello que se les brindó primero a ellos (14:24).

Resulta imposible no ver en esta parábola una referencia muy directa a los contemporáneos de Jesús. Los profetas llevaban siglos anunciando la celebración de ese gran banquete cósmico y espiritual que estaría vinculado a la llegada del Mesías. Pues bien, el tiempo se había cumplido y el reino había llegado en la persona de Jesús el Mesías... pero no tenía lugar la respuesta adecuada. Jesús había podido ver cómo, alegando una u otra razón política,

Sus compatriotas se negaban a la conversión (13:1 ss); había contemplado cómo aquella higuera que era Israel no había dado fruto sino que era espiritualmente estéril (13:6-9); había llorado —y, al parecer, no una sola vez— por la Jerusalén que se negaba a escuchar las invitaciones de Dios (13:31-35). Las puertas de la gran cena se habían abierto y, mayoritariamente, la respuesta había sido negativa y por razones absolutamente prosaicas como el dinero, la ocupación o la familia. Algún judío ya le había dicho que deseaba enterrar a su padre —es decir, esperar a que su padre muriera y fuera enterrado— antes que ponerse a seguir a Jesús (Mat. 8:21-22) o pensaba que Jesús era una opción interesante si iba a traducirse en ganancias materiales, algo que Jesús había desmentido señalando que las zorras podían tener cuevas y las aves del cielo nidos, pero que Él no tenía ni donde recostar la cabeza (Mat. 8:18-20).

¿Y entonces? Pues, de manera inesperada, en aquella cena grandiosa habían comenzado a entrar los desechos sociales. Se estaba viendo cómo los odiados publicanos como Mateo o las prostitutas más que conocidas sabían adelantarse en la fila en que deberían haber estado los maestros de la Torá (Mat. 21:31). Por si fuera poco, incluso los aborrecidos *goyim*, los gentiles, los paganos, los perdidos por esos campos extraviados del mundo también acabarían entrando a sentarse en el reino en lugar de los descendientes directos de Abraham si tenían fe (Mat. 8:10-12).

En contra de rigoristas como los fariseos o los esenios, Jesús seguía predicando de manera incansable a un Dios —al que presentaba como su *Abbá*— que estaba dispuesto a recibir a cualquier pecador y del que solo se alejaban aquellos que no estaban dispuestos a reconocer su situación espiritual verdadera. De nuevo situado en el camino hacia Jerusalén atravesando Perea, el capítulo 15 de Lucas constituye una de las cimas de los relatos contenidos en los Evangelios y con ellos de la literatura universal. Lo que, décadas después, Pablo expresaría de manera contundente y directa en los tres primeros capítulos de Romanos, que el ser humano está perdido, que es incapaz de salvarse por sus obras y que solo la acción directa de Dios, puro amor y pura gracia, puede sacarlo de semejante estado, Jesús lo relata aquí en tres parábolas, dos breves y una, la más extensa y también la más hermosa de todas las que pronunció.

Frente a aquellos que se consideraban justos y que se sentían más que irritados con la gente con la que se reunía Jesús, este les planteó una más que interesante cuestión. En realidad, ¿a qué se parece el ser humano? Pues a una oveja que se pierde (15:1-7). Esa oveja es incapaz de recuperar la senda de la que se extravió, esa oveja acabará en las fauces de una alimaña, esa oveja, a fin de cuentas, solo tiene una esperanza de salir de su triste destino y es que el pastor salga a buscarla y la encuentre. El destino del género humano es el mismo.

El ser humano también es como una moneda perdida (15:8-10). ¿Puede volver una moneda extraviada al bolsillo de su ama? ¿Puede subirle por la pierna desde el rincón donde cayó hasta regresar a su lugar? Por supuesto que no. Si la mujer no remueve todo hasta encontrarla, perdida se quedará. Por supuesto, cuando el pecador extraviado es recuperado hay alegría en el cielo (15:7 y 10), pero nada podría hacer este para volverse si Dios no hubiera ido a buscarlo.

Muy posiblemente, la manera en que esta visión peculiar del mundo predicada por Jesús quedó expresada con mayor claridad fue en Su parábola más hermosa y conmovedora, la mal llamada parábola del hijo pródigo porque, en realidad, debería ser conocida como la parábola del buen padre o, más apropiadamente, de los dos hijos. El relato es sencillo y está dividido en dos partes muy claras. La primera comienza cuando el menor de una familia de dos hijos exige a su padre que le entregue su parte de los bienes que le corresponden y se marcha lejos a disfrutarlos. Allí, quizá siguiendo el principio de que «lo que sucede en Las Vegas, en Las Vegas se queda» gastó el dinero a tontas y a locas que es lo que significa la expresión griega. No es que fuera un muchacho inmoral o un degenerado. Es simplemente que no sabía cómo administrar el dinero, un dinero que no había ganado con su esfuerzo, y que, como tantos otros antes y después, dilapidó (15:13). Y entonces vino la crisis económica. Mientras tuvo dinero, en aquel lugar del extranjero debió caer bien de la misma manera que los jeques árabes siempre son simpáticos en cualquier punto del globo. Sin embargo, llegada la crisis se convirtió en un apestado como lo son los hispanos pobres que entran ilegalmente en Estados Unidos o los africanos que hacen lo mismo en Europa. ¡Ya hay bastante problemas —y serios— como para que vengan a complicar la vida los extraños! El muchacho, ya sin medios, se fue pegando a un natural del lugar para ganarse la vida y, efectivamente, un empleo consiguió (15:15), pero... lo envió a cuidar cerdos, una ocupación de por sí desagradable, pero especialmente asquerosa e inmunda para un judío. Por si fuera poco, aquellos puercos eran objeto de mayor atención que el pobre extranjero. A decir verdad, le habría encantado llenarse la andorga con la bazofia que comían los cerdos, algo, dicho sea de paso, de lo que no podía tener la menor esperanza (15:16). Fue entonces cuando el muchacho volvió en sí, una expresión que indica una reacción semejante a la del borracho que se despierta en medio de la embriaguez o el extraviado que, repentinamente, se percata de donde se encuentra. (15:17). Eso fue lo que pasó con el mancebo que decidió regresar a su casa donde los jornaleros vivían mejor que él. Pensó en el discurso que diría a su padre —un discurso en el que reconocía que no solo se había portado mal con él sino también con Dios— y emprendió el camino de regreso seguramente repitiendo las frases que pensaba utilizar (15:18-19). Debió caminar mucho hasta que llegó a su país y, finalmente, se acercó a su antiguo hogar. En ocasiones, el autor de estas líneas ha llegado a pensar que quizá su padre salía por las tardes y miraba a lo lejos para ver si regresaba su hijo y, esta vez, efectivamente, vio al muchacho a lo lejos. No esperó a que llegara, no le reprochó nada, no pronunció el odioso «ya te lo dije». Echó a correr a su encuentro, lo abrazó y lo besó (15:20). El muchacho comenzó entonces a decir el discurso que había preparado, pero no consiguió acabarlo. Apenas iniciado, el padre lo interrumpió y ordenó que le dieran el mejor vestido, que le pusieran un anillo y que calzaran aquellos pies seguramente destrozados por el camino. Acto seguido, ordenó que se celebrara un banquete para regocijarse porque el hijo muerto había vuelto a la vida y, efectivamente, todos comenzaron a sentir y manifestar la alegría de aquella existencia salvada (15:21-23). Aquí podría haber terminado la parábola y presentaría un claro paralelo con las otras dos anteriores. Sería un nuevo relato sobre aquel que no puede salvarse a sí mismo y que todo lo ha de confiar al Dios que acude a salvarlo. Sin embargo, Jesús inició en ese punto un segundo acto. El hijo pródigo tenía un hermano y a ese hermano la misericordia del padre le pareció injusta, incluso repugnante. ¿Cómo podía su padre celebrar un banquete para aquel perdido? Sobre todo, ¿cómo podía hacerlo con su hermano y no con él que era mucho mejor? (15:29). El hijo mayor incluso se permitió acusar a su hermano de gastar el dinero con prostitutas, una acusación cuya base ignoramos y que a quien escribe estas líneas le ha llevado a pensar en alguna ocasión que es en lo que se lo habría gastado el hermano del pródigo si hubiera tenido ocasión (15:30). No, bajo ningún concepto, entraría en esa fiesta que se ofrecía gratis a quien no se lo merecía (15:28). La respuesta del padre es todo un tratado de teología. También el hijo mayor puede entrar en el banquete y si no lo hace es porque es incapaz de ver que la salvación es un regalo inmerecido y no un premio por las obras supuestamente buenas. De esa manera, no comprende la realidad de la relación entre Dios y los hombres —el Dios que va a buscar a los perdidos que no pueden salvarse a sí mismos— y se queda fuera de la salvación y de su gozo.

La enseñanza de Jesús difícilmente hubiera podido ser más clara. Nadie es capaz de salvarse por sus propios méritos como dejan de manifiesto las situaciones desesperadas e impotentes reflejadas en las parábolas de la oveja perdida, de la moneda extraviada o de los dos hijos. Sin embargo, Dios ha enviado a Su Hijo para encontrar a toda esa gente perdida y extraviada. Fuera de la posibilidad de salvación están no los malvados —a los que también se ofrece el perdón— sino aquellos que se consideran tan buenos, tan justos, tan religiosos que se niegan a estar al lado de los pecadores sin percatarse de que sus propios pecados pueden ser mucho peores. A fin de cuentas, si el hijo mayor no entra en el banquete celebrado por el padre no es porque se le cierren las puertas sino porque él, en su soberbia autojustificación, se las cierra. Se considera tan superior moralmente que no soporta la idea de verse al lado de un pecador confeso. Es precisamente su actitud —y no otra circunstancia— la que le impide disfrutar de una celebración rezumante de alegría. ¡Ay de todos aquellos que, a lo largo de los siglos, en lugar de acudir humildes a los pies de Dios pidiendo perdón, un perdón que no merecen y que Dios les ofrece gratuitamente, han pretendido que se salvarán por sus obras, por sus méritos, por sus sacramentos o por sus ceremonias! No han comprendido ni siquiera el ABC del mensaje de Jesús.

No se trató solo de enseñanzas. Jesús dejó también huellas en Su conducta de lo que predicaba. De nuevo, volvamos a Lucas y a su relato sobre el paso de Jesús por Perea. En Lucas 17:11-37, aparece la historia de la curación de los diez leprosos, un episodio que debió resultar enormemente ofensiva para Sus oyentes, especialmente, los judíos (17:11-19). Hasta Jesús llegó una decena de hombres aquejados por esta terrible enfermedad y Jesús dejó de manifiesto que podía curar a todos. Sin embargo, el agradecimiento ante Su acción sanadora se limitó a uno solo y para colmo, este era un hereje samaritano y no un judío cumplidor de la Torá (17:15-16). Se podían cerrar los ojos ante esa situación, pero la realidad seguía siendo la misma. Ante la manifestación del poder de Dios la mayoría de los beneficiados, a pesar de ser formalmente creyentes, no había reaccionado adecuadamente (17:17-18). Aquel hombre que había sido salvado por la fe era el ejemplo de la reacción correcta, pero... solo había sido uno (17:19). Semejante episodio coincidía con el clima espiritual del Israel de la época. Como sucede en la actualidad en ciertos ambientes, existía una calentura relacionada con la llegada del reino. ¿Estaba cerca su advenimiento? ¿Cómo sería de glorioso? ¿Castigaría adecuadamente a los gentiles? ¿Sería la política de Israel el reloj de Dios? Las preguntas tenían una cierta lógica, pero andaban totalmente fuera de la perspectiva y de los propósitos de Dios. A decir verdad, ponían de manifiesto una confusión, un despiste y una desviación de la realidad de Dios verdaderamente penosas. De entrada, el reino de Dios no se manifestaría con grandes señales y no lo haría porque no era un evento futuro sino que ya estaba en medio de ellos (17:20-21). Esto era algo tan real que cuando desapareciera el Rey del reino de Dios, el Mesías Jesús, lo recordarían (17:22).

Tampoco el día del Hijo del Hombre sería marcado por la predicación de los que anunciarían Su proximidad. A decir verdad, a ese tipo de sujetos no habría que seguirlos ni escucharlos (17:23). El día del Hijo del Hombre sería bien visible y no una llegada secreta como proclaman ahora algunos, pero no vendría anticipada por las supuestas señales que predicarían esos a los que no hay que hacer caso (17:24). De hecho, la distancia entre la realidad del Mesías y lo que predicaban tantos quedaría más que de manifiesto por el hecho de que padecería tal y como aparece profetizado, por ejemplo, en Isaías 53 (17:25). La presente generación no lo acogería con entusiasmo, sino que lo rechazaría y así labraría su desgracia, una desgracia que quedaría de manifiesto en la guerra contra Roma que, en el año 70 d. C., contempló la toma de Jerusalén y la destrucción del templo por las tropas del general Tito (17:25). Al final, como sucede con todos los juicios de Dios a lo largo de la historia, la mayoría de la gente no querría enterarse de lo que estaba pasando. Sucedió así en la época de Noé (17:26-27), sucedió en la de Lot cuando fueron destruidas las ciudades de Sodoma y Gomorra (17:28-29) y exactamente lo mismo sucedería en el Día del Hijo del Hombre. Esa venida del Hijo del Hombre sucedería al mismo tiempo que el juicio y además encontraría en la tierra a Sus seguidores (17:31). Solo entonces se produciría la separación entre unos y otros como pasó con Noé y Lot y sus familias (17:30-36) y entonces quedaría de manifiesto hasta qué punto se tomaron —o no— las decisiones adecuadas. Hasta qué punto actuaron como los nueve leprosos judíos, ingratos además de ciegos, o como el leproso samaritano que dio las gracias. La clave, como siempre, sería si la gente viviría a diario de acuerdo con cómo enseñó y advirtió Jesús o, por el contrario, no se percatará de que el Rey ya vino hace siglos y exige una respuesta de acuerdo con esa llegada del reino y no a la futura manifestación del Hijo del Hombre que, desde luego, no sería como pretenden los charlatanes de la religión.

No sorprende que ante afirmaciones como esas tan distintas a lo que estaban acostumbrados aquellos judíos preguntaran dónde se produciría todo (17:37). La respuesta de Jesús no fue —¿cómo iba a serlo?— un encadenamiento de sandeces sobre las supuestas señales del fin, sino un sucinto proverbio (17:37), el que dice que las águilas acuden donde hay un cuerpo que despedazar y no se pierden por otros lugares estériles (17:37). Pero ¿cómo reaccionarían Sus oyentes? ¿Serían conscientes de que el reino ya había llegado (Luc. 11:20)? ¿Serían conscientes de que antes de que llegara el Día del Hijo del Hombre tendría que ser rechazado y morir? ¿Serían conscientes de que tenían que responder adecuadamente como ha sucedido en crisis anteriores de la historia humana? O, por el contrario, ¿serían como la generación del diluvio, como los sodomitas y gomorritas, y como los nueve judíos ingratos? De la respuesta derivaría la salvación o la destrucción, una salvación y una destrucción que vendría marcada por saber realmente lo que es perder o salvar la vida (17:33).

Lucas consigna a continuación dos parábolas que resultan de enorme relevancia para comprender el mensaje de Jesús. La primera hace referencia a la necesidad de orar de manera constante y sin rendirse (18:1). El punto de ejemplo lo pone Jesús en una pobre viuda que pedía justicia (18:3). El hecho de ser viuda indica no solo su necesidad sino además la circunstancia de que carecía de medios para poder «influir» en el juez. Pero necesitaba que la atendieran y lo único que pudo hacer fue insistir. El juez era un personaje inflexible al que no conmovía ni el temor de Dios ni el respeto por el ser humano (18:2). En circunstancias normales, jamás hubiera atendido a la viuda, pero, finalmente, cedió ante su perseverancia no porque su carácter hubiera cambiado sino porque deseaba quitársela de encima (18:4-5). El paralelo con las circunstancias de los discípulos —y de nosotros mismos— salta a la vista. Como la pobre viuda, nosotros poco o nada podemos hacer frente a la injusticia, la enfermedad, la muerte o infinidad de circunstancias dolorosamente imposibles. Sin embargo, existe una gran diferencia con ella. No tenemos que habérnoslas con un juez sin moral ni sensibilidad alguna. Por el contrario, estamos ante el Dios que ha escogido a los suyos y que no se tardará en responder (18:7). Sin ningún género de dudas, Dios escuchará a Sus elegidos, pero eso debe darse por supuesto. La cuestión es si cuando llegue el Hijo del Hombre encontrará fe en la tierra (18:8). Y es que Dios siempre responde y lo hace de manera inmerecida. Son los seres humanos los que no están a la altura de las circunstancias.

La segunda parábola vuelve a incidir en el tema de manera aún más clara porque está explícitamente dirigida a los que se consideran justos y, por lo tanto, por encima de otros (18:9). Dos hombres subieron a orar al templo. Uno —el fariseo— era un ejemplo de espiritualidad y el otro —el publicano— era el paradigma de la perdición (18:10). El fariseo oraba consigo mismo —curiosa manera de explicar cómo se escuchaba a sí mismo más que buscar que Dios lo escuchara— puesto en pie y dando gracias a Dios. Le daba gracias, en primer lugar, porque no era como los demás hombres y, en especial, como aquel publicano al que, lamentablemente, dejaban entrar en el templo (18:11). No se trataba solo de que estuviera convencido de que cumplía los mandamientos, sino que iba mucho más allá de lo que ordenaba la Torá. Por ejemplo, en la Torá solo aparecía prescrito un día de ayuno anual, el día de Expiación, el Yom Kippur, pero aquel fariseo ayunaba dos veces y además cada semana. En cuanto a diezmos… la Torá los limitaba a los productos del campo y establecía que se dieran en períodos de tres años. En el primer año, el diezmo se gastaba en uno mismo y en la familia. Los otros dos años, la décima parte de los productos agrícolas a los que estaba sujeto el diezmo eran entregados a los menesterosos y a los levitas que no tenían tierras propias (Lev. 14:22-29). La enseñanza de la Torá no podía ser más clara. El diezmo no consistía jamás en dinero. Después de dos ciclos de tres años, al año séptimo, la tierra descansaba y, por lo tanto, no se abonaba el diezmo porque nada se había producido. Pues bien, el fariseo era, al parecer, más santo que lo que disponía la ley de Moisés y entregaba diezmos de todo lo que ganaba (14:12). Sin duda, incluso hoy, no pocos considerarían que el fariseo era espiritualmente modélico y que habrían estado encantados de tenerlo en su congregación, pero la realidad es que Jesús lo veía de manera muy diferente.

Junto al fariseo, en el templo, había otro hombre, un publicano. Los publicanos eran recaudadores de impuestos y, como todos sabían, esa condición los convertía ya en un desecho moral por la sencilla razón de que cobraban bonus por desempeñar su función. Ni que decir tiene que semejantes bonus empujaban a los publicanos al latrocinio y a la prevaricación. Ni que decir tiene que la gente los aborrecía con causa sobrada. Ni que decir tiene que los publicanos racionalizaban su conducta miserable apelando a las razones más diversas. Sin embargo, aquel publicano no se engañaba sobre su realidad espiritual. Como Mateo tiempo atrás, era consciente de que era un pecador y de que la única posibilidad que tenía de ser perdonado era acogerse a la misericordia inmensa de Dios. Podía haber sido un esbirro cobra-tributos, pero no era tan necio como para pensar que sus pecados quedarían solventados entregando diezmos o ayunando más o llevando a cabo algún tipo de obra piadosa. Solo Dios en Su inmensa gracia podía serle de ayuda.

La conclusión de Jesús resultaba clarísima. Este —el publicano— bajó a su casa justificado en lugar del otro —el fariseo— que, desde luego, no podía aspirar a ser justificado porque, en lugar de confiar en la gracia, se apoyaba en sus obras. Un día, ese fariseo tan satisfecho de sus diezmos, de sus ayunos, de su superioridad moral experimentaría además la inmensa humillación de encontrarse con Dios y ser rechazado por Él (18:14). Podría haberse enaltecido durante años, pero entonces sería definitivamente humillado a diferencia de aquel publicano que se había humillado reconociendo la realidad, acogiéndose a la misericordia inmerecida de Dios y que por eso Dios lo había justificado.

A lo largo de los siglos, los seres humanos se han empeñado en ensalzarse ante Dios diciéndole lo buenos que son —y no como los otros— y lo que hacen por encima de los demás y lo que han pagado para merecer su salvación y glorificación. Los pobres necios no se percatan de que todos somos pecadores, de que nada podríamos hacer de no ser por el amor de Dios y porque Él ha venido a buscarnos al precio de la cruz.

Tras haberse detenido en señalar cómo todo es gracia, Lucas dedica los siguientes versículos a mostrar lo que verdaderamente importa. La introducción la sitúa la fuente lucana en el conocido episodio de los niños que llevaban a Jesús para que los bendijera. Para los discípulos, aquello resultaba intolerable. ¿Qué aportaban los niños? Nada. No podían entregar donativos, no podían seguir a Jesús, no podían realizar nada digno de mención. De manera que el espíritu práctico de unos discípulos cuya preocupación principal era saber qué cuota de poder les correspondería en el reino solo podía ver la necesidad de reprenderlos (18:15). Y sin embargo… sin embargo, Jesús lo veía de otra manera. Había que dejar a los niños venir a Él y no impedírselo porque de los que son como niños es el reino de los cielos (18:16). A decir verdad, el que no recibe el reino de Dios como un niño no puede entrar en él (18:17). Tremendo, pero cierto. Los discípulos pudieron comprender todo y sacar conclusiones importantes, pero no se enteraron de nada y antepusieron otras consideraciones a lo importante que, en ese caso, era aprender y bendecir a unas criaturas.

El relato que Lucas consigna a continuación recalca todavía más esa realidad. Es la conocida historia del joven rico. Su relevancia se desprende de que no solo la transmitió Lucas (18:18-39) sino también Mateo (19:16-30) y Marcos (10:17-31). Lucas indica que se trataba de un hombre principal, lo que apunta a que, muy posiblemente, además de la riqueza, disfrutaba de una posición social relevante. En apariencia, el hombre se acercó a Jesús con la mejor de las disposiciones. De hecho, llamó a Jesús maestro bueno a la vez que le preguntaba qué debía hacer para ganar la vida eterna. Pero Jesús no era una persona a la que conmoviera la adulación, sino que señaló que solo uno era bueno: Dios (18:19). El comentario de Jesús resulta de enorme trascendencia porque estaba diciendo al hombre que se le había acercado que o bien sabía lo que decía y entonces estaba atribuyendo a Jesús una categoría que iba más de lo humano o era un simple adulador. Por si fuera poco, Jesús añadió que conocía los mandamientos. Semejante respuesta debería haber conducido al hombre a confesar que, en mayor o menor medida, no había obedecido siempre los mandamientos y semejante reconocimiento lo habría puesto en el camino de recibir una salvación que solo es por gracia. Pero aquel joven no parece haber captado lo que Jesús le decía. No solo no reparó en la referencia al único bueno, sino que además señaló que desde su juventud había guardado todo lo referente a los mandamientos (18:21). En otras palabras, estaba más que convencido —como el hijo mayor de la parábola del hijo pródigo, como el fariseo que subió a orar al templo— de que se merecía la vida eterna porque siempre había cumplido los mandamientos. La respuesta de Jesús se dirigió a quebrar todo sentimiento de complacencia. Cumplir los mandamientos estaba bien, pero era insuficiente si no iba unido a romper con lo que lo esclavizaba —la riqueza— y a seguir a Jesús (18:22). El joven no recibió aquellas palabras con la alegría del que ve cómo se le enseña el camino para la vida eterna, sino que quedó sumido en la tristeza (18:23). La vida eterna estaba bien como meta, sin duda, pero siempre que no significara renunciar a marcar sus metas en la vida, a poder decidir qué es lo importante en la vida. Por eso, pensar que en lugar de seguir unas normas morales como camino para alcanzar la vida eterna, Jesús insistía en volverse a Él y seguirlo le provocó una inmensa tristeza. Sí, las riquezas atan mucho y por ello obstaculizan entrar en el reino de Dios tanto como la angostura del ojo de una aguja impide la entrada de un camello (18:24-25). Naturalmente, la reacción de los presentes no pudo ser más clara: si para entrar en el reino de Dios hay que romper con lo que más nos ata ¿quién puede salvarse? (18:26) y la respuesta de Jesús fue evidente: es cierto que los hombres no pueden, pero Dios sí porque la salvación no deriva de méritos humanos sino de gracia (18:27).

En esos momentos, Pedro volvió a actuar de manera impetuosa y verbalizando lo que, con seguridad, pensaban otros discípulos. Recordó —¿quizá con nostalgia?— lo que habían dejado atrás (18:28). Su negocio de pesca, su casa, su mujer, hasta su suegra habían quedado atrás para seguir a Jesús con todas las consecuencias. Era de esperar que no hubiera sido en vano…

La respuesta de Jesús, una vez más, resultó terminante: el que opta por el reino de Dios recibe mucho más ya en esta vida y disfrutará en el mundo futuro de la vida eterna (11:29-30). Durante siglos, este revelador episodio se ha ido interpretando como si Jesús predicara una recomendable pobreza extrema para alcanzar si no la salvación, al menos la perfección espiritual. Es el que se convierte en pobre el que puede dar por segura su salvación. Durante la Edad Media, tendría lugar una codificación de ese punto de vista situando el voto de pobreza entre los denominados consejos —que no mandamientos— de perfección. Esa interpretación corrompe la enseñanza de Jesús reduciéndola a pauperismo cuando la realidad es mucho más honda y relevante. Para entrar en el reino de Dios, cada ser humano ha de estar dispuesto a reconocer que no cumple los mandamientos y que debe renunciar a lo que lo esclaviza. Muchas veces será el dinero, pero puede ser también la soberbia, la autojustificación espiritual, el sexo… Humanamente puede parecer imposible, pero no es imposible para Dios. Y eso es solo el primer paso porque el siguiente es seguir a Jesús.

Pero nada de eso bastaría de no ser por algo central y es que el Mesías sería ofrecido en sacrificio (18:31-33), algo que los discípulos no llegaban a entender (18:34).

Una vez más, Jesús repetía enseñanzas esenciales. Primero, que la gente —incluso Sus seguidores— no suele captar qué es lo importante y qué no lo es; segundo, que la gente tampoco tiene la menor idea de que la salvación no deriva de obras propias, de ceremonias o de ritos sino que pasa, en primer lugar, por reconocer la propia incapacidad para salvarse a uno mismo y tercero, que esa salvación es un regalo de Dios que nos libera de nuestras cadenas y que va unida a seguir a Jesús, algo que compensa más que de sobra lo que hayamos podido dejar atrás y que implica la vida eterna.

Hacia Jerusalén (II): Jesús vuelve a anunciar Su muerte

El mensaje de Jesús —¿quién puede dudarlo?— resultaba enormemente claro y era transmitido no solo a través de Sus palabras sino también de Sus acciones. Sin embargo, sumidos en aquel clima de tensión creciente y avanzando hacia Jerusalén paso a paso, ¿hasta qué punto lo entendían Sus discípulos? ¿Hasta qué punto lo captaba Pedro? Marcos relata un episodio que constituye una auténtica radiografía del estado de los discípulos en aquellos días de camino hacia Jerusalén:

Iban por el camino subiendo a Jerusalén; y Jesús iba delante, y ellos se asombraron, y le seguían con miedo. Entonces volviendo a tomar a los doce aparte, les comenzó a decir las cosas que le habían de acontecer: He aquí subimos a Jerusalén, y el Hijo del Hombre será entregado a los principales sacerdotes y a los escribas, y le condenarán a muerte, y le entregarán a los gentiles; y le escarnecerán, le azotarán, y escupirán en él, y le matarán; mas al tercer día resucitará.

Entonces Jacobo y Juan, hijos de Zebedeo, se le acercaron, diciendo: Maestro, querríamos que nos hagas lo que pidiéremos. Él les dijo: ¿Qué queréis que os haga? Ellos le dijeron: Concédenos que en tu gloria nos sentemos el uno a tu derecha, y el otro a tu izquierda. Entonces Jesús les dijo: No sabéis lo que pedís. ¿Podéis beber del vaso que yo bebo, o ser bautizados con el bautismo con que yo soy bautizado? Ellos dijeron: Podemos. Jesús les dijo: A la verdad, del vaso que yo bebo, beberéis, y con el bautismo con que yo soy bautizado, seréis bautizados; pero el sentaros a mi derecha y a mi izquierda, no es mío darlo, sino a aquellos para quienes está preparado. Cuando lo oyeron los diez, comenzaron a enojarse contra Jacobo y contra Juan. Mas Jesús, llamándolos, les dijo: Sabéis que los que son tenidos por gobernantes de las naciones se enseñorean de ellas, y sus grandes ejercen sobre ellas potestad. Pero no será así entre vosotros, sino que el que quiera hacerse grande entre vosotros será vuestro servidor, y el que de vosotros quiera ser el primero, será siervo de todos. Porque el Hijo del Hombre no vino para ser servido, sino para servir, y para dar su vida en rescate por muchos. (Mar. 10:32-45)

Tanto Marcos como los otros tres Evangelistas han dejado de manifiesto cómo, de manera creciente, Jesús fue indicando a Sus discípulos más cercanos lo que implicaba seguirlo y cómo ese seguimiento no es, en última instancia, más que el deseo vivo, profundo e inocente de tomarlo como ejemplo para todo. Precisamente porque Jesús expresó con enorme claridad una enseñanza tan esencial, precisamente porque había vuelto a llevar aparte a los discípulos para comunicarles Su trágico destino y precisamente porque se trataba de una enseñanza reiterativa, no deja de llamar la atención que Santiago y Juan fueran impermeables a Su enseñanza y siguieran empeñados en su propia visión. De camino a Jerusalén, podían ser presa del temor, pero, a la vez, seguían soñando con el gobierno del Mesías en Jerusalén y en él deseaban las carteras principales (10:35-37). Desde luego, constituyó una clara muestra de paciencia el que Jesús no llegara a soltar un improperio al escuchar aquellas pretensiones fundamentalmente de beneficio personal. De hecho (10:38), la referencia a no sabéis lo que pedís y, por enésima vez, a cuál sería el final del Mesías parece un intento de Jesús de colocarlos en el lugar donde puedan reflexionar. Claro que ni Santiago ni Juan estaban inclinados hacia la reflexión sino hacia la ambición y respondieron que podían aceptar cualquier cosa que les allanara el camino del poder (10:39). La respuesta de Jesús suena, a la vez, afectuosa y triste. Sí, claro que acabarían pasando por una situación similar a aquella en la que Él estaba inmerso (10:39), pero eso no les garantizaría una cartera mejor en el gobierno (10:40).

Como era de esperar, los otros diez discípulos —entre los que se encontraba un Pedro que no había solicitado un puesto especial— se sintieron indignados al ver cómo Santiago y Juan los pasaban por alto intentando obtener un cargo mejor (10:41). La enseñanza que Jesús impartió en ese momento es de una enorme relevancia. La solución de los problemas cotidianos y de los eternos no se encuentra en la política ni en aquellos que gobiernan, sino en el reino de Dios. Los que gobiernan, en realidad, dominan y se enseñorean (10:42), pero los discípulos de Jesús no tenían que enfocar así su existencia. Su vida no debía centrarse en mandar sino en servir y, de hecho, el más grande es el que más sirve (10:43-44) porque, de hecho, esa era la conducta del Hijo del Hombre, del siervo de YHVH, del Mesías, de Jesús (10:45). Algunos comentaristas consideran que este versículo es la clave y el centro de todo el Evangelio de Marcos y es más que posible que tengan razón. Para Jesús, solo esa actitud que no cree que lo esencial es el dominio sino el servicio hasta la muerte permite consumar la obra de salvación y solo de ella pueden derivar esperanza los seres humanos. Por supuesto, a lo largo de los siglos seguirán sumándose los que piensan que la mejor manera de servir a Dios es encaramarse a situaciones de poder e incluso muchos puede que lo crean de buena fe, pero la enseñanza de Jesús es bien clara al respecto: solo el servicio desinteresado puede ayudar al género humano.

Hacia Jerusalén (III): de la ceguera a la luz de Dios

Frente a una incomprensión que no solo anidaba en el corazón de Sus enemigos sino también en Sus seguidores más cercanos, Jesús seguiría insistiendo en esos días en la posibilidad de sumarse a la causa de Dios, un Dios cuyo Mesías iba a morir de manera trágica. De hecho, las dos historias que relata Lucas a continuación resultan bien reveladoras. El primer relato tiene que ver con el ciego que deseaba recuperar la vista (18:35-43). Su protagonista es un ciego que estaba sentado al borde del camino y que, alertado por el alboroto, preguntó a qué se debía (18:35-37). Al enterarse de que se trataba de Jesús, comenzó a gritar pidiendo que se compadeciera de él. No lo hacía a tontas y a locas. De hecho, reconocía que Jesús era el Mesías, el Hijo de David (18:38). Los gritos, quizá los empujones que debió dar en su ceguera para acercarse a Jesús tuvieron como resultado que la gente lo reprendiera (18:39). Si se examinan los relatos paralelos en Mateo 20:29-34 y Marcos 10:46-52, podrá percatarse de que el ciego comenzó a gritar a la entrada de Jericó, pero Jesús no lo llamó a Su presencia hasta el momento en que comenzó a abandonar la ciudad. Durante las horas que mediaron entre la entrada y la salida, seguramente, aquel ciego ansió que Jesús lo socorriera y no dejó ni de esperar ni de clamar. Finalmente, Jesús, ya a la salida, lo atendió, pero dejó claro que lo que le había permitido alcanzar lo que buscaba no habían sido ni sus gritos, ni la celebración de alguna ceremonia, ni obras de ningún tipo sino su fe (18:42). Había esperado, había esperado a pesar de los obstáculos, había esperado con fe y, por supuesto, Jesús lo había atendido.

El segundo episodio, consignado a continuación, resulta aún más revelador si cabe. Su protagonista fue un jefe de recaudadores de impuestos llamado Zaqueo (19:1-2). Como era lógico esperar, Zaqueo era un hombre acaudalado. Sabido era que los recaudadores de impuestos sangraban a la gente, con razón o sin ella, y, de esa manera, engrosaban su peculio. Zaqueo seguramente había escuchado hablar acerca de Jesús e incluso es posible que supiera que uno de los Doce, Mateo, había sido también recaudador de impuestos a pesar de lo cual lo había recibido entre Sus seguidores. Por ello, intentó acercarse a Jesús a su paso por la ciudad. Aquí chocó con el resentimiento acumulado de la gente. Zaqueo era de corta estatura y ninguno de sus paisanos estuvo dispuesto a apartarse para permitirle ver a Jesús. Hasta es muy posible que se pegaran entre sí para que aquel odiado personaje no consiguiera contemplar a Jesús (19:3). Pero Zaqueo no se desanimó. Por el contrario, echó a correr para adelantarse y trepó a un sicómoro para, desde lo alto, poder divisar a Jesús (19:4). Jesús llegó, efectivamente, al lugar y, al ver a Zaqueo encaramado al árbol, le ordenó descender anunciándole que era necesario que se quedara en su casa (19:5). Zaqueo se apresuró a bajar del sicómoro embargado por la alegría (19:6), pero esa alegría no era general. Zaqueo estaba muy contento, pero la gente —¡¡¡toda!!!— se puso a murmurar al ver que Jesús estaba dispuesto a comer con un recaudador de impuestos. ¿Cómo era posible que alguien al que un ciego —por cierto, todavía sin curar— había proclamado el Mesías estuviera dispuesto a estar en la mesa al mismo tiempo que aquel desecho humano, que aquella sabandija que arrancaba su dinero a las pobres gentes, que aquel canalla que se había hecho rico saqueando a los demás? Es más: ¿qué pensó exactamente el ciego al escuchar que el que, supuestamente, iba a sacarlo de las tinieblas de la ceguera se codeaba con aquel reptil cobra impuestos? Lo que Lucas relata a continuación resulta harto revelador. Zaqueo no justificó sus acciones diciendo que nunca se había salido del margen legal o que su labor era indispensable. Por el contrario, lo primero que hizo Zaqueo fue reconocer su culpabilidad. Sin matices, sin justificaciones, sin dobleces. La mitad de sus bienes iba a entregarlos a los pobres y a cualquiera que hubiera defraudado le daría la indemnización que la Torá señalaba para las víctimas de un robo: el cuádruple (18:8). En otras palabras, Zaqueo era consciente de que del ladrón al recaudador de impuestos no había tanta distancia. Zaqueo había optado no por buscar la salvación en la religión sino en la conversión que lleva hasta Jesús y que implica un cambio de vida. Precisamente al volverse así, la salvación llegaba a su casa. Precisamente porque se había convertido se podía decir que era un hijo de Abraham (19:9, comp. Gálatas 3:29). A fin de cuentas, el Hijo del Hombre había venido para buscar y salvar lo perdido (18:10). Sí, Zaqueo fue aceptado porque se volvió a Jesús y porque lo hizo en serio. ¿Desanimó este episodio al ciego —recordemos que fue sanado al salir Jesús de Jericó— y lo hizo dudar? ¿Pensó que no era fiable alguien que aceptaba la conversión de un recaudador de impuestos? Da la impresión de que sucedió todo lo contrario. Si Jesús podía sacar de la ceguera y el pecado a un recaudador de impuestos —lo más bajo que se podía imaginar junto a las prostitutas— el darle a él la vista sería de lo más simple. Y esa fe le permitió ver.

A una muy escasa distancia de Jerusalén, Simón y sus once compañeros difícilmente hubieran podido recibir un mensaje más claro manifestado tanto en palabras como en acciones. Sin embargo, a pesar de los acontecimientos, lo que sucedería en Jerusalén dejaría de manifiesto las profundas carencias de aquel grupo en el que estaba integrado Pedro.

CAPÍTULO XIII

LA ÚLTIMA SEMANA
EN JERUSALÉN

Domingo: la entrada en Jerusalén[57]

Durante años, los discípulos habían esperado que Jesús entrara en Jerusalén no ya como peregrino —lo que había hecho ya en varias ocasiones— sino como Mesías y que además se manifestara como tal abiertamente. Ese día había llegado. Marcos lo relata de la siguiente manera:

Cuando se acercaban a Jerusalén, junto a Betfagé y a Betania, frente al monte de los Olivos, Jesús envió dos de sus discípulos, y les dijo: Id a la aldea que está enfrente de vosotros, y luego que entréis en ella, hallaréis un pollino atado, en el cual ningún hombre ha montado; desatadlo y traedlo. Y si alguien os dijere: ¿Por qué hacéis eso? decid que el Señor lo necesita, y que luego lo devolverá. Fueron, y hallaron el pollino atado afuera a la puerta, en el recodo del camino, y lo desataron. Y unos de los que estaban allí les dijeron: ¿Qué hacéis desatando el pollino? Ellos entonces les dijeron como Jesús había mandado; y los dejaron. Y trajeron el pollino a Jesús, y echaron sobre él sus mantos, y se sentó sobre él. También muchos tendían sus mantos por el camino, y otros cortaban ramas de los árboles, y las tendían por el camino. Y los que iban delante y los que venían detrás daban voces, diciendo: ¡Hosanna! ¡Bendito el que viene en el nombre del Señor! ¡Bendito el reino de nuestro padre David que viene! ¡Hosanna en las alturas!

Y entró Jesús en Jerusalén, y en el templo; y habiendo mirado alrededor todas las cosas, como ya anochecía, se fue a Betania

---

[57] Un análisis más amplio de la última semana de Jesús en Jerusalén en C. Vidal, *Más que un rabino*, (B&H, Nashville, 2020), págs. 205 y ss.

con los doce. (Mar. 11:1-11, comp. Mat. 21:1-11; Luc. 19:28-40; Juan 12:12-19)

Como quedó anunciado por el profeta Zacarías (9: 9), finalmente, el Mesías había entrado en Jerusalén y no lo había hecho como un monarca al uso, montado en un caballo de guerra y exhibiendo galas regias, sino humilde y en un asno. La entrada de Jesús en Jerusalén fue clamorosa, entusiasta, espectacular porque, como sucedía con los discípulos, no pocos esperaban que aquella Pascua fuera otra fiesta de liberación, esta vez no del yugo egipcio sino del romano. Sin embargo, Jesús no tomó el poder como muchos deseaban. Por el contrario, como narra escuetamente Marcos, Jesús llegó al templo y, tras contemplarlo, al observar que se iba a hacer de noche, se retiró de la ciudad a Betania (Mar. 11:11).

Lunes

Al día siguiente, al salir de Betania, tuvo lugar un episodio cargado de simbolismo. Jesús tuvo hambre y se acercó a una higuera a ver si tenía fruto. Pero el árbol, a pesar de sus hojas, no presentaba fruto alguno y Jesús lo maldijo anunciando que nadie volvería a comer de él (11:12-14). Tal y como lo relata Marcos, todo parece indicar que Jesús lo hizo de manera intencionada, para que se le oyera. La lógica de esa acción estaría en que la higuera es un símbolo repetido de Israel. En Jeremías 24:5-7 el profeta anunció que los higos —los hijos de Israel— regresarían un día del exilio. Encontramos una imagen semejante en Oseas 9:10 y en Miqueas 7:1, donde se puede ver la referencia a Dios que no puede satisfacer Su hambre por causa de que Su pueblo, Israel, no ha dado fruto. La referencia de Jesús fue clara y contundente. Israel no tenía el fruto que debía haberle caracterizado al llegar el Mesías y, lamentablemente, eso significaría que no daría fruto en el futuro.

No resulta, por eso, sorprendente que Marcos ubique a continuación el relato de la purificación del templo (11:15-17). Debería haber sido casa de oración e incluso el lugar al que podrían haberse acercado los no judíos para conocer al Dios verdadero. Sin embargo, no había sido así. El patio donde podían estar los gentiles se había

convertido en un gigantesco supermercado donde además se esta-
faba a la gente con los cambios y la selección de los animales para
el sacrificio. Ciertamente, se puede orar en cualquier sitio, pero no
debía ser fácil el hacerlo para alguien no acostumbrado a seguir a
Dios mientras escuchaba los balidos de las ovejas o escuchaba el
regateo de los cambistas. Al final, la casa de oración se había convertido en una cueva de ladrones como había sido profetizado. En
teoría, tenían que haberse producido frutos reales que incluyeran
la transmisión del mensaje a los gentiles. Sin embargo, a la vista
solo se ofrecían el ansia de poder, el latrocinio y un insoportable
orgullo espiritual.

Aquellas palabras eran más de lo que podían soportar las castas
religiosas de Israel. Ya era discutible la interpretación de Jesús de
no pocos pasajes de las Escrituras, pero que tocara el nervio de sus
beneficios constituía una ofensa inaceptable. Como siglos después
diría Erasmo en relación con Lutero respondiendo al emperador
Carlos V: «Majestad, Lutero tiene razón, pero ha cometido dos
errores: ha atacado la tiara de los obispos y la panza de los frailes».
Fue exactamente lo mismo que había hecho Jesús casi milenio y
medio antes y no sorprende que, como sucedió con Lutero, los
poderes religiosos buscaran matarlo (Marcos 11:18). ¿Podía ser de
otra manera si el mismo pueblo lo escuchaba? Jesús abandonó la
ciudad por la noche (Marcos 11:19) —una medida ciertamente prudente— y, a la mañana siguiente, los discípulos comprobaron que
la higuera se había secado (Mar. 11:20). Fue precisamente Pedro
quien ató cabos recordando lo sucedido el día anterior:

Entonces Pedro, acordándose, le dijo: Maestro, mira, la higuera
que maldijiste se ha secado. Respondiendo Jesús, les dijo: Tened
fe en Dios. Porque de cierto os digo que cualquiera que dijere a
este monte: Quítate y échate en el mar, y no dudare en su corazón,
sino creyere que será hecho lo que dice, lo que diga le será hecho.
Por tanto, os digo que todo lo que pidiereis orando, creed que lo
recibiréis, y os vendrá. Y cuando estéis orando, perdonad, si tenéis
algo contra alguno, para que también vuestro Padre que está en los
cielos os perdone a vosotros vuestras ofensas. Porque si vosotros no
perdonáis, tampoco vuestro Padre que está en los cielos os perdo-
nará vuestras ofensas. (Mar. 11:21-26)

Pedro pareció sorprenderse de que el árbol que Jesús había maldecido hubiera quedado seco. Todo hace pensar que no captaba ni lejanamente el significado simbólico de aquel hecho. Jesús se limitó a señalar dos aspectos de la vida del discípulo que se revelarían especialmente relevantes en los próximos días: la fe y el perdón. Pedro, de manera trágica, se toparía con la necesidad de ambos en los próximos días.

Martes: controversias y anuncio del juicio

El martes fue un día marcado por los intentos de atrapar a Jesús en discusiones que lo dejaran en ridículo y lo desacreditaran. Hemos analizado de manera extensa cada uno de esos episodios en otra obra anterior[58]. Aquí basta decir que Jesús dejó expuesta la endeblez de los razonamientos de fariseos, herodianos y saduceos. Sin embargo, aquellas controversias que se extendieron durante toda la mañana del martes y que estuvieron vinculadas a nuevos anuncios de juicio por parte de Jesús, seguramente, confirmaron a Sus discípulos en sus viejos prejuicios. Como sucede con frecuencia, se hallaban tan apegados a sus ansias personales que no estaban dispuestos a consentir que la realidad que se les venía manifestando desde hacía meses los apartara de ellas. Su mente bloqueaba los anuncios claros de Jesús sobre Su destino trágico y cercano, mientras que se aferraban a la expectativa de un cambio en Israel que implicara un castigo divino que recaería sobre los sacerdotes, los escribas y los fariseos a la vez que derrotaba a los romanos y los expulsaba de un territorio sagrado. La situación debía cambiar; el reino tenía que manifestarse cuanto antes y lo que deseaban era que Jesús les indicara de una vez cuándo iba a tener lugar esa sucesión de esperados acontecimientos. Aquella misma tarde, esa mentalidad volvería a ponerse de manifiesto cuando Jesús y Sus discípulos habían abandonado ya la ciudad santa.

El contenido de la conversación ha llegado hasta nosotros transmitido por varias fuentes. Al parecer, todo el episodio comenzó cuando, al salir del templo, uno de los discípulos le señaló a Jesús la

---

[58] Sobre el tema, véase: *Más que un rabino*, págs. 211 ss.

grandiosidad de la construcción (Mat. 24:1; Mar. 13:1; Luc. 21:5). El comentario era pertinente y lo cierto es que el único resto que permanece hasta el día de hoy de aquellas construcciones —el llamado Muro de las Lamentaciones— sigue causando una enorme impresión en los que lo contemplan. Sin embargo, la afirmación de Jesús resultó, como mínimo, desconcertante. En lugar de corroborar la observación relativa a la majestuosidad del edificio del templo, Jesús indicó que llegaría una época en que no quedaría «piedra sobre piedra, que no sea derribada».

Aquel comentario tuvo un efecto inmediato sobre las excitables mentes de los discípulos. Apenas llegaron al Monte de los Olivos, Pedro, Santiago, Juan y Andrés se le acercaron aparte de los otros para preguntarle acerca de lo que había afirmado al salir del templo. El núcleo más primitivo de seguidores de Jesús, el que se había reunido gracias a la identificación que Juan el Bautista había hecho de Jesús como Cordero de Dios, se le acercaba para pedir una explicación sobre lo que acababan de escuchar. La pregunta que le formularon iba referida a «¿cuándo serán estas cosas?» y «¿qué señales habrá» con anterioridad a que acontecieran (Mar. 13:4 y Luc. 21:7).

La fuente mateana contiene la pregunta de manera ligeramente distinta —«¿qué señal habrá de tu *parusía* y del fin de esta era?»—, lo que ha provocado ríos de tinta a la hora de interpretar el pasaje conectándolo con la segunda venida de Jesús. Ni que decir tiene que semejante interpretación ha servido para dar base supuesta a algunas de las exégesis más descabelladas de la historia. De entrada, hay que subrayar que la palabra griega *parusía* —que, efectivamente, se utiliza en textos cristianos posteriores para hacer referencia a la segunda venida de Cristo— significa únicamente *venida* o presencia y en ese sentido la encontramos en distintas ocasiones en el Nuevo Testamento sin ninguna referencia escatológica relacionada con la segunda venida (1 Cor. 16:17; 2 Cor. 7:6; Fil. 1:26). Ni Pedro, ni Santiago, ni Juan ni Andrés (a los que tanto les costaba aceptar la idea de un Mesías sufriente) la hubieran utilizado en esos momentos para referirse a una segunda venida de su Maestro. Lo que ellos esperaban era ni más ni menos que el reino se implantara de un momento a otro y, al escuchar las palabras de Jesús sobre la aniquilación del templo, seguramente, llegaron a la conclusión de que esa debía ser la señal de que esa era estaba a punto de inaugurarse.

Pero ¿cuándo sería exactamente? ¿Cuándo tendría lugar ese hecho de extraordinaria relevancia?

Jesús respondió precisamente esas preguntas y no tuvo nada que ver —lógicamente— con acontecimientos que, presumiblemente, tendrían lugar al menos dos mil años después previamente a Su segunda venida[59]. De entrada, Jesús indicó que debe rechazarse por sistema a aquellos que se presentaran como el Mesías o afirmando que «el tiempo está cerca» (Luc. 21:8). Tampoco deberían caer Sus discípulos en el error de identificar «las guerras y rumores de guerras» con señales del fin, porque nada tendría que ver una circunstancia con la otra (Luc. 21:9 y par). Ni siquiera constituiría una señal del fin la persecución de los discípulos. Éstos serían llevados ante las autoridades ciertamente —¿acaso no se los había advertido al hablarles de la cruz que tenían que llevar (Mat. 16:24-25)?— pero no debían inquietarse ni temer, sino tan solo dejar que el Espíritu Santo diera testimonio a través de ellos (Luc. 21:12 ss. y par). La verdadera señal de que la presente era estaba a punto de concluir sería contemplar Jerusalén cercada por ejércitos (Luc. 21:20). Cuando se produjera tal eventualidad, los seguidores de Jesús debían huir (Luc. 21:21 ss. y par), porque el destino de la ciudad santa ya estaría sellado. Precisamente entonces, cuando fuera aniquilada, todos comprenderían que el Hijo del Hombre había actuado, que estaba presente, que había sido reivindicado, que había protagonizado una venida de juicio similar a las ejecutadas por Dios en la pasada historia de Israel (Luc. 21:27 y par).

Precisamente por eso, al igual que había sucedido durante la época del primer templo, cuando tuviera lugar aquel desastre nacional no deberían apesadumbrarse (Luc. 21:28 y par). Por paradójico que pudiera parecer, la destrucción del templo y de Jerusalén significarían que Dios había consumado Su redención (Luc. 21:28 y par). Tampoco debían los discípulos dejarse llevar por la inquietud, sino estar continuamente preparados porque todo sucedería de manera inesperada, pero segura (Luc. 21:34 ss. y par). La predicación de Jesús no resultaba extravagante ni carecía de precedentes en la historia del pueblo de Israel. Mucho menos los datos recogidos en las fuentes son *vaticinum ex eventu*, es decir, una profecía escrita

---

[59] Un notable estudio sobre el tema en D. Chilton, *The Great Tribulation*, Fort Worth, 1987.

con posterioridad a los hechos. Por el contrario, Jesús apuntó, de hecho, a una «venida» en juicio como otras con que Dios ya había dejado sentir Su presencia en la historia. Con todo, también habría diferencias.

No deja de ser significativo que, tras el anuncio de la destrucción del templo, Jesús lo abandonó para siempre jamás. Según narra Mateo, lo hizo además en estricto paralelo con la descripción de Ezequiel de cómo la gloria de YHVH abandonó el templo antes de su destrucción por Nabucodonosor. Como la gloria de YHVH, Jesús dejó tras de sí aquel santuario que, desprovisto de la presencia divina, había quedado reducido a ser no casa de oración sino cueva de ladrones (Mat. 21:12-13). Aquel edificio, a pesar de su inmensa majestuosidad, solo podía esperar la destrucción.

Aquella misma tarde del martes —ya el inicio del miércoles según el cómputo judío para medir los días— Jesús volvió a anunciar Su muerte, una muerte que tendría lugar tan solo dos días después (Mat. 26:1-2). En facilitar ese final iba a tener un papel esencial uno de Sus discípulos que, precisamente, lo traicionaría en las próximas horas.

Miércoles: unción y traición

El Salmo 41:9 anunciaba como «Aun el hombre de mi paz, en quien yo confiaba, el que de mi pan comía, alzó contra mí el calcañar» en referencia a cómo el Mesías sería traicionado por uno de los suyos. Se trataba de una experiencia que, rezumante de amargura, iba a atravesar Jesús y a desconcertar a Sus discípulos. Aquella noche de martes —ya miércoles, según el cómputo judío— Jesús regresó con Sus discípulos a Betania. La cena no tuvo lugar esta vez en casa de Lázaro sino de un tal Simón el leproso (Mat. 26:6; Mar. 14:3). Lázaro acudió a la cena y su hermana Marta, una mujer notablemente servicial, se ocupó de atender la mesa (Juan 12:2). No resulta aventurado pensar que se trataba de un encuentro de amigos que deseaban agasajar a Jesús. Precisamente en ese contexto, tendría lugar un episodio de enfrentamiento entre Jesús y Judas transmitido por las fuentes mateana, marcana y joanea. Esta última lo describe de la siguiente manera:

Y le hicieron allí una cena; Marta servía, y Lázaro era uno de los que estaban sentados a la mesa con él. Entonces María tomó una libra de perfume de nardo puro, de mucho precio, y ungió los pies de Jesús, y los enjugó con sus cabellos; y la casa se llenó del olor del perfume. Y dijo uno de sus discípulos, Judas Iscariote hijo de Simón, el que le había de entregar: ¿Por qué no fue este perfume vendido por trescientos denarios, y dado a los pobres? Pero dijo esto, no porque se cuidara de los pobres, sino porque era ladrón, y teniendo la bolsa, sustraía de lo que se echaba en ella. Entonces Jesús dijo: Déjala; para el día de mi sepultura ha guardado esto. Porque a los pobres siempre los tendréis con vosotros, mas a mí no siempre me tendréis. (Juan 12:2-8)

El relato resulta extraordinariamente revelador. En medio de la cena, María, la hermana de Lázaro, decidió honrar a Jesús de una manera especial. Es muy posible que desbordara gratitud al pensar que su hermano había regresado de entre los muertos en virtud del poder espiritual de Jesús (Juan 11). Adquirió, por lo tanto, un frasco de perfume de nardo y con él ungió los pies del Maestro. Poco podía sospechar la mujer que, siglos después, exegetas descuidados la confundirían con la pecadora de Galilea que había agradecido el perdón de Jesús con lágrimas (Luc. 7:36-50) y que, fruto de esa pésima lectura de los Evangelios, se tejería toda una leyenda que se desarrollaría con el catolicismo romano medieval y daría notables frutos artísticos, pero que, en realidad, carece de base histórica.

En esta ocasión, la acción de la mujer no provocó la reacción contraria de un fariseo escandalizado, sino la de Judas. El discípulo que se encargaba de llevar la bolsa común protestó agriamente contra aquel dispendio. Dado que aquel perfume debía haber costado unos trescientos denarios —una cifra ciertamente muy elevada si se tiene en cuenta que el salario diario de un jornalero era de un denario— lo obligado, según Judas, hubiera sido dárselo a los pobres (Juan 12:5). ¿Qué sentido tenía aceptar aquel derroche en algo tan volátil (nunca mejor dicho) como el perfume? ¿Acaso no hubiera sido más apropiado que María hubiera entregado el dinero que le había costado el frasco de nardo para que con él se ayudara a los menesterosos?

Sin embargo, Jesús, como era habitual en Él, no se dejó enredar por las palabras. A esas alturas, seguramente sabía que Judas se sentía desengañado por la manera en que habían ido evolucionando los acontecimientos. El resto de los discípulos se debatía entre el temor y la perplejidad, entre las ilusiones de un futuro triunfal y cercano y la confusión, entre las disputas por los puestos en el reino que pronto iba a inaugurarse y las enseñanzas relativas al Mesías que padecería como el siervo de YHVH. Sin embargo, todos ellos continuaban apegados a Él y a la esperanza del reino. No era, desde luego, el caso de Judas que había decidido obtener algún beneficio de una situación que consideraba perdida. Se dedicó a robar de la bolsa común y, al parecer, cubrió su inmoralidad con una de las excusas preferidas por aquellos que se quedan con el dinero de otros: afirmar que debía destinarse a los pobres.

Apenas podemos imaginar la tristeza que debió invadir a Jesús al contemplar la reacción de aquel discípulo que formaba parte del grupo selecto de los Doce. Como en tantas ocasiones, Jesús eludió hábilmente el dejarse atrapar por frases que no comunicaban la verdad, sino que tan solo pretendían ocultarla y, a continuación, se detuvo en lo que verdaderamente era importante. Aquella mujer había actuado bien, seguramente mejor de lo que ella pudiera pensar porque lo había ungido, algo que solía hacerse con los cadáveres y que resultaba especialmente apropiado en Su caso ya que en breve iba a morir. A los pobres siempre los tendrían con ellos y no faltarían posibilidades de socorrerlos, pero Él se sumergiría en la muerte en muy pocos días.

Desde luego, las autoridades del templo habían decidido hacía tiempo acabar con Jesús (Juan 11:45-57) y semejante resolución solo pudo haberse fortalecido durante aquellos días. A fin de cuentas, Jesús había consentido de buena gana que la gente —los inmundos *am-ha-arets*— lo aclamaran como Mesías; había limpiado el templo dejando de manifiesto las sucias corruptelas a que estaba sometido el recinto sagrado y los intentos de desacreditarlo habían fracasado estrepitosamente dejando en ridículo a los que lo habían intentado. Sin duda, la única salida viable para acabar con Su influencia era matarlo. En apariencia, detenerlo no iba a ser tarea fácil. A lo largo de años, había sabido escapar de situaciones peligrosas y ahora, prudentemente, evitaba pasar la noche en Jerusalén. Por supuesto, celebraría la Pascua en la ciudad, pero la ciudad santa rebosaba de peregrinos —centenares de miles— y no sería sencillo encontrar, identificar y detener a Jesús. Precisamente por todo eso, el que Judas, uno de Sus discípulos más cercanos, se hubiera puesto en contacto con ellos ofreciéndose a entregarlo les causó una gran alegría (Mar. 14:11; Luc. 22:5).

Gracias a su experiencia en corrupción, las autoridades del templo debieron captar que Judas aceptaría una cantidad por su traición que no resultaría excesiva. Le ofrecieron así treinta monedas de plata, aproximadamente, el salario de un jornalero por un mes de trabajo. No tenemos la menor noticia de que Judas regateara aquel pago. Como en tantos traidores, es muy posible que el resentimiento, la decepción, el rechazo hacia lo que una vez se ha amado pesaran más que el dinero[60] . Desde ese momento, Judas se aplicó a la tarea de dar con la mejor manera de entregar a su Maestro (Mat. 26:16; Mar. 14:11; Luc. 22:6).

Con posterioridad, los seguidores de Jesús encontrarían en el episodio de la traición y en el precio fijado el cumplimiento de la profecía de Zacarías (11:12-13) donde se afirma que el propio YHVH sería valorado por treinta monedas de plata. De esa manera, se verían confirmados en su creencia en la mesianidad de Jesús. Sin embargo, mientras tenían lugar los hechos, los discípulos andaban muy lejos de pensar en una posible traición.

Jueves: la preparación de la última Pascua

Desconocemos lo que sucedió desde la noche del martes —miércoles, según el cómputo judío— en que Jesús reprendió a Judas hasta el jueves en que comenzaron los preparativos de la Pascua. Lo más posible es que Jesús decidiera permanecer prudentemente en Betania. La mañana del jueves, los discípulos aún no sabían dónde deseaba comer la cena de Pascua y se vieron obligados a acercarse a Él para preguntárselo (Mat. 26:17; Mar. 14:12; Luc. 22:7). Jesús comunicó a dos de Sus discípulos —la fuente lucana (Luc. 22:8) indica que eran Pedro y Juan— que debían descender a la ciudad

---

[60] En un sentido muy similar, véase C. H. Dodd, *The Founder of Christianity*, (Londres, 1971), págs. 152 ss.

santa a ocuparse de todo. Bastaría con que se encontraran a la entrada de Jerusalén con un hombre que llevaría un cántaro —una circunstancia un tanto peculiar si se tiene en cuenta que las mujeres eran las que, habitualmente, se ocupaban de esos menesteres— y lo siguieran. Aquel sujeto inhabitual los conduciría a un lugar ya preparado para comer la cena de Pascua (Mat. 26:18 ss.; Mar. 14:13 ss.; Luc. 22:8 ss.).

Resulta más que posible que el sitio donde Jesús y los Doce celebraron la cena de Pascua fuera la casa de los padres de Juan Marcos. Tiempo después, sería uno de los domicilios donde se reuniría la comunidad primitiva de los discípulos (Hech. 12:17). Juan Marcos estaría llamado a ser compañero de Bernabé y Pablo en su primer viaje misionero[61] y, con posterioridad, acompañó a Pedro como intérprete. A decir verdad, como ya hemos indicado en otro lugar, la tradición que lo señala como el autor del segundo Evangelio a partir de los recuerdos de Pedro tiene visos de corresponderse con la realidad histórica[62].

Jueves-Viernes: la última Pascua de Jesús

La Cena de la Pascua tuvo lugar el jueves por la noche, aunque, según el computo judío que sitúa el final del día a la puesta del sol, la celebración se realizó ya en viernes. Para millones de personas, la última cena fue fundamentalmente el marco en el que Jesús instituyó un sacramento. Sin embargo, esa interpretación resulta totalmente errónea siquiera porque está empañada por una teología posterior en varios siglos al propio Jesús. Aquella noche, como centenares de miles de judíos piadosos, Jesús se reunió con Sus discípulos más cercanos, entre los que se encontraba Pedro, para celebrar la Pascua, la festividad judía en la que el pueblo de Israel conmemoraba cómo Dios lo había liberado de la esclavitud de Egipto.

Apenas reclinados a la mesa, Jesús señaló a Sus discípulos el deseo que había tenido de celebrar aquella Pascua antes de padecer

---

[61] Sobre el personaje, véase C. Vidal, *Apóstol a las naciones*, (Nashville, 2021).

[62] He tratado el tema de manera novelada en C. Vidal, *El testamento del pescador* (Barcelona, 2004 y Nashville, 2022). Véase especialmente la Nota de autor.

ya que no volvería a comerla hasta que se consumara el reino de Dios (Luc. 22:15-16). Por enésima vez, los prejuicios prevalecieron en la mente de Sus discípulos que se aferraron a la referencia al reino para enredarse, acto seguido, en una discusión sobre los puestos que ocuparían tras el triunfo del Mesías. Como en tantas ocasiones previas, Jesús volvió a remachar que la mentalidad del reino de Dios era diametralmente opuesta a la que tenían los políticos del mundo. Si deseaban ser los primeros en el reino —un reino del que, ciertamente, disfrutarían porque habían creído en Él y le habían sido fieles en los momentos de dificultad— debían imitar al Rey-Siervo (Luc. 22:24-30). Entonces, de manera sorprendente e inesperada, Jesús llevó a cabo un acto que nos ha sido transmitido únicamente por la fuente joanea:

> Antes de la fiesta de la pascua, sabiendo Jesús que su hora había llegado para que pasase de este mundo al Padre, como había amado a los suyos que estaban en el mundo, los amó hasta el fin. Y cuando cenaban, como el diablo ya había puesto en el corazón de Judas Iscariote, hijo de Simón, que le entregase, sabiendo Jesús que el Padre le había dado todas las cosas en las manos, y que había salido de Dios, y a Dios iba, se levantó de la cena, y se quitó su manto, y tomando una toalla, se la ciñó. Luego puso agua en un lebrillo, y comenzó a lavar los pies de los discípulos, y a enjugarlos con la toalla con que estaba ceñido. Entonces vino a Simón Pedro; y Pedro le dijo: Señor, ¿tú me lavas los pies? Respondió Jesús y le dijo: Lo que yo hago, tú no lo comprendes ahora; mas lo entenderás después. Pedro le dijo: No me lavarás los pies jamás. Jesús le respondió: Si no te lavare, no tendrás parte conmigo. Le dijo Simón Pedro: Señor, no solo mis pies, sino también las manos y la cabeza. Jesús le dijo: El que está lavado, no necesita sino lavarse los pies, pues está todo limpio; y vosotros limpios estáis, aunque no todos. Porque sabía quién le iba a entregar; por eso dijo: No estáis limpios todos.
>
> Así que, después que les hubo lavado los pies, tomó su manto, volvió a la mesa, y les dijo: ¿Sabéis lo que os he hecho? Vosotros me llamáis Maestro, y Señor; y decís bien, porque lo soy. Pues si yo, el Señor y el Maestro, he lavado vuestros pies, vosotros también debéis lavaros los pies los unos a los otros. Porque ejemplo os he dado, para que como yo os he hecho, vosotros también hagáis.

De cierto, de cierto os digo: El siervo no es mayor que su señor, ni el enviado es mayor que el que le envió. Si sabéis estas cosas, bienaventurados seréis si las hiciereis. No hablo de todos vosotros; yo sé a quienes he elegido; mas para que se cumpla la Escritura: El que come pan conmigo, levantó contra mí su calcañar. Desde ahora os lo digo antes que suceda, para que cuando suceda, creáis que yo soy. De cierto, de cierto os digo: El que recibe al que yo enviare, me recibe a mí; y el que me recibe a mí, recibe al que me envió. (Juan 13:1-20)

La importancia de este episodio puede deducirse del hecho de que, en el Evangelio de Juan, sustituye, por completo, a la mención del paso del pan y de la copa de la que dan cuenta los Sinópticos. Para el autor del cuarto Evangelio, la nota más significativa de aquella noche no fue, como se insistiría a partir de la Edad Media, el que Jesús diera a comer Su carne y Su sangre literales bajo las formas del pan y del vino. A decir verdad, semejante idea es ajena por completo al Nuevo Testamento. Tampoco el simbolismo de la cena de Pascua llamó tan poderosamente la atención del testigo ocular que estuvo en aquella ocasión y dejó sus memorias reflejadas en la fuente joanea. Lo auténticamente importante para él fue que aquel que era, sin ningún género de dudas, el Señor y el Maestro (Juan 13:13) se comportó como un siervo incluso humillándose en favor de aquel que había decidido traicionarlo (Juan 13:18). En cierta medida, esa conducta no era sino una corroboración de las palabras y las acciones que señalaban que el Mesías era el Siervo de YHVH y que sería sacrificado «por muchos». Sin embargo, los discípulos no lo comprendieron y, una vez más, el impulsivo Pedro fue el que verbalizó su falta de entendimiento. En circunstancias normales, nadie hubiera podido esperar que el Maestro y Señor se inclinara ante Sus discípulos y procediera a lavarles los pies como si fuera un simple esclavo. La reacción de Pedro, pues, fue la lógica. No podía tolerar, simplemente, que Jesús actuara de esa manera. Cuando, por el contrario, Jesús le manifestó que si no se dejaba servir no podía tener parte con él, una vez más, el centro de las palabras escapó de su entendimiento. Si se trataba de someterse a un rito, a una ceremonia, a un acto para estar con Jesús entonces él estaba más que dispuesto a que le lavara no solo los pies sino cualquier parte del cuerpo.

Como en tantas ocasiones anteriores, Jesús tuvo que reconducir el corto entendimiento de Pedro. Todos los que estaban presentes en aquella cena —salvo el traidor— estaban ya limpios. Lo que había llevado a cabo Jesús —que también lavó los pies de Judas— no era un acto de limpieza ritual como los que practicaban fariseos o esenios. Era un ejemplo de cómo tenían que comportarse los unos con los otros a imagen y semejanza del Señor y Maestro. Si llegaban a captar el espíritu de lo que acababa de suceder serían dichosos comportándose de la misma manera. No deja de ser llamativa la manera en que se han derrochado ríos de tinta describiendo cómo deben comportarse los seguidores de Jesús y, muy especialmente, aquellos que desempeñan algún ministerio. Para abordar esa tarea, se ha recurrido a la psicología, la sociología, la filología y otras diversas disciplinas académicas. Sin embargo, en aquel sencillo acto, Jesús había trazado unas líneas que, lamentablemente, Sus apóstoles, comenzando por Pedro, no habían entendido. La vida del discípulo de Jesús debe ser seguir, precisamente, el ejemplo del Señor y Maestro y ese ejemplo se había manifestado —y se iba a manifestar todavía más— en el servicio desinteresado y humilde de los unos por los otros. Si llegaban a comprender algo tan sencillo y, a la vez, tan profundo no alcanzarían dominio, riquezas o fama, pero tendrían algo infinitamente más importante: serían felices.

Cuando había terminado de lavar los pies a los discípulos, Jesús citó un versículo del Salmo 41, el que afirma que «El que come pan conmigo, levantó contra mí su calcañar». Sin embargo, salvo Judas, nadie captó el significado de aquellas palabras. En buena medida es lógico porque en el ambiente de festejo de la Pascua, la idea de una traición parecía totalmente inadmisible. Entonces, conmovido en el espíritu (Juan 13:21) Jesús reveló lo que estaba sucediendo: uno de los Doce lo iba a entregar. Inmediatamente —¡una vez más!— fue el impulsivo Pedro el que se atrevió a expresar verbalmente lo que, más que de manera posible, pasaba por la mente de todos. Aunque apenas unas semanas antes se había producido un altercado con Juan y con su hermano Santiago en relación con los puestos que debían ocupar en el reino[63], lo cierto es que Pedro había tenido una relación muy especial con ellos fruto no solo de los años

---

[63] Vid supra pp. ss.

que hacía que se conocían, sino también del hecho de constituir el grupo de tres discípulos más cercanos a Jesús. Ahora no dudó en hacerle señas a Juan para que le preguntara a Jesús a quién se había referido (Juan 13:22-24). Jesús atendió a la petición de Pedro que le había comunicado el discípulo amado, pero lo hizo —como tantas veces— de una manera elegantemente delicada y más si se considera el momento. Señaló al discípulo amado que podría averiguarlo observando a aquel al que ofreciera el pan mojado, un gesto de cortesía por otra parte propio de la celebración de la Pascua. Entonces, «mojando el pan, lo dio a Judas Iscariote hijo de Simón» (Juan 13:26).

Con seguridad, Judas no podía interpretar aquel gesto como una señal de que Jesús sabía que él era el traidor, pero si aún alentaba alguna duda, se disipó enseguida. El cuarto Evangelio señala, de manera bien elocuente, que, justo tras recibir el bocado que le tendió Jesús, en Judas entró Satanás (Juan 13:27). Por lo que se refiere al resto de los discípulos —al igual que Pedro— habían comenzado a preguntarse también quién sería el traidor. Sin embargo, a diferencia del impetuoso galileo, no todos estaban tan seguros de su perseverancia futura. Seguramente, no podían creer que ninguno de ellos lo fuera en ese momento, pero ¿acaso estaba indicando Jesús que en el futuro alguno de ellos caería en un comportamiento tan indigno? Asustado, alguno de los discípulos incluso comenzó a preguntarle si se estaba refiriendo a él. Pero Jesús no respondió de manera directa. Se limitó a decir que era uno de los que compartían la cena de Pascua y que su destino sería aciago (Mat. 26:22-24; Mar. 14:19-21). Incluso cuando Judas, quizá intentando cubrir las apariencias, formuló la misma pregunta, Jesús se limitó a responderle que era él mismo el que lo decía (Mat. 26:26). Luego añadió: «Lo que vas a hacer, hazlo más pronto» (Juan 13:27).

Judas abandonó la estancia para adentrarse en la noche (Juan 13:30). De manera bien reveladora, su comportamiento no llamó la atención de los que hasta ahora habían sido sus compañeros más cercanos. A fin de cuentas, era el apóstol encargado de la bolsa y pensaron que Jesús acababa de darle la orden de que comprara algo necesario para la fiesta o de que diera algo a los pobres (Juan 13:29).

Viernes (I): la despedida

Judas debió dirigirse de manera apresurada al encuentro con las autoridades del templo con la certeza de que podrían atraparlo con facilidad si regresaba antes de que abandonara la casa en la que estaba comiendo la Pascua o si no se encontraba a mucha distancia de ella. Incluso si no se daba ninguna de esas circunstancias, Judas era la garantía de que los enviados de las autoridades judías contarían con la posibilidad de identificar a Jesús entre la multitud de los peregrinos y detenerlo para darle muerte. Desde luego, la amargura de aquella noche de Pascua apenas acababa de dar inicio para Jesús y Sus discípulos. A estos les anunció —en clara referencia a la profecía contenida en Zacarías 13:7— que huirían cuando el Pastor, Él mismo, fuera herido (Mat. 26:31; Mar. 14:27). Sin embargo, Jesús también quiso añadir una nota de esperanza a Sus palabras y lo hizo refiriéndose expresamente a Pedro. La fuente lucana lo relata de la siguiente manera:

> Dijo también el Señor: Simón, Simón, he aquí Satanás os ha pedido para zarandearos como a trigo; pero yo he rogado por ti, que tu fe no falte; y tú, una vez vuelto, confirma a tus hermanos. (Luc. 22:31-32)

Las palabras de Jesús contenían, a la vez, una clara advertencia y un anuncio de seguridad. En medio del drama cósmico que se estaba desarrollando, Satanás había pedido poder zarandear a los discípulos como si fueran el trigo que se arroja al cedazo. En otras palabras, por terrible que fuera lo que iba a suceder, el diablo no era el que controlaba la situación. Para poder agitar a los apóstoles, no tenía otra salida que requerir el permiso de Dios de la misma manera que, antaño, había sucedido cuando quiso dañar a Job (Job 1:7-11; 2:1-8). Ciertamente, aquellos hombres iban a ser agitados, pero —Pedro debía saberlo— al final el resultado de zarandear el trigo no era destruirlo sino limpiarlo de impurezas y convertirlo en algo aprovechable. Pedro debía estar seguro de salir con bien porque el propio Jesús había orado por él y cuando todo pasara, volvería —un término que podía significar también que se arrepentiría— y entonces debería confirmar a sus hermanos. Sí, lo que se avecinaba iba a ser diabólicamente —en un sentido literal— doloroso, pero podía confiar en la oración de Jesús ante el Padre y debía prepararse para ayudar a sus baqueteados hermanos.

Quizá cualquier otro de los discípulos se habría mantenido en silencio tras escuchar aquellas palabras de advertencia y esperanza. No fue el caso de Pedro. Como la vez en que decidió lanzarse a caminar sobre las aguas, como la vez en que señaló que sería ideal levantar unas enramadas en el monte de la transfiguración, como hacía solo unos instantes al negarse a que Jesús le lavara los pies, Pedro sacó impulsivamente lo que había en el interior de su corazón afirmando que estaba dispuesto a ir con su Maestro «no solo a la cárcel, sino también a la muerte» (Luc. 22:33). La respuesta de Jesús ante aquella manifestación de Pedro debió resultar demoledora: «Pedro, te digo que el gallo no cantará hoy antes que tú niegues tres veces que me conoces» (Luc. 22:34).

Concluida la cena de Pascua en la que Jesús reinterpretó totalmente los elementos presentes sobre la mesa[64], el Señor y Maestro se entregó a confortar a unos discípulos cada vez más confusos y desconcertados. La tradición joanea nos ha transmitido una parte de aquellas palabras pronunciadas todavía en el cenáculo (Juan 14). También nos ha hecho llegar otras que dijo cuando, como judíos piadosos, tras cantar los salmos rituales del Hallel, salieron a la calle, de camino hacia Getsemaní (Juan 15–16). Aunque se ha insistido mucho en atribuir estos pasajes a la simple inventiva del autor del cuarto Evangelio, lo cierto es que tienen todas las señales de la autenticidad que solo puede comunicar un testigo ocular y, sobre todo, lo que en ellos podemos leer encaja a la perfección con lo que conocemos del carácter medularmente judío de Jesús por otras fuentes históricas. El Jesús que encontramos es el buen pastor preocupado por el destino de los suyos, consciente de que va a morir en breve y, sin embargo, lleno de esperanza, un buen pastor modelado sobre el patrón de pasajes bíblicos como Ezequiel 34 o el Salmo 23. Sin duda, le aguardaba quedarse y contemplar la dispersión de los suyos, pero, al fin y a la postre, Sus discípulos disfrutarían de una paz que el mundo —un mundo que iba a ser vencido a través de Su muerte— no puede dar jamás (Juan 16:32-33). Lejos de encontrarnos con un fruto de la imaginación, ciertamente

---

[64] Sobre el significado de las palabras de Jesús, véase *Más que un rabino*, págs. 249 y ss.

sublime de ser así, del autor del cuarto Evangelio, estos capítulos nos acercan a Jesús desde la perspectiva privilegiada de un testigo ocular. El mismo capítulo 17 del cuarto Evangelio —una bellísima oración de intercesión pronunciada por Jesús— constituye un indiscutible paralelo de lo que había señalado a Pedro que ya había hecho (Luc. 22:31-32): orar por Sus discípulos para que su fe no desfalleciera.

CAPÍTULO XIV

PRENDIMIENTO Y NEGACIÓN

Getsemaní

La noche ya estaba avanzada cuando Pedro, en compañía de su Maestro y de los otros discípulos, llegó a Getsemaní. El nombre del lugar derivaba del arameo *Gad-Smane* que significa la prensa de aceite, es decir, un lugar donde se procedía a prensar las aceitunas procedentes de los olivos cercanos para conseguir el preciado alimento. En la actualidad hay cuatro lugares que compiten por el honor de ser el enclave en que Jesús oró aquella triste noche, a saber, la iglesia de todas las naciones que tendría un panorama del huerto y contaría con la roca de la agonía; la localización situada cerca de la denominada tumba de María, la madre de Jesús, al norte; el enclave greco-ortodoxo situado al este y el huerto de la iglesia ruso-ortodoxa cercana a la iglesia de María Magdalena. Puede comprenderse con facilidad que esta diferencia de adjudicaciones está más relacionada con rivalidades confesionales que con una exactitud en la identificación.

A finales del siglo XIX, William Mc Clure Thomson señaló que el terreno estaba todavía abierto a todos la primera vez que llegó a Jerusalén y que cualquiera podía acudir allí a orar o meditar. Sin embargo, los católicos romanos se habían ido apoderando del lugar y acabaron cercándolo con un elevado muro. Entonces los greco-ortodoxos respondieron señalando otra ubicación situada al norte. Según Mc Clure Thomson, ninguno de los dos lugares, ni el católico romano ni el ortodoxo había sido el utilizado por Jesús ya que se encontraban muy cerca del bullicio de la ciudad y, seguramente, Getsemaní se hallaba ubicado a varios centenares de metros al noreste de lo que ahora se enseña como el enclave del que hablan los Evangelios. La verdad es que lo único que podemos afirmar con certeza es que se trataba de un huerto situado entre el arroyo Cedrón y la falda del Monte de los Olivos. Ir más allá de esa afirmación nos sitúa, muy a nuestro pesar, en el terreno de la especulación.

Jesús deseaba que, al menos, Pedro, Santiago y Juan, Sus tres discípulos más cercanos, lo acompañaran en oración en unos momentos especialmente difíciles. Por tercera vez, aquel trío de discípulos más íntimos iba a ser apartado del resto para acompañar a Jesús. Con anterioridad, a ellos se les había permitido contemplar cómo Jesús se transfiguraba y cómo tenía poder para traer a una niña de la muerte. Ahora podrían estar al lado de Jesús en Su hora más difícil. Sin embargo, finalmente, no fue eso lo que sucedió. Cargados de sueño —la noche era ya avanzada y la cena de Pascua exigía el consumo de, al menos, cuatro copas rituales de vino— se quedaron dormidos una y otra vez dejando a Jesús totalmente solo en las horas más amargas que había vivido hasta entonces (Mat. 26:36-46; Mar. 14:32-42; Luc. 22:39-46). Es significativo que tanto Mateo —que tantos detalles especiales de Pedro ha conservado— como Marcos —que, muy posiblemente, recoge el testimonio petrino— nos hayan transmitido la reconvención que Jesús dirigió a Pedro al encontrarlo dormido:

> Entonces Jesús les dijo: Mi alma está muy triste, hasta la muerte; quedaos aquí, y velad conmigo. Yendo un poco adelante, se postró sobre su rostro, orando y diciendo: Padre mío, si es posible, pase de mí esta copa; pero no sea como yo quiero, sino como tú. Vino luego a sus discípulos, y los halló durmiendo, y dijo a Pedro: ¿Así que no habéis podido velar conmigo una hora? Velad y orad, para que no entréis en tentación; el espíritu a la verdad está dispuesto, pero la carne es débil. (Mat. 26:38-41, comp. Mar. 14:37)

Apenas poco antes, Pedro había afirmado con total convicción que estaba dispuesto a ser encarcelado e incluso ejecutado antes de abandonar a su Maestro. Con seguridad, había pronunciado aquellas palabras con una vehemencia absoluta, pero ahora la realidad dejaba ver su triste rostro. No basta proclamar algo para que se convierta en realidad. Simplemente, afirmar algo —confesar positivamente, como dirían algunos— carece del más mínimo valor. El mundo no cambia porque se repitan unas palabras por muy sentidas que resulten. No. Aunque el espíritu está dispuesto, la carne caída es débil. Por eso, hay que vigilar y orar. La vida del discípulo de Jesús no es una suma de prácticas mágicas que le permiten cambiar las situaciones con solo pronunciar la fórmula adecuada. Por el contrario, es una suma de vigilancia y de oración, precisamente aquella que estaba ausente en Pedro, Santiago y Juan. Esa falta implicó que, al fin y a la postre, el pesar hundiera en el sopor a los tres y dejara a Jesús abandonado en Su oración (Luc. 22:45) Cuando Jesús estaba intentando por tercera vez despertarlos se produjo la llegada de Judas.

Los recién llegados eran un grupo de gente armada que acudía a Getsemaní con la intención de prender a Jesús. Algún autor como Rudolf Bultmann[65] ha pretendido que se trataba de soldados romanos intentando apoyarse en el texto de Juan 18:3-12 donde se habla de una *speira* (cohorte) mandada por un *jilíarjos* (comandante). Esa misma posición ha sido seguida por escritores judíos deseosos de separar a sus correligionarios de cualquier responsabilidad en el trágico destino de Jesús[66]. Sin embargo, como en tantas ocasiones, Bultmann —y los que lo han seguido— pone de manifiesto un inquietante desconocimiento de las fuentes judías. De entrada, todas las fuentes coinciden en que los que tenían el encargo de prender a Jesús habían sido enviados por las autoridades del templo (Mat. 26:47; Mar. 14:43; Juan 18:2). Inverosímil es que una fuerza romana se pusiera a las órdenes del sumo sacerdote judío y aún más que aceptara entregar al detenido a este en lugar de a su superior jerárquico. Por añadidura, las fuentes judías son muy claras al respecto del uso del término. En la Septuaginta, la traducción del Antiguo Testamento al griego, *speira* es un término usado para indicar tropas no romanas y además no con el sentido de cohorte

---

[65] R. Bultmann, *Das Evangelium des Johannes*, 1941, pág. 493.

[66] Es el caso en especial del libro de Paul Winter, *On the Trial of Jesus*, (Berlín, 1961). Winter había sufrido el inmenso drama del Holocausto y estaba empeñado en culpar del proceso y la ejecución de Jesús al poder romano en exclusiva. La consecuencia fue que su libro constituye no un ejercicio de investigación histórica sino de poda de todos los datos en las fuentes que pudieran chocar con su visión preconcebida. En ese sentido, su valor histórico es nulo a pesar de lo cual recibió el respaldo entusiasta de otros autores judíos. Al respecto, no deja de ser significativo que Geza Vermes le dedicara su libro *Jesús el judío*, (Barcelona, 1977), pág. 7.

sino de grupo o compañía (Judit 14:11; 2 Macabeos 8:23; 12:20 y 22). Por lo que se refiere a la palabra *jilíarjos* —que aparece veintinueve veces— se aplica a funcionarios civiles o militares, pero nunca a un tribuno romano. Un uso similar encontramos en Flavio Josefo donde tanto *speira* como *jilíarjos* se usan en relación con cuerpos militares judíos (*Antigüedades* XVII, 9, 3; *Guerra* II, 1, 3; II, 20, 7). Que así fuera tiene una enorme lógica porque en lengua griega, la palabra *jilíarjos* —que, literalmente, significa un jefe de mil hombres— es empleada por los autores clásicos como sinónimo de funcionario, incluso civil[67]. Lo que la fuente joanea indica, por lo tanto, es lo mismo que los datos contenidos en los sinópticos, es decir, que un destacamento de la guardia del templo había acudido a prender a Jesús y a su cabeza iba su jefe acompañado por Judas.

Contra lo que se ha dicho en multitud de ocasiones, el arresto de Jesús no colisionaba con las normas penales judías, aunque se llevara a cabo de noche[68], ni tampoco porque se valiera para su realización de un informador[69]. Este, desde luego, era esencial para poder identificar a Jesús. Muy posiblemente, Judas había llevado a la guardia del templo hasta la casa donde se encontraba el cenáculo y, al no encontrar allí a Jesús, los había conducido a Getsemaní. El Monte de los Olivos estaba lleno de peregrinos que habían subido a Jerusalén para celebrar la fiesta y la noche aún dificultaba más la localización de cualquier persona. Judas era, por lo tanto, la clave para solventar aquellos dos inconvenientes. Según había indicado a sus pagadores, la señal que utilizaría para indicar quién era Jesús sería un beso (Mat. 26:48; Mar. 14:44).

No debió ser difícil dar con Jesús. Junto a los guardias, marchaban algunos funcionarios enviados directamente desde el Sanedrín (Juan 18:3) y Malco, un esclavo del sumo sacerdote Caifás (Mar. 14:47; Juan 18:10) quizá destacado para poder dar un informe directo a su amo de cualquier eventualidad que pudiera acontecer.

---

[67] R. W. Husband, *The Prosecution of Jesus*, (Princeton, 1916), pág. 96 con referencias expresas a Esquilo y Jenofonte. En el mismo sentido, J. Blinzler, *The Trial of Jesus*, (Wentworth Press, Westminster, Maryland) págs. 67 ss.

[68] Se suele citar al respecto Mishna Sanedrín IV I h, pero ese pasaje no se refiere a los arrestos sino a la ejecución de las penas de muerte.

[69] El texto citado al respecto es el de Levítico 19:16-18, pero, en realidad, se trata de una prohibición contra las calumnias y no dice nada sobre arrestos.

Como se había convenido, Judas se acercó hasta Jesús, lo saludó y lo besó (Mat. 26:49; Mar. 14:45; Luc. 22:47). Jesús, según relata la fuente mateana, al mismo tiempo que le preguntaba si iba a entregarlo con un beso, lo llamó «amigo» (Mat. 26:50). Es muy posible que aquella palabra causara alguna impresión en Judas. En cualquier caso, Jesús, como el Siervo Mesías del que había escrito el profeta Isaías, no opuso resistencia. alguna (Isa. 53:7). Tampoco permitió que la presentaran Sus seguidores porque hubo quien decidió, una vez más, sumar la impulsividad y sacar al exterior lo que llevaba en el corazón que no era otra cosa que valerse de la violencia para defender a Jesús. De manera bien reveladora, es la fuente joanea la única que nos revela que fue Pedro el apóstol que echó mano de la espada:

> Entonces Simón Pedro, que tenía una espada, la desenvainó, e hirió al siervo del sumo sacerdote, y le cortó la oreja derecha. Y el siervo se llamaba Malco. Jesús entonces dijo a Pedro: Mete tu espada en la vaina; la copa que el Padre me ha dado, ¿no la he de beber? (Juan 18:10-12)

La fuente mateana —que no menciona a Pedro por nombre— nos ha transmitido unas palabras que Jesús le dirigió y que dejan de manifiesto qué clase de mesías era Jesús y cómo esperaba que se condujeran Sus discípulos:

> Pero uno de los que estaban con Jesús, extendiendo la mano, sacó su espada, e hiriendo a un siervo del sumo sacerdote, le quitó la oreja. Entonces Jesús le dijo: Vuelve tu espada a su lugar; porque todos los que tomen espada, a espada perecerán. ¿Acaso piensas que no puedo ahora orar a mi Padre, y que él no me daría más de doce legiones de ángeles? ¿Pero cómo entonces se cumplirían las Escrituras, de que es necesario que así se haga? (Mat. 26:51-54)

Pedro no había aprendido nada de las enseñanzas de Jesús acerca de la violencia. Una vez más, anteponía sus propias ideas a lo que Jesús había enseñado durante años. A juicio de Pedro, Jesús no podía ser rechazado, no podía ser arrestado, no podía ser objeto de maltrato y, para evitarlo, no dudó en desenvainar la espada y herir a un siervo de la casa del sumo sacerdote. Pedro no había entendido cómo era el Mesías de acuerdo con las profecías de la Biblia y, para remate, había recurrido a la espada pasando por alto que cualquiera que desenvaina la espada, merece perecer por la espada. El episodio había concluido. Como señalaban las Escrituras, el Mesías había sido arrestado y Sus discípulos se pusieron en fuga (Mat. 26:56).

En el patio de la casa del sumo sacerdote

Los Evangelios nos han proporcionado datos acerca de lo que serían las siguientes horas para Jesús que transcurrirían ante el Sanedrín. El término Sanedrín servía para designar en la época de Jesús al concilio aristocrático —una especie de senado— de Jerusalén. Derivaba de la palabra griega *synedrion* que podríamos traducir por «concilio» o «consejo». La primera noticia que tenemos de esta institución —o quizá de otra muy similar— se halla en una carta de Antíoco III (223-187 a. C.) en la que se la denomina *guerusía*, un término griego utilizado para nombrar al senado o al consejo de ancianos. La *guerusía* es mencionada varias veces en los libros de los macabeos y, posiblemente, siguió existiendo bajo los hasmoneos. Durante el reinado de Herodes el Grande, debió de estar sometido al control férreo del monarca, aunque algunos discuten incluso que pudiera continuar su existencia en esa época. En el siglo I d. C., los romanos —siguiendo un sistema con paralelos en otros lugares— se valieron del Sanedrín para controlar Judea, aunque, sin duda, le concedieron una notable autonomía.

No resulta fácil tener una idea exacta de cómo era esta institución. Josefo, por ejemplo, utiliza el término *synedrion* para referirse a diversas instituciones, tanto judías como romanas. Sus competencias eran civiles y religiosas[70], aunque en una sociedad como la judía de aquella época no debía resultar fácil distinguir la diferencia entre unas y otras en muchos casos. Sí sabemos que el Sanedrín carecía de competencia para aplicar la pena de muerte y que el denominado *ius gladii* —derecho de la espada o de ejecutar la pena capital— se hallaba en manos del gobernador romano.

---

[70] Esta circunstancia ha llevado a algunos autores a postular la existencia de dos sanedrines, uno político y otro religioso, pero semejante hipótesis no es segura.

En la literatura rabínica, se denomina *Bet Din* (casa del juicio) al Sanedrín. De acuerdo con estas fuentes, que no necesariamente reflejan el Sanedrín de la época de Jesús, existió un gran Sanedrín con setenta y un miembros que se reunía en el templo, tres tribunales con veintitrés miembros y otros tribunales formados por tres. Su composición tendía a primar a las clases dominantes, si bien era muy relevante la necesidad de erudición para pertenecer a él. Si esa clasificación —lo que no es seguro— existía en la época de Jesús es posible que la investigación relativa a sus acciones la llevara a cabo uno de los tribunales de tan solo veintitrés miembros.

Hemos abordado lo que fue el proceso de Jesús en otro lugar y, dado que Pedro no estuvo presente en él, remitimos al lector a esas páginas[71]. Ciertamente, Pedro no presenció el itinerario de Jesús, pero esa circunstancia no lo libró de la desazón ni de la amargura. Jesús fue llevado, primero, ante Anás que era quien realmente controlaba a la aristocracia del templo y además era suegro de Caifás el que había decidido que había que matar a Jesús (Juan 18:12-13). Pedro y Juan decidieron seguir a Jesús aprovechando que el segundo era conocido del sumo sacerdote (Juan 18:15). La fuente joanea nos ha descrito con detalle cómo esa circunstancia permitió que Pedro se acercara para saber lo que estaba sucediendo con el Maestro:

> Y seguían a Jesús Simón Pedro y otro discípulo. Y este discípulo era conocido del sumo sacerdote, y entró con Jesús al patio del sumo sacerdote; mas Pedro estaba fuera, a la puerta. Salió, pues, el discípulo que era conocido del sumo sacerdote, y habló a la portera, e hizo entrar a Pedro. Entonces la criada portera dijo a Pedro: ¿No eres tú también de los discípulos de este hombre? Dijo él: No lo soy. Y estaban en pie los siervos y los alguaciles que habían encendido un fuego; porque hacía frío, y se calentaban; y también con ellos estaba Pedro en pie, calentándose. (Juan 18:15-18)

En medio del frío, del pesar, del sufrimiento, quizá Pedro se percató de que una presencia tan poco intimidatoria como la de una portera ya lo había llevado a negar a su Señor. Muy posiblemente, rechazó el malestar pensado que, en cualquier caso, seguía

---

[71] Sobre el proceso de Jesús, véase *Más que un rabino*, págs. 256 y ss.

allí esperando a ver qué sucedía con Él. De nuevo, la fuente joanea nos ha transmitido lo sucedido:

> Estaba, pues, Pedro en pie, calentándose. Y le dijeron: ¿No eres tú de sus discípulos? Él negó, y dijo: No lo soy. Uno de los siervos del sumo sacerdote, pariente de aquel a quien Pedro había cortado la oreja, le dijo: ¿No te vi yo en el huerto con él? Negó Pedro otra vez; y en seguida cantó el gallo. (Juan 18:25-27)

Mateo —que tan a menudo nos proporciona datos sobre Pedro— relata que el habla propia de los galileos lo delató y él intentó apartar de sí la sospecha jurando (Mat. 27:72-73). Sin duda, el escuchar su manera de expresarse los llevó a la conclusión de que aquel sujeto desconocido debía ser uno de los seguidores del arrestado al que enjuiciaba el Sanedrín. Ante aquella identificación, Pedro comenzó a maldecir (Mat. 27:74). Sin duda, se sintió acorralado y su temor salió de su boca ya no solo en forma de juramento sino también de palabras malsonantes. Pedro gritaba que no conocía a Jesús —el mismo al que había dicho esa misma noche que lo acompañaría a la cárcel y a la muerte— cuando se escuchó el canto del gallo (Mat. 27:74). La fuente mateana nos transmite un detalle rezumante de significado. Nada más al oírse el canto del gallo, Pedro abandonó el patio de la casa, salió y rompió a llorar con amargura (Mat. 27:75).

Durante años, Pedro había imaginado cómo sería la conclusión del ministerio de Jesús. Había estado seguro de que asistiría a Su entrada gloriosa en Jerusalén para instaurar el reino y de que se encontraría entre los primeros siquiera porque formaba parte de los tres discípulos más cercanos a Jesús. Había dejado todo atrás; había seguido Sus pasos hasta en tierra de los gentiles, había confesado que era el Mesías e Hijo de Dios, había incluso afirmado que iría a prisión y hasta la muerte por Él. Todo eso y más lo había hecho, pero ahora, ante una portera y unos hombres que se calentaban al fuego, había negado a su Maestro e incluso lo había hecho profiriendo juramentos —falsos— y groserías. ¿Cómo no llorar y, sobre todo, cómo evitar que ese llanto estuviera empapado de amargura?

CAPÍTULO XV

EL PRIMER DÍA DE LA SEMANA

La tumba vacía

En aquellas horas dolorosas durante las que se desarrolló la condena de Jesús ante el Sanedrín y la entrega de Jesús al gobernador romano Pilato por parte de las autoridades judías, los discípulos del Maestro corrieron a esconderse. Solo el hecho de que las fuentes —centradas en el destino de Jesús— no se refieren a ellos los coloca fuera del foco de atención. Sin embargo, y a pesar de esa circunstancia, poco puede dudarse de que el dolor, el desconcierto y la amargura fueron la nota común entre ellos. Es verdad que el discípulo amado llegó hasta la cruz (Juan 19:26 ss.), pero su caso fue excepcional. También lo fue el de Judas, el traidor que, desesperado, salió a las afueras de la ciudad. Allí se dio muerte ahorcándose quizá simbolizando de esa manera que se consideraba un maldito. De hecho, la Torá mosaica confería esa condición a todo el que muriera colgando de un madero o de un árbol (Deut. 21:23). Durante un tiempo —quizá solo unos instantes— su cadáver se balanceó suspendido entre el cielo y la tierra. Luego el cinturón o la cuerda que se aferraba a su cuello se rompió dejando que cayera su cuerpo muerto contra el suelo. El impacto provocó que el difunto Judas reventara y sus entrañas se desparramaran. Este dato no aparece recogido en los Evangelios quizá en un intento de librar de dramatismo un relato centrado en la pasión y muerte de Jesús. Sin embargo, se nos ha hecho accesible a través del relato del autor de la fuente lucana (Hech. 1:18). Consumada su traición hacía horas, su destino último no pareció ahora preocupar a nadie. Sin embargo, Judas dejaba planteado un problema que las autoridades del templo debían solucionar. Se trataba del empleo que había que dar a las treinta monedas de plata que, en su remordimiento, había devuelto el traidor. La Torá impedía destinarlas a limosnas ya que era precio de sangre (Deut. 23:18). Se optó, por lo tanto, por comprar un campo para dar sepultura a los extranjeros (Mat. 27:7), el mismo en el que se había suicidado Judas (Hech. 1:18-19), el mismo al que la gente, conocedora de la historia, denominaría Acéldama, que significa Campo de sangre (Mat. 27:8; Hech. 1:19). El conocimiento de su ubicación no tendría lugar hasta finales del siglo xx[72] .

No cabe duda de que los discípulos supieron en aquellas horas y, al menos, en líneas generales, que Jesús había sido condenado, crucificado y sepultado y es más que posible que pensaran en algún momento que en aquel sepulcro también quedaban sepultadas sus esperanzas, sus ilusiones y sus sueños de más de tres años siguiendo a Jesús. Sumidos en la soledad y el miedo a ser objeto de represalias violentas, quizá también ellos se vieron sumidos en la misma situación que los dos discípulos de Emaús, aquellos que, horas después, afirmarían que habían esperado que Jesús redimiría a Israel, pero lo cierto es que había muerto por decisión de las autoridades espirituales de Israel (Luc. 24:21).

En aquella situación, en los corazones de los discípulos debieron entrecruzarse la incredulidad y la desesperanza, la amargura y el dolor, la perplejidad y la desilusión sumadas a una grave incomprensión de lo que Jesús había anunciado vez tras vez. Entonces de la manera más inesperada, todo cambió en la mañana del domingo.

Tal y como señalaba la profecía acerca del Siervo Mesías (Isa. 53:9), la muerte de Jesús había sido decretada para que tuviera lugar al lado de malhechores, pero su tumba fue, como también señalaba la profecía, la de un hombre rico, un tal José de Arimatea que había tenido amistad con Jesús y que había reclamado el cadáver (Mat. 27:57-60; Mar. 15:42-46; Luc. 23:50-54; Juan 19:31-42;). A decir verdad, el relato que aparece en los Evangelios se corresponde meticulosamente con lo que sabemos tanto del derecho romano como de las costumbres judías. Pilato entregó el cuerpo porque contaba con la potestad de hacerlo a petición de los allegados del ejecutado. En cuanto a José de Arimatea y las mujeres se comportaron

---

[72] Sobre su hallazgo, véase Leen y Kathleen Ritmeyer, «*Akeldama: Potter's Field or High Priest's Tomb?*», *Biblical Archaeology Review* 20 (1994), págs. 23-35, 76, 78.

de acuerdo con las costumbres de la época tal y como las conocemos por otras fuentes y hemos estudiado en otra obra[73].

Baste aquí señalar que la mayoría de las tumbas eran selladas con una piedra que la imaginación popular —y Hollywood— han imaginado redondas posiblemente porque así encajan más en la idea de que pudiera ser corrida. La realidad, sin embargo, es que lo común es que las piedras con que se sellaba un sepulcro fueran de forma rectangular. Con todo, es más que posible que la piedra que se corrió sobre la tumba de Jesús no fuera del tipo de puerta sellada que se encuentra en algunos sepulcros de gente de clase alta porque este trámite se realizó de manera apresurada para que no se viera interrumpido por el inicio de la celebración del sábado (Luc. 23:54; Juan 19:42). Al fin y a la postre, solo algunas de las mujeres que habían seguido a Jesús —entre ellas María Magdalena y María la de José— estaban presentes cuando se cerró el sepulcro (Mat. 27:61; Mar. 15:47). Su intención, bien reveladora, era regresar después del sábado para completar la tarea de atender debidamente el cadáver pensando, seguramente, que de él se había dispuesto de manera apresurada (Juan 19:55-56). De manera comprensible, se fijaron con atención en dónde estaba la tumba para poder regresar (Mar. 15:47). Es cierto que volverían al sepulcro, pero lo que sucedió entonces sobrepasó con mucho lo que habían esperado.

Mientras los discípulos, incluido Pedro, se escondían, solo aquellas mujeres que habían acudido a sepultar a Jesús la tarde del viernes antes de que diera inicio el sábat (Mat. 27:61-66; Mar. 15:47; Luc. 21:55-56) fueron ahora a terminar las honras fúnebres. Al concluir el día de descanso prescrito por la Torá, María Magdalena, María de Santiago y Salomé compraron algunas hierbas aromáticas con la intención de ir a ungir al difunto aquel mismo domingo (Mar. 16:1). Sin embargo, cuando, muy de mañana, llegaron al sepulcro, las mujeres descubrieron que la roca que lo cubría había sido corrida y que el interior se hallaba vacío (Mar. 16:2; Luc. 24:1; Juan 20:1). Asombradas por aquella eventualidad, entraron en la tumba para encontrarse con un varón que les ocasionó un profundo temor (Mat. 28:5-6; Mar. 16:6; Luc. 24:3-6) y que les anunció que no debían buscar entre los muertos a Jesús porque se había

---

[73] Sobre el tema, véase C. Vidal, *Más que un rabino*, págs. 290 y ss.

levantado tal y como había anunciado cuando aún se encontraban en Galilea (Mat. 28:7; Mar. 16:7; Luc. 24:6).

El anuncio no dejaba de ser revelador. Cierto, Jesús había muerto de acuerdo con Sus repetidos anuncios, pero también, como había predicho, se había levantado. No puede causar sorpresa que aquellas mujeres sintieran miedo —estupor sería una palabra más adecuada para describir la sensación que las embargaba— y que corrieran a contar a los discípulos lo que acababan de presenciar. La tumba estaba vacía, pero en su interior habían sido informadas de que Jesús no estaba entre los muertos, sino que se había levantado.

La reacción de los discípulos fue absolutamente lógica. No creyeron a las mujeres e incluso pensaron que lo que acababan de decirles era una locura (Luc. 24:10-11). Solo hubo una excepción; el Pedro que había negado a Jesús y que acudió a la tumba (Luc. 24:12). Fue acompañado por el discípulo amado que dejaría una descripción amplia de lo sucedido:

> El primer día de la semana, María Magdalena fue de mañana, siendo aún oscuro, al sepulcro; y vio quitada la piedra del sepulcro. Entonces corrió, y fue a Simón Pedro y al otro discípulo, aquel al que amaba Jesús, y les dijo: Se han llevado del sepulcro al Señor, y no sabemos dónde le han puesto. Y salieron Pedro y el otro discípulo, y fueron al sepulcro. Corrían los dos juntos; pero el otro discípulo corrió más aprisa que Pedro, y llegó primero al sepulcro. Y bajándose a mirar, vio los lienzos puestos allí, pero no entró. Luego llegó Simón Pedro tras él, y entró en el sepulcro, y vio los lienzos puestos allí, y el sudario, que había estado sobre la cabeza de Jesús, no puesto con los lienzos, sino enrollado en un lugar aparte. Entonces entró también el otro discípulo, que había venido primero al sepulcro; y vio, y creyó. Porque aún no habían entendido la Escritura, que era necesario que él resucitase de los muertos. Y volvieron los discípulos a los suyos. (Juan 20:1-10)

María Magdalena anunció a los discípulos que Jesús había resucitado, pero su testimonio no los convenció. No los convenció, pero ni Pedro ni Juan quisieron dejar pasar la posibilidad de acercarse al sepulcro. A decir verdad, en un momento determinado, echaron a correr para conseguir saber lo que había sucedido. Juan llegó antes, una circunstancia que se ha atribuido a su mayor juventud, pero que, ciertamente, no tiene base alguna en las fuentes. Vio los lienzos donde antes había estado el cadáver de Jesús, pero, como judío piadoso, no entró en el sepulcro sino que miró desde fuera. El contacto con un sepulcro le habría comunicado una impureza ritual que no estaba dispuesto a contraer. Pedro —como tantas otras veces— se dejó llevar por el impulso. Llegó más tarde, pero su deseo de saber lo que había sucedido pesó más que cualquier otro tipo de consideración. Sí, allí estaban los lienzos, sin el cuerpo que habían envuelto y con el sudario que envolvía el rostro colocado aparte. Fue entonces cuando Juan venció sus reservas iniciales y acabó penetrando en el sepulcro. Contemplar lo que se extendía ante sus ojos tuvo como efecto que creyera. Ni él ni Pedro habían esperado que Jesús venciera a la muerte y resucitara. Con seguridad, al escuchar Sus referencias a levantarse —el significado literal del verbo que traducimos como resucitar— le atribuyeron otro significado bien distinto al de regresar de entre los muertos. Pero lo que ahora se extendía ante ellos superaba cualquier falta de comprensión que hubieran podido sufrir hasta ese momento.

Sin embargo, el descubrimiento de la tumba vacía fue solo el principio de una serie prodigiosa de acontecimientos que se desarrollarían en las horas siguientes. Tras una aparición a María Magdalena en la que esta pudo hablar y tocar a Jesús (Mar. 16:9-11; Juan 20:11-18) siguieron otras que tuvieron como testigos a las otras mujeres (Mat. 28:8-10) y a dos discípulos que iban camino a Emaús. De esta última contamos con dos relatos. Uno —muy breve— aparece recogido en la fuente marcana (Mar. 16:12-13) y otro, más desarrollado, ha sido transmitido por la fuente lucana (Luc. 24:13-35). Contra lo que pueda pensarse, es más que posible que el relato más antiguo sea el de Lucas y que, en realidad, Marcos constituya un breve sumario comprensible por lo ya conocido del episodio.

Sin embargo, aquellas experiencias no iban a detenerse ahí. Los discípulos del camino a Emaús comprendieron que Jesús se había levantado de entre los muertos y regresaron a Jerusalén para compartir lo que les había sucedido. Fue entonces cuando descubrieron que también Simón había sido objeto de una de las apariciones del resucitado. No contamos con detalles de esa aparición a Pedro, pero sí con una breve referencia en Lucas:

Y levantándose en la misma hora, volvieron a Jerusalén, y hallaron a los once reunidos, y a los que estaban con ellos, que decían: Ha resucitado el Señor verdaderamente, y ha aparecido a Simón. (Luc. 24:33-34)

La reconstrucción de los hechos resulta relativamente sencilla. Pedro y Juan habían llegado a la tumba vacía. Juan había creído, pero es posible que en el interior de Pedro persistieran las dudas. Cuando Juan decidió regresar al lado de los otros apóstoles para comunicarles la buena noticia con mucha más autoridad de la que pudiera tener María Magdalena, Pedro no lo acompañó. Quizá en su corazón todavía no se había abierto paso la convicción plena de que Jesús había resucitado. No tenía, pues, sentido acompañar a Juan para realizar ese anuncio. Juan se separó de Pedro y marchó a reunirse con los otros apóstoles. Pedro quedó sumido en sus cavilaciones y entonces... entonces Jesús, el Maestro y Señor, se le apareció (Luc. 24:34). Aquel testimonio tendría un peso no desdeñable. De hecho, décadas después, otro testigo de la resurrección de Jesús, Pablo de Tarso, afirmaría que «os he enseñado lo que asimismo recibí: Que Cristo murió por nuestros pecados, conforme a las Escrituras; y que fue sepultado, y que resucitó al tercer día, conforme a las Escrituras; y que apareció a Cefas, y después a los doce» (1 Cor. 15:3-5).

En apenas unas horas de aquel día domingo, todas las piezas del colosal drama comenzaron a encajar. Uno de los Cantos del Siervo contenidos en el libro del profeta Isaías había hablado de que el Mesías sufriente, «cuando haya puesto su vida en expiación» (Isa. 53:10-11) volvería a vivir. Se trataba de una gozosa y esperanzada conclusión para un relato de sufrimiento y agonía cuyo protagonista era un judío fiel al que buena parte de su pueblo, descarriado en sus pecados, no comprendería e incluso habría considerado castigado por Dios cuando lo único que sucedía era que moría expiatoriamente por sus pecados. Acababa de quedar de manifiesto que aquellas profecías se habían cumplido[74].

En las primeras horas de la noche, los once atravesaron por una experiencia similar (Mar. 16:14; Luc. 24:36-43; Juan 20:19-25). Ya

---

[74] Sobre las interpretaciones judías de las profecías sobre el Siervo sufriente, véase C. Vidal, *Más que un rabino*, págs. 161 y ss.

no se trataba de mujeres que afirmaban que Jesús resucitado había aparecido. Tampoco era un discípulo que había creído al contemplar vacía la tumba. Ni siquiera era el testimonio de Pedro que también tuvo una aparición de Jesús cuyos detalles desconocemos. Ahora, aquellos discípulos aterrados tuvieron la oportunidad de contemplar aquello en lo que no creían: Jesús ya no estaba muerto. A decir verdad, se había levantado de entre los muertos.

CAPÍTULO XVI

LOS CUARENTA DÍAS

Los cuarenta días

Excede del objeto del presente estudio describir las siguientes apariciones de un Jesús que no solo había demostrado ser el Señor y el Maestro, sino también el vencedor de la muerte[75] . Baste señalar que reducir los datos nada escasos de las fuentes a simple superchería, enfermedad mental o redacción de mitos resulta totalmente inaceptable desde la perspectiva de la investigación histórica. Para el historiador imparcial y desprovisto de prejuicio, desde luego, resultan obvios e innegables algunos hechos. En primer lugar, es innegable que el proceso y posterior muerte de Jesús, facilitados ambos, según las fuentes, por la acción de uno de Sus discípulos, asestaron, sin duda alguna, un enorme golpe emocional y espiritual a Sus seguidores. Queda también establecido que, en el momento de Su prendimiento, prácticamente todos optaron por ocultarse y que incluso uno de ellos, Pedro, renegó de Él repetida y públicamente para ponerse a salvo en una comprometida situación[76]. Algunos días después de la ejecución, las fuentes hacen referencia a que los discípulos se escondían en casas de conocidos por miedo a que la reacción que había causado la muerte de su maestro se extendiera a ellos también (Juan 20:19 ss.). No esperaban que su maestro regresara de entre los muertos y, a buen seguro, estaban más que preocupados por no pasar a engrosar el número de los ejecutados por los poderes que operaban en Judea.

---

[75] Sobre el tema, véase C. Vidal, *Más que un rabino*, págs. 294 y ss.

[76] Sobre el tema, remitimos al lector a C. Vidal, *Jesús y Judas*, Barcelona, 2008, donde se analiza además el denominado Evangelio de Judas.

En segundo lugar, resulta no menos innegable que, en un espacio brevísimo de tiempo, se produjo un cambio radical en los seguidores de Jesús y la comunidad de fieles, con centro en Jerusalén, cobró unos bríos y una capacidad de expansión que, seguramente, no llegó a conocer ni siquiera en los días del ministerio de Jesús. El cambio fue, lisa y llanamente, espectacular y ocasionaría un vuelco histórico cuyas consecuencias se perciben hoy en día a casi dos mil años de distancia.

En tercer lugar —y, de nuevo, el hecho resulta innegable— la clave para entender la transformación total de los discípulos del ejecutado es referida en las fuentes neotestamentarias de manera unánime en relación con las apariciones de Jesús como resucitado de entre los muertos. La fuente —según algunos, la más antigua— contenida en 1 Corintios 15:1 ss.[77] hace referencia a apariciones, en ocasiones, colectivas (los apóstoles, más de quinientos hermanos) y, en ocasiones, individuales (Santiago, Pedro y, con posterioridad, Pablo). Todas las fuentes coinciden en que la posibilidad de la resurrección fue rechazada inicialmente por los discípulos (Mat. 28:16-7; Mar. 16:11; Luc. 24:13 ss.; Juan 20:24 ss.), y en que solo el peso de las sucesivas apariciones de Jesús resucitado como realidad repetida los arrastró a cambiar de parecer.

En cuarto lugar, hay que señalar que pocas dudas puede haber en cuanto a que el hecho determinante que evitó la disolución del grupo de seguidores de Jesús tras Su ejecución vergonzosa en la cruz fue la firme creencia en Su resurrección provocada no por la tumba vacía sino por las apariciones del resucitado.

Todos estos hechos resultan tan innegables desde una perspectiva histórica que las teorías para intentar explicarlos no han sido pocas, pero sí carentes de base[78]. A decir verdad, la única explicación que hace justicia a los hechos consignados en las fuentes consiste en reconocer que las apariciones de Jesús resucitado fueron hechos objetivos, tan numerosos y tan evidentes, que cambiaron de manera radical la percepción de los discípulos y sus vidas, así como las de antiguos incrédulos e incluso enemigos. Como bien señaló en su día G. E. Ladd, «la fe no creó apariciones; sino que las apariciones crearon la

---

[77] Una discusión sobre las tradiciones contenidas en esta fuente en C. Rowland, *Christian Origins*, Londres, 1989, págs. 189 ss.

[78] Sobre ellas, véase *Más que un rabino*, págs. 300 y ss.

fe», aunque «decir que estas apariciones milagrosas forzaban la fe es ir demasiado lejos»[79]. En el mismo sentido, F. F. Bruce[80] afirmaría que «esta fe en la resurrección de los discípulos es un hecho histórico de importancia primordial, pero identificarlo con el suceso de la resurrección es confundir la causa con el efecto. De no ser por el suceso de la resurrección no habría existido fe en la resurrección. Pero la fe en la resurrección juntó de nuevo a los dispersados seguidores de Jesús, y a las pocas semanas de su muerte aparecen como una comunidad coherente, vigorosa y autopropagadora en Jerusalén».

Solo la aceptación de que se produjeron una serie de hechos, de carácter histórico[81] y que los discípulos los creyeron como prueba innegable de la resurrección de Jesús permite comprender la evolución del golpeado movimiento, la captación por el mismo de antiguos incrédulos y enemigos, y su potencial expansivo posterior[82]. Al respecto, no deja de ser significativo que haya sido un erudito judío, David Flusser, el que haya afirmado:

No tenemos ningún motivo para dudar de que el Crucificado se apareciera a Pedro, «luego a los Doce, después a más de quinientos hermanos a la vez… luego a Santiago; más tarde a todos los Apóstoles» y, finalmente, a Pablo en el camino de Damasco (1 Cor. 15:3-8)[83]

La experiencia de Pedro, al respecto, constituía un testimonio de primer orden de que Jesús había resucitado de entre los

---

[79] G. E. Ladd, *The Resurrection of Jesus*, (Grand Rapids, 1975), pág. 181.

[80] *Oc*, 1980, págs. 205-6.

[81] Para una lista de autores afirmando cierta forma de historicidad en los relatos de la resurrección, ver: W. Craig, *New Testament Studies*, 31, 1985, 67, págs. 88 ss. Un punto de vista muy similar al expuesto por nosotros con discusión actualizada en G. R. Oborne, «*Resurrection*» en DJG, 1992, págs. 673-688.

[82] Puede discutirse si entre los hechos se cuenta la tradición de una tumba vacía que, en sí, no prueba la resurrección pero que, ligada a otras circunstancias, apoya la creencia en la misma. Desde nuestro punto de vista, el episodio de la tumba vacía —como en su día supo verlo K. Lake— reviste notas que indican su carácter primitivo, así como su historicidad. Un estudio riguroso y reciente de las fuentes llegando a estas mismas conclusiones en C. Rowland, *Christian Origins*, (Londres, 1989), págs. 187 ss.

[83] D. Flusser, *Jesús*, (Madrid, 1975), pág. 138.

muertos. Primero, fue la visita desconcertante a la tumba vacía; luego, la aparición en solitario; a continuación, dos apariciones que contempló con los demás apóstoles —una sin Tomás y otra con él (Juan 20:19-20)— y, finalmente, un episodio que debió resultar especialmente conmovedor para el pescador y al que nos referiremos en el siguiente apartado.

Junto al Mar de Galilea

El cuarto Evangelio contiene el relato de una aparición de Jesús que no aparece consignada en otras fuentes, pero que el autor consideró de tal relevancia como para concluir con él su libro. El pasaje dice así:

> Después de esto, Jesús se manifestó otra vez a sus discípulos junto al mar de Tiberias; y se manifestó de esta manera: Estaban juntos Simón Pedro, Tomás llamado el Dídimo, Natanael el de Caná de Galilea, los hijos de Zebedeo, y otros dos de sus discípulos. Simón Pedro les dijo: Voy a pescar. Ellos le dijeron: Vamos nosotros también contigo. Fueron, y entraron en una barca; y aquella noche no pescaron nada.
>
> Cuando ya iba amaneciendo, se presentó Jesús en la playa; mas los discípulos no sabían que era Jesús. Y les dijo: Hijitos, ¿tenéis algo de comer? Le respondieron: No. Él les dijo: Echad la red a la derecha de la barca, y hallaréis. Entonces la echaron, y ya no la podían sacar, por la gran cantidad de peces. Entonces aquel discípulo a quien Jesús amaba dijo a Pedro: ¡Es el Señor! Simón Pedro, cuando oyó que era el Señor, se ciñó la ropa (porque se había despojado de ella), y se echó al mar. Y los otros discípulos vinieron con la barca, arrastrando la red de peces, pues no distaban de tierra sino como doscientos codos.
>
> Al descender a tierra, vieron brasas puestas, y un pez encima de ellas, y pan. Jesús les dijo: Traed de los peces que acabáis de pescar. Subió Simón Pedro, y sacó la red a tierra, llena de grandes peces, ciento cincuenta y tres; y aun siendo tantos, la red no se rompió. Les dijo Jesús: Venid, comed. Y ninguno de los discípulos se atrevía a preguntarle: ¿Tú, quién eres? sabiendo que era el Señor. Vino,

pues, Jesús, y tomó el pan y les dio, y asimismo del pescado. Esta era ya la tercera vez que Jesús se manifestaba a sus discípulos, después de haber resucitado de los muertos. (Juan 21:1-14)

La aparición de Jesús al lado del Mar de Galilea constituye uno de los episodios más conmovedores con que contamos sobre ese período de tiempo posterior a la crucifixión al que se suele denominar convencionalmente como los «cuarenta días». Ignoramos a decir verdad la razón por la que aquellos discípulos volvieron a Galilea —¿quizá siguiendo las instrucciones de Mateo 28:10?— pero lo cierto es que, en la cercanía del mar, reiniciaron las tareas que habían llevado a cabo durante décadas. Una vez más, se acercaron a la orilla del mar. Eran siete. Simón Pedro, Tomás llamado el Dídimo, Natanael el de Caná de Galilea, Santiago y Juan, los llamados hijos de Zebedeo y otros dos —¿Andrés entre ellos?— que podían ser considerados como los primeros de Sus discípulos y, quizá, los más cercanos. En un momento dado, Simón volvió a hacer lo que hacía cuando Jesús, años atrás, lo había llamado. Subió a la barca y bogó mar adentro en busca de peces. Sin embargo, aquella noche —como otra acontecida tiempo atrás— no pescaron nada. Rayaba el alba cuando un personaje apareció en la orilla y les preguntó si tenían qué comer. La respuesta fue negativa porque la noche había sido infructuosa. Entonces el recién llegado les dijo que encontrarían pesca si arrojaban la red por el lado derecho de la embarcación y, efectivamente, así fue. Aquel resultado provocó una inmediata asociación en Juan. Quien estaba delante de ellos no era un cualquiera. Era el Señor y así se lo dijo a Pedro. Fue escuchar aquellas palabras y Pedro, desnudo porque había estado faenando, se cubrió y se lanzó al mar para ganar la orilla. Una vez más, el impulso vencía a la reflexión. Los demás discípulos podían seguir bogando para alcanzar la playa, pero él no estaba dispuesto a esperar. Al alcanzar la orilla, contemplaron que aquel hombre había encendido unas brasas y pan y escucharon cómo los invitaba a traer parte de la captura para comer. Fue entonces cuando comprobaron que, también como antaño, la red estaba repleta de peces y nadie se atrevió a decir ni preguntar nada porque estaban seguros de que era Jesús que se había levantado de entre los muertos. Con aquella era la tercera vez en que se aparecía al grupo de los discípulos. Sin embargo, aquella ocasión iba a tener un significado especial para

Pedro, el hombre que no había podido esperar a llegar a tierra para encontrarse con el Señor y que, por el contrario, se había lanzado al agua. De nuevo, es el cuarto Evangelio el que nos refiere el episodio:

> Cuando hubieron comido, Jesús dijo a Simón Pedro: Simón, hijo de Jonás, ¿me amas más que estos? Le respondió: Sí, Señor; tú sabes que te amo. Él le dijo: Apacienta mis corderos. Volvió a decirle la segunda vez: Simón, hijo de Jonás, ¿me amas? Pedro le respondió: Sí, Señor; tú sabes que te amo. Le dijo: Pastorea mis ovejas. Le dijo la tercera vez: Simón, hijo de Jonás, ¿me amas? Pedro se entristeció de que le dijese la tercera vez: ¿Me amas? y le respondió: Señor, tú lo sabes todo; tú sabes que te amo. Jesús le dijo: Apacienta mis ovejas. De cierto, de cierto te digo: Cuando eras más joven, te ceñías, e ibas a donde querías; mas cuando ya seas viejo, extenderás tus manos, y te ceñirá otro, y te llevará a donde no quieras. Esto dijo, dando a entender con qué muerte había de glorificar a Dios. Y dicho esto, añadió: Sígueme. (Juan 21:15-19)

Allí, junto al Mar de Galilea, el mar que había sido testigo de otra pesca prodigiosa y de cómo, tras ella, Pedro había caído de rodillas abrumado por su conciencia de pecado, Jesús volvió a dirigirse a él. Por tres veces —tantas como las que lo había negado— preguntó a Pedro si lo amaba. Todo parece indicar que Pedro no captó que cada pregunta era un acto de restauración y se entristeció. Pero Jesús confiaba en él. No solo volvió a encomendarle un ministerio pastoral, sino que además lo hizo objeto de una revelación de considerable trascendencia. En otro tiempo, cuando había sido un joven, Simón se había puesto el cinto para sujetarse la ropa. Era él quien se había ceñido. Pero un día llegaría la vejez. Cuando sucediera tal circunstancia, Pedro se vería obligado a extender las manos para que otro lo atara y se lo llevara a un lugar donde no le agradaría ir. En otras palabras, Pedro no fallecería de muerte natural, sino que sería arrestado, atado y ejecutado. Sin embargo, ese hecho no debía causarle la menor tristeza. Con su muerte glorificaría a Dios. Hasta que eso sucediera, solo tenía que continuar siguiendo a Jesús.

No han sido pocos los que han querido ver en estas palabras una referencia a la muerte de Pedro en la cruz. La realidad es que ese dato, como tendremos ocasión de ver, es muy tardío, y carece de verdadera base histórica. El anuncio de Jesús fue mucho más sencillo y, a la vez, fácil de identificar. En la vejez, Pedro sería arrestado y arrastrado a una muerte que constituiría su último acto de glorificación de Dios. Hasta entonces, lo único que tenía que hacer era apacentar a las ovejas del Mesías y seguirlo.

El episodio concluye con una referencia bien notable a Juan que, como tendremos ocasión de ver, estaría durante años muy unido a Pedro. Durante la conversación que transcurrió después de la comida, Jesús y Pedro habían estado caminando, pero, ahora, el pescador se volvió y se percató de que Juan los había estado siguiendo:

> Volviéndose Pedro, vio que les seguía el discípulo a quien amaba Jesús, el mismo que en la cena se había recostado al lado de él, y le había dicho: Señor, ¿quién es el que te ha de entregar? Cuando Pedro le vio, dijo a Jesús: Señor, ¿y qué de este? Jesús le dijo: Si quiero que él quede hasta que yo venga, ¿qué a ti? Sígueme tú. Este dicho se extendió entonces entre los hermanos, que aquel discípulo no moriría. Pero Jesús no le dijo que no moriría, sino: Si quiero que él quede hasta que yo venga, ¿qué a ti?

> Este es el discípulo que da testimonio de estas cosas, y escribió estas cosas; y sabemos que su testimonio es verdadero.

> Y hay también otras muchas cosas que hizo Jesús, las cuales si se escribieran una por una, pienso que ni aun en el mundo cabrían los libros que se habrían de escribir. Amén. (Juan 21:20-25)

La conclusión del cuarto Evangelio conmueve por la calidez que emana de un relato derivado de un testigo ocular. Siguiendo a Jesús que conversaba con Pedro, iba aquel discípulo que había acompañado a Pedro a la casa del sumo sacerdote, a la tumba y ahora al Mar de Galilea. Impulsivo, como siempre, Pedro, que acababa de escuchar en qué concluiría su existencia, no pudo evitar preguntar a Jesús qué sucedería con Juan. La respuesta de Jesús, como en tantas ocasiones, constituyó un mandato a desentenderse de lo que pudiera ser de otros y a centrarse en su propio destino. Pedro debía seguirlo y lo que pasara con aquel otro discípulo —aunque implicara que se quedara en este mundo hasta el regreso de Jesús— no debería importarle. Que luego aquellas palabras fueran malinterpretadas era otra cuestión que aquel discípulo se encargaba de desmentir años después. Ahora, para todos los apóstoles comenzaba una nueva vida y esa realidad resultaría innegable en el caso de Pedro, el antiguo pescador.

Las últimas apariciones

En el resto de los denominados cuarenta días, Jesús volvería a aparecerse en varias ocasiones en las que Pedro estuvo presente. Posiblemente, fue el caso de la aparición a los más de quinientos (1 Cor. 15:6) que, seguramente, hay que identificar con la de Mateo 28:16-20 en la que algunos dudaron. Fue, sin duda, el caso de la última aparición de Jesús, previa a Su ascenso a los cielos y ubicada en Jerusalén (Luc. 24:44-49). El libro de los Hechos contiene un dato especialmente valioso en relación con esa última vez en que Jesús se reunió con Sus discípulos. Tras indicar «apareciéndoseles durante cuarenta días y hablándoles acerca del reino de Dios» (Hech. 1:3), señala:

> Y estando juntos, les mandó que no se fueran de Jerusalén, sino que esperasen la promesa del Padre, la cual, les dijo, oísteis de mí. Porque Juan ciertamente bautizó con agua, mas vosotros seréis bautizados con el Espíritu Santo dentro de no muchos días.
>
> Entonces los que se habían reunido le preguntaron, diciendo: Señor, ¿restaurarás el reino a Israel en este tiempo? Y les dijo: No os toca a vosotros saber los tiempos o las sazones, que el Padre puso en su sola potestad; pero recibiréis poder, cuando haya venido sobre vosotros el Espíritu Santo, y me seréis testigos en Jerusalén, en toda Judea, en Samaria, y hasta lo último de la tierra. Y habiendo dicho estas cosas, viéndolo ellos, fue alzado, y le recibió una nube que le ocultó de sus ojos. (Hech. 1:4-9)

La despedida de Jesús constituye, sin ningún género de dudas, uno de los pasajes más despreciados a lo largo de la historia del cristianismo. Durante años, Jesús había eludido de manera frontal el asumir el papel de un mesías nacionalista, sionista, centrado en el dominio de Israel sobre el resto del mundo. También había rechazado de manera directa y expresa la violencia como una manera de actuar. Incluso Su visión de la realeza mesiánica había estado unida a una conducta de servicio y sufrimiento como aparecía, por ejemplo, en Isaías 53. Sin embargo, todavía unos momentos antes de Su despedida hubo de escuchar cómo Sus discípulos le preguntaban si la restauración de Israel tendría ahora lugar. La respuesta de Jesús no pudo ser más directa. La misión de Sus discípulos no es conocer unos tiempos que están solo en la competencia del Padre. Sí, por supuesto, a lo largo de los siglos, ha habido multitud de personas que han anunciado fechas y circunstancias que apuntan al futuro de la humanidad. Sin embargo, no cabe engañarse: siempre han fracasado en sus anuncios y es lógico que así sea porque los discípulos del Mesías no conocen esos datos y, de hecho, si alguien los expone solo puede ser un ignorante o un embustero. La misión de los seguidores de Jesús jamás debe ser anunciar la inminencia de Su venida, la cercanía de la restauración de Israel, la proximidad de la Parusía. No puede serlo por la sencilla razón de que, a decir verdad, los discípulos desconocen esas épocas, pero, sobre todo porque esa conducta implicaría desobedecer el claro mandato de Jesús y, a la vez, abandonar la misión real que no es otra que la de ser Sus testigos. Esa visión distorsionada había formado parte de la conducta de los apóstoles durante años. Ya no podía seguir siendo así. Bastaba de ese comportamiento erróneo y, en el fondo, dañino y estúpido. El Espíritu Santo vendría pronto y, a partir de ahí, su misión sería ser testigos de Jesús hasta los últimos confines de la tierra. Comenzaba la misión hacia todo el mundo. Al pescador Pedro lo esperaban otros mares.

TERCERA PARTE:
LAS LLAVES DEL REINO
DE LOS CIELOS

CAPÍTULO XVII

EL PODER DEL ESPÍRITU

La primera llave abre en Pentecostés

Tras cooptar a un nuevo miembro para el grupo de los Doce (Hech. 1:12-26), los discípulos de Jesús atravesaron una experiencia espiritual que sería enormemente fecunda en consecuencias. El escenario temporal de la misma fue la fiesta judía de Shavuot o semanas, también denominada Pentecostés, porque tenía lugar el día quincuagésimo del período pascual. Originalmente conectada con el ofrecimiento de las primicias y la alegría de la cosecha, la fiesta de Pentecostés estaba también conectada con el judaísmo posterior al exilio —el judaísmo del segundo templo—, con la entrega de la Torá y la confirmación del pacto en el Sinaí. Puede ser incluso que la ceremonia de renovación del pacto que tenía lugar entre los esenios de Qumrán se celebrara en Pentecostés[84]. De hecho, Jub VI, 17 ya identifica Pentecostés con el aniversario de la entrega de la Torá, e incluso con el del pacto con Noé. Este contexto ha de ser tenido en cuenta para poder comprender el tipo de experiencia espiritual que tuvo lugar en la fiesta de Pentecostés del año 30 d. C. Ciertamente, no se puede dudar de su historicidad sustancial,[85] como ha señalado buen número de autores[86]. Partiendo de los datos suministra-

---

[84] A. R. C. Leaney, *The Rule of Qumran and its Meaning*, Londres, 1966, págs. 95 ss.

[85] En ese sentido, véase J. Munck, Oc, 1967, págs. 14-15; E. M. Blaiclock, Oc, 1979, págs. 49 ss; F. F. Bruce, *Acts*, 1990, págs. 49 ss; I. H. Marshall, Oc, 1991, págs. 67 ss.

[86] En este sentido, ver también: C. S. Mann, *Pentecost in Acts* en *Ibid.*, págs. 271-5.

dos por la fuente lucana, parece que tuvo lugar durante una reunión de oración, que algunos han identificado con una renovación del pacto establecido por Jesús en Su última cena, pero que los discípulos contemplaron como el cumplimiento de la promesa del Espíritu Santo formulada por Jesús y que vino acompañado de un verdadero estallido de entusiasmo espiritual y un fenómeno de glosolalia, y seguido de una predicación pública del mensaje de Jesús. Pedro tuvo un papel absolutamente relevante en ese día de Pentecostés. Mientras sus hermanos clamaban bajo la acción del Espíritu y la gente extraña al grupo se dividía entre los que estaban pasmados y los que los acusaban de estar ebrios (Hech. 2:12-13), Pedro utilizó la primera de las llaves del reino de los cielos, llamando a los judíos a entrar en él:

> Entonces Pedro, poniéndose en pie con los once, alzó la voz y les habló diciendo: Varones judíos y todos los que habitáis en Jerusalén, que esto os sea notorio, y oíd mis palabras. Porque estos no están ebrios, como vosotros suponéis, puesto que es la hora tercera del día. Mas esto es lo dicho por el profeta Joel:
>
> > Y en los postreros días, dice Dios,
> > Derramaré de mi Espíritu sobre toda carne,
> > Y vuestros hijos y vuestras hijas profetizarán;
> > Vuestros jóvenes verán visiones,
> > Y vuestros ancianos soñarán sueños;
> > Y de cierto sobre mis siervos y sobre mis siervas en aquellos días
> > Derramaré de mi Espíritu, y profetizarán.
> > Y daré prodigios arriba en el cielo,
> > Y señales abajo en la tierra,
> > Sangre y fuego y vapor de humo;
> > El sol se convertirá en tinieblas,
> > Y la luna en sangre,
> > Antes que venga el día del Señor,
> > Grande y manifiesto;
> > Y todo aquel que invocare el nombre del Señor, será salvo.
>
> Varones israelitas, oíd estas palabras: Jesús nazareno, varón aprobado por Dios entre vosotros con las maravillas, prodigios y señales que Dios hizo entre vosotros por medio de él, como vosotros mismos sabéis; a este, entregado por el determinado consejo

y anticipado conocimiento de Dios, prendisteis y matasteis por manos de inicuos, crucificándole; al cual Dios levantó, sueltos los dolores de la muerte, por cuanto era imposible que fuese retenido por ella. Porque David dice de él:

Veía al Señor siempre delante de mí;
Porque está a mi diestra, no seré conmovido.
Por lo cual mi corazón se alegró, y se gozó mi lengua,
Y aun mi carne descansará en esperanza;
Porque no dejarás mi alma en el Hades,
Ni permitirás que tu Santo vea corrupción.
Me hiciste conocer los caminos de la vida;
Me llenarás de gozo con tu presencia.

Varones hermanos, se os puede decir libremente del patriarca David, que murió y fue sepultado, y su sepulcro está con nosotros hasta el día de hoy. Pero siendo profeta, y sabiendo que con juramento Dios le había jurado que de su descendencia, en cuanto a la carne, levantaría al Cristo para que se sentase en su trono, viéndolo antes, habló de la resurrección de Cristo, que su alma no fue dejada en el Hades, ni su carne vio corrupción. A este Jesús resucitó Dios, de lo cual todos nosotros somos testigos. Así que, exaltado por la diestra de Dios, y habiendo recibido del Padre la promesa del Espíritu Santo, ha derramado esto que vosotros veis y oís. Porque David no subió a los cielos; pero él mismo dice:

Dijo el Señor a mi Señor:
Siéntate a mi diestra,
Hasta que ponga a tus enemigos por estrado de tus pies.
Sepa, pues, ciertísimamente toda la casa de Israel, que a este Jesús a quien vosotros crucificasteis, Dios le ha hecho Señor y Cristo.

Al oír esto, se compungieron de corazón, y dijeron a Pedro y a los otros apóstoles: Varones hermanos, ¿qué haremos? Pedro les dijo: Arrepentíos, y bautícese cada uno de vosotros en el nombre de Jesucristo para perdón de los pecados; y recibiréis el don del Espíritu Santo. Porque para vosotros es la promesa, y para vuestros hijos, y para todos los que están lejos; para cuantos el Señor nuestro Dios llamare. Y con otras muchas palabras testificaba y les exhortaba, diciendo: Sed salvos de esta perversa generación. (Hech. 2:14-40)

El mensaje de Pedro en Pentecostés —una vez más, expresando lo que sentían los Doce (Hech. 2:14)— resultó una predicación netamente judía que abría a los judíos la entrada al reino. De hecho, a ellos precisamente estaba dirigido (2:14). Precisamente por esa circunstancia, Pedro los dirigió hacia un texto de Joel como una profecía cumplida en esos momentos. Aquella gente vivía ya en «los postreros días» (2:17) y, precisamente por ello, Dios había derramado el Espíritu Santo (2:17-18). Eran los días que se describían con un lenguaje cargado de símbolos que, por supuesto, no tenían un significado literal (2:19-20). Era ahora cuando todo el que invocara el nombre del Señor podía ser salvo (2:21).

Tras citar la profecía de Joel y señalar que ya estaban en los últimos días, Pedro volvió a dirigirse a los judíos para centrar la predicación en Jesús. Ese Jesús había realizado prodigios (Hech. 2:22), pero ellos lo habían entregado a la muerte en la cruz (2:23). De nada les había servido porque, primero, todo estaba dentro de los propósitos de Dios (2:23) y, segundo, porque la muerte no podía retener al Mesías, y Dios lo había levantado de entre los muertos (2:23-24). Ninguna otra cosa había puesto de manifiesto David en el Salmo 16 (Hech. 2:25-31). Sí, Jesús había resucitado y Pedro y los demás eran testigos de ello (2:32). Sí, Jesús había ascendido a la diestra del Padre y había derramado el Espíritu Santo (2:33-34). Sí, Jesús había sido reivindicado por Dios como Señor y Mesías (2:36).

La predicación de Pedro provocó una honda consternación en los judíos que lo escuchaban. Era cierto que podían haber pensado que estaba bien lo que hacían al pedir Su muerte, ya que —como indicaría el Talmud siglos después—, al matar a Jesús estaban acabando con un extraviador de Israel. Pero la realidad había demostrado ser muy diferente. Jesús —cuya crucifixión habían aplaudido, quizá incluso impulsado unas semanas antes— había sido presentado por Dios como Señor y Mesías al resucitarlo de entre los muertos. Creyendo servir a Dios, habían perpetrado un crimen horrible que no podía escapar del castigo divino. ¿Qué podían hacer?

La respuesta de Pedro difícilmente podría ser más directa. La única salida era convertirse y simbolizar esa conversión para perdón de los pecados mediante el bautismo en el nombre del crucificado. Así, también recibirían el Espíritu Santo (Hech. 2:38). A fin de cuentas, como judíos, eran los receptores de las promesas de Dios al igual que sus hijos (2:39).

Pedro acababa de abrir a los judíos —nótese los claros receptores de su predicación expresamente señalados por él— las puertas del reino. El contenido de su mensaje, por otro lado, no podía resultar más claro. Los últimos tiempos no serían una etapa situada dos mil años —o más— en el futuro, sino que ya eran aquí y ahora, porque el Mesías y Señor había resucitado y Dios había enviado el Espíritu Santo conforme a la profecía. Por supuesto, las referencias cósmicas eran solo un simbolismo —no un oráculo literal— de lo que estaba sucediendo en esos momentos en que se abría a los judíos la posibilidad de recibir el cumplimiento de las promesas. Dicho sea de paso, esta interpretación de Pedro deja de manifiesto hasta qué punto son ridículas —y falsas— las interpretaciones que pretenden conectar los últimos tiempos con catástrofes cosmológicas.

El impacto de aquella predicación, de aquel uso de las llaves para abrir el reino a los judíos, fue más que notable. Unas tres mil personas aquel día aceptaron lo que había predicado, se bautizaron y se integraron en el grupo de los discípulos (Hech. 2:41-47).

La vida de los primeros discípulos

A lo largo de la historia, no han faltado los momentos de entusiasmo espiritual, tanto dentro como fuera del cristianismo. Las actuaciones exaltadas, los gritos, las danzas, los hechos aparentemente milagrosos y la glosolalia constituyen algunas de las manifestaciones más habituales en este tipo de episodios. Sin duda, la vida de los primeros cristianos tras la experiencia de Pentecostés puede ser definida como de entusiasmo espiritual, pero, precisamente por ello, no deja de resultar llamativa —y diferente— la manera en que la describe Lucas:

Y sobrevino temor a toda persona; y muchas maravillas y señales eran hechas por los apóstoles. Todos los que habían creído estaban juntos, y tenían en común todas las cosas; y vendían sus propiedades y sus bienes, y lo repartían a todos según la necesidad de cada uno. Y perseverando unánimes cada día en el templo, y partiendo el pan en las casas, comían juntos con alegría y sencillez de corazón, alabando a Dios, y teniendo favor con todo el pueblo.

Y el Señor añadía cada día a la iglesia los que habían de ser salvos. (Hech. 2:43-47)

El pasaje —breve, pero de notable profundidad— describe una más que reveladora realidad espiritual. Es cierto que los apóstoles realizaban maravillas y señales, pero esa circunstancia parece limitada a ellos. Por el contrario, el conjunto de los seguidores de Jesús se caracterizaba por otras notas. En primer lugar, se trataba de gente que estaba junta. Esto no se debía a una regla monástica o a una disciplina eclesial, sino a un deseo nacido de su interior de compartir la vida con los otros hermanos. Ese deseo de comunión que abarcaba a todos no excluía las posesiones materiales. Todo lo contrario. Lejos de la imagen de clérigos que presionan a sus congregaciones para que entreguen diezmos u ofrendas, la realidad es que aquellos discípulos, de la manera más natural y espontánea, consideraban todo común e incluso llegaban al extremo de vender las posesiones que tenían para que el producto aprovechara a todos, repartiéndolo de acuerdo a la necesidad de cada uno. Simplemente, la dimensión espiritual estaba situada y era vivida muy por encima de la material, y los bienes eran vistos como un medio para cubrir las necesidades de los otros hermanos. En paralelo, a diario, acudían al templo a orar y también partían el pan —posiblemente, una referencia a la Cena del Señor— y compartían la comida con alegría y sencillez de corazón y alabando a Dios.

Ciertamente, no puede sorprender que aquella gente llamara la atención de sus coetáneos. Su manera de vivir era más que diferente. No intentaban «cristianizar» la codicia, la soberbia, los deseos de la carne. Por el contrario, la vivencia del Espíritu era tan intensa que dejaba todo lo demás —incluida la propiedad— en una posición menos que secundaria. Lo que se poseía no se presentaba ya como una señal del favor de Dios, sino que era utilizado para socorrer a otros como si fuera de ellos. Esa nueva forma de vivir iba a quedar de manifiesto en el siguiente episodio protagonizado por Pedro.

Tal como describe Lucas, Pedro y Juan —tan unidos desde la noche en que fue prendido Jesús— subían un día al templo a la hora novena para orar (Hech. 3:1). Precisamente cuando se hallaban cerca de la puerta Hermosa, se toparon con un ciego de nacimiento que pedía limosna y que, con tal finalidad, se dirigió a Pedro y a Juan (3:2-3). Incluso cuando los dos apóstoles le dijeron que los mirara, no pensaron que pudieran hacer algo distinto a entregarle dinero (3:4-5). Sin embargo, la respuesta de Pedro no pudo ser más diferente de lo que ansiaba el ciego. Con resolución, le dijo: «No tengo plata ni oro pero lo que tengo te doy; en el nombre de Jesucristo de Nazaret, levántate y anda» (3:6). En contra de lo que puedan pensar algunos, Pedro no se excusaba por no llevar dinero encima en esos momentos. No. Por el contrario, lo que estaba diciendo —tal y como se desprende del texto griego— es que no tenía oro ni plata. NUNCA. La forma en que vivían aquellos primeros discípulos lo descartaba. Con todo, contaba con algo mucho más importante que una billetera repleta o una cuenta bancaria importante. Podía operar en el nombre de Jesús la sanidad a alguien que desde el mismo momento de su nacimiento había estado impedido.

No puede sorprender que aquella curación provocara «asombro y espanto» en el pueblo que veía al anteriormente inválido (3:10). Menos puede llamar la atención que Pedro aprovechara la atención para proclamar su mensaje en el pórtico de Salomón. Una vez más, es la fuente lucana la que nos lo ha transmitido:

> Viendo esto Pedro, respondió al pueblo: Varones israelitas, ¿por qué os maravilláis de esto?, ¿o por qué ponéis los ojos en nosotros, como si por nuestro poder o piedad hubiésemos hecho andar a este? El Dios de Abraham, de Isaac y de Jacob, el Dios de nuestros padres, ha glorificado a su Hijo Jesús, a quien vosotros entregasteis y negasteis delante de Pilato, cuando este había resuelto ponerle en libertad. Mas vosotros negasteis al Santo y al Justo, y pedisteis que se os diese un homicida, y matasteis al Autor de la vida, a quien Dios ha resucitado de los muertos, de lo cual nosotros somos testigos. Y por la fe en su nombre, a este, que vosotros veis y conocéis, le ha confirmado su nombre; y la fe que es por él ha dado a este esta completa sanidad en presencia de todos vosotros.

> Mas ahora, hermanos, sé que por ignorancia lo habéis hecho, como también vuestros gobernantes. Pero Dios ha cumplido así lo que había antes anunciado por boca de todos sus profetas, que su Cristo había de padecer. Así que, arrepentíos y convertíos, para que sean borrados vuestros pecados; para que vengan de la presencia del Señor tiempos de refrigerio, y él envíe a Jesucristo, que os fue antes anunciado; a quien de cierto es necesario que el cielo reciba hasta los tiempos de la restauración de todas las cosas, de que habló Dios

por boca de sus santos profetas que han sido desde tiempo antiguo. Porque Moisés dijo a los padres: El Señor vuestro Dios os levantará profeta de entre vuestros hermanos, como a mí; a él oiréis en todas las cosas que os hable; y toda alma que no oiga a aquel profeta, será desarraigada del pueblo. Y todos los profetas desde Samuel en adelante, cuantos han hablado, también han anunciado estos días. Vosotros sois los hijos de los profetas, y del pacto que Dios hizo con nuestros padres, diciendo a Abraham: En tu simiente serán benditas todas las familias de la tierra. A vosotros primeramente, Dios, habiendo levantado a su Hijo, lo envió para que os bendijese, a fin de que cada uno se convierta de su maldad. (Hech. 3:12-26)

La predicación de Pedro —así como había sucedido en Pentecostés— estuvo dirigida a los judíos y, como también había acontecido entonces, no puso el énfasis en el aspecto más llamativo y espectacular de lo acontecido sino en Jesús, el Mesías rechazado por Israel. Sí, aquel hombre caminaba ahora, pero no se debía a mérito o cualidad alguna de Pedro o de Juan sino al nombre de Jesús (Hech. 3:11-12). A ese Jesús habían rechazado al entregarlo a Pilato, presionándolo para que condenara a Jesús a pesar de que estaba dispuesto a dejarlo en libertad, al aceptar antes a un criminal como a Barrabás y, finalmente, al crucificarlo (3:13-15). Pero al que dieron muerte era el Autor de la vida y seguía actuando; por ejemplo, sanado a aquel hombre que estaba ante ellos (3:15-16). Ese Jesús había resucitado y ellos podían afirmarlo porque habían sido testigos del hecho (3:15).

En aquella conducta había quedado manifiesta la gran ignorancia del pueblo judío y de sus dirigentes (Hech. 3:17), pero también el cumplimiento de las profecías sobre el Mesías sufriente (3:18). Ahora existía una posibilidad de conversión para recibir el perdón de los pecados y para disfrutar cuando Dios enviara de nuevo a Jesús. Estas palabras de Pedro cuentan con paralelos significativos en la literatura judía. En el Midrás Rabá sobre Lamentaciones, comentando a Oseas 5:15, se habla de cómo la shekiná (gloria) divina ascendería a su primitivo lugar de habitación, tal y como estaba escrito: «Andaré y volveré a mi lugar, hasta que reconozcan su pecado y busquen mi rostro».

El Midrás Rabá sobre Rut 5:6 contiene también una referencia a la creencia en el Mesías revelado y luego oculto. Rab. Berekiah

—hablando en nombre de Rab. Leví— señala que el futuro Redentor (el Mesías) sería como el antiguo redentor (Moisés) en que, así como el primero se reveló y luego fue escondido de ellos (Israel), el futuro Redentor les será revelado y después escondido de ellos.

El Midrás sobre Rut 2:14 contiene esta misma tesis y la relaciona con Daniel 12:11-12, y señala que el intervalo entre la desaparición del Mesías y Su nueva aparición debía ser de cuarenta y cinco días.

Pedro estaba afirmando que el Mesías había marchado con Dios, pero regresaría para llevar a cabo la restauración de todo (Hech. 3:20-24). Antes de que eso sucediera, los judíos tenían la oportunidad de convertirse y recibir al profeta anunciado por Moisés (Deut. 18:15-16) así como las bendiciones prometidas a Abraham (Hech. 3:25). A ellos se dirigía en primer lugar ese mensaje de salvación.

Poco puede sorprender la reacción de las autoridades del templo al detener a Pedro y a Juan (Hech. 4:1-2) y tampoco que los reprendieran por lo que acababa de suceder (4:3-7). Menos puede causar extrañeza la respuesta de Pedro ante los dirigentes espirituales del pueblo judío. La fuente lucana nos lo transmite de la siguiente manera:

Entonces Pedro, lleno del Espíritu Santo, les dijo: Gobernantes del pueblo, y ancianos de Israel: Puesto que hoy se nos interroga acerca del beneficio hecho a un hombre enfermo, de qué manera este haya sido sanado, sea notorio a todos vosotros, y a todo el pueblo de Israel, que en el nombre de Jesucristo de Nazaret, a quien vosotros crucificasteis y a quien Dios resucitó de los muertos, por él este hombre está en vuestra presencia sano. Este Jesús es la piedra reprobada por vosotros los edificadores, la cual ha venido a ser cabeza del ángulo. Y en ningún otro hay salvación; porque no hay otro nombre bajo el cielo, dado a los hombres, en que podamos ser salvos.

Entonces viendo el denuedo de Pedro y de Juan, y sabiendo que eran hombres sin letras y del vulgo, se maravillaban; y les reconocían que habían estado con Jesús. Y viendo al hombre que había sido sanado, que estaba en pie con ellos, no podían decir nada en contra. Entonces les ordenaron que saliesen del concilio; y conferenciaban entre sí, diciendo: ¿Qué haremos con estos hombres?

Porque de cierto, señal manifiesta ha sido hecha por ellos, notoria a todos los que moran en Jerusalén, y no lo podemos negar. Sin embargo, para que no se divulgue más entre el pueblo, amenacémosles para que no hablen de aquí en adelante a hombre alguno en este nombre. Y llamándolos, les intimaron que en ninguna manera hablasen ni enseñasen en el nombre de Jesús. Mas Pedro y Juan respondieron diciéndoles: Juzgad si es justo delante de Dios obedecer a vosotros antes que a Dios; porque no podemos dejar de decir lo que hemos visto y oído. (Hech. 4:8-20)

Una vez más, la predicación de Pedro, recogida en la fuente lucana, presenta unas características definidas y comunes con otras exposiciones suyas. Partiendo de un hecho concreto —la curación de un hombre en el nombre de Jesús—, Pedro volvió a incidir en los aspectos esenciales de su mensaje. Los que lo escuchaban —en este caso, dirigentes espirituales del pueblo judío— eran culpables de la muerte de un inocente, pero no se trataba de un caso más de injusticia judicial. Por el contrario, era el cumplimiento de la profecía del Salmo 118:22 que anunciaba cómo el Mesías sería rechazado por el pueblo de Israel, lo que no impediría que se convirtiera en la piedra sobre la que se levantaría el pueblo de Dios. Para ellos podía ser una piedra desechada, pero Dios lo había señalado como la piedra angular. Sí, la piedra angular sobre la que se levantaría la iglesia (Mat. 16:18) no era Pedro —como algunos han pretendido durante siglos— sino Jesús, el Mesías, y el mismo Pedro lo afirmaba de manera inconfundible (Hech. 4:10-11). Pero no se trataba de una mera interpretación teológica, sino de una cuestión mucho más profunda: no existe otro nombre dado los seres humanos para salvarse fuera del nombre de Jesús (Hech. 4:12). Los que escuchaban a Pedro podían ser sumos sacerdotes, ancianos, rabinos, dirigentes espirituales del pueblo judío, pero ni una sola de esas condiciones les permitía eludir la realidad: que solo había salvación en Jesús el Mesías, cuya muerte habían decretado, pero al que Dios había resucitado.

Poca duda podía haber de que Pedro y Juan eran gente sin formación formal, pero, a la vez, resultaba evidente su cercanía a Jesús (Hech. 4:13) así como la curación del cojo. Finalmente, el Sanedrín decidió poner en libertad a Pedro y a Juan, pero advirtiéndoles que no debían seguir predicando en el nombre de Jesús.

Vana advertencia, porque Pedro y Juan dejaron bien sentado que no podían dejar de dar testimonio de lo que habían visto y oído (Hech. 4:19-20).

La realidad es que las descripciones que Lucas nos ha proporcionado de esos primeros tiempos del cristianismo —en los que Pedro desempeñó un papel muy relevante al lado de Juan—, resultan enormemente elocuentes. Los discípulos vivían con una unión tan acentuada que llegaba a sus posesiones. Habían llegado a una situación en la que nadie consideraba propios sus bienes, sino que los ponían a disposición de todos de acuerdo con sus necesidades. No aparece la menor mención a una cuota, a diezmos o a una cantidad fija, sino que la totalidad de lo poseído era compartido hasta tal punto que Pedro podía decir con toda sinceridad que no llevaba oro ni plata, porque carecía de ellos. En cambio, eso sí, disponía de cosas muchísimo más importantes.

Por otro lado, la predicación —Pedro es un ejemplo— era bíblica y valiente. A decir verdad, las exposiciones de Pedro aparecen como exégesis de pasajes concretos de la Biblia que apuntaban al Mesías Jesús. Podía haber referencias al testimonio personal, pero ese testimonio jamás tomaba el lugar de las Escrituras. Era algo complementario, pero no sustitutivo, de la Biblia. Esas exposiciones no intentaban provocar un punto de atracción, de deseo, de gusto entre los oyentes. Por el contrario, de la manera más literal, los acusaba de asesinato, de injusticia, de sordera y ceguera espirituales, y de ahí extraía la conclusión de que les esperaba el juicio de Dios. Al llegar precisamente a ese punto, el mensaje apuntaba a que solo existía un camino de salvación y que ese camino era Jesús, el Mesías y Señor.

Como era de esperar, ese tipo de predicación provocaba reacciones negativas; en especial, en los que detentaban el poder religioso entre el pueblo judío. Pero esa circunstancia no detuvo a Pedro y a Juan, decididos a testificar de Jesús. Por el contrario, su deseo era que Dios les diera fuerza y manifestara Su poder (Hech. 4:29-30).

Al fin y a la postre, en la labor de Pedro y de Juan había una integridad y un valor que se tradujo en millares de conversiones (Hech. 4:4). Quizá el enorme abismo existente entre aquella primera comunidad en la que Pedro y Juan tenían un papel preeminente y otras construcciones posteriores pueda verse con más facilidad a la luz de una anécdota relacionada con el papado. Se cuenta que, al contemplar el creciente caudal dinerario que se acumulaba en el tesoro pontificio, un papa comentó satisfecho que ya no podía decir, como antaño Pedro, aquello de «oro y plata no tengo». El interlocutor del papa, quizá sin pensarlo demasiado, respondió: «Cierto, pero tampoco podemos decir: en el nombre de Jesús, levántate y anda». Aquella primera comunidad de la que el antiguo pescador era una de las columnas (Gál. 2:9), sin duda, no disponía de oro y plata, pero el poder del Espíritu Santo que se manifestaba en ella resultaba infinitamente más valioso. Así quedaría demostrado en los retos con los que tendría que enfrentarse de manera inmediata.

CAPÍTULO XVIII

PROBLEMAS Y PERSECUCIÓN

Del pecado de Ananías y Safira a la flagelación ordenada por el Sanedrín

Como tuvimos ocasión de señalar en el capítulo anterior, la comunidad judeocristiana de Jerusalén practicaba una comunión de bienes que, quizá, pudo tener parte de su inspiración en la costumbre desarrollada entre Jesús y los Doce (Juan 12:6; 13:29). Pero lo más seguro es que naciera del entusiasmo espiritual de los discípulos; un entusiasmo que no quedaba detenido ante los bienes materiales. El dinero y otros bienes reunidos así servían para mantener a la gente de acuerdo con sus necesidades (Hechos 2:44 ss; 4:32 ss). La comunidad de bienes era practicada por los esenios de Qumrán, pero en Jerusalén, semejante conducta no estaba sometida a ningún reglamento estructurado. Resulta también claro por el contenido de las fuentes que esa comunidad de bienes no era ni obligatoria ni tampoco condición para formar parte del grupo de los creyentes. Al respecto, resulta claramente revelador un episodio cuyo protagonista fue el propio Pedro. Una vez más, nos ha sido transmitido por la fuente lucana. Dice así:

Pero cierto hombre llamado Ananías, con Safira su mujer, vendió una heredad, y sustrajo del precio, sabiéndolo también su mujer; y trayendo sólo una parte, la puso a los pies de los apóstoles. Y dijo Pedro: Ananías, ¿por qué llenó Satanás tu corazón para que mintieses al Espíritu Santo, y sustrajeses del precio de la heredad? Reteniéndola, ¿no se te quedaba a ti? y vendida, ¿no estaba en tu poder? ¿Por qué pusiste esto en tu corazón? No has mentido a los hombres, sino a Dios. Al oír Ananías estas palabras, cayó y expiró. Y vino un gran temor sobre todos los que lo oyeron. Y levantándose los jóvenes, lo envolvieron, y sacándolo, lo sepultaron.

Pasado un lapso como de tres horas, sucedió que entró su mujer, no sabiendo lo que había acontecido. Entonces Pedro le dijo: Dime, ¿vendisteis en tanto la heredad? Y ella dijo: Sí, en tanto. Y Pedro le dijo: ¿Por qué convinisteis en tentar al Espíritu del Señor? He aquí a la puerta los pies de los que han sepultado a tu marido, y te sacarán a ti. Al instante ella cayó a los pies de él, y expiró; y cuando entraron los jóvenes, la hallaron muerta; y la sacaron, y la sepultaron junto a su marido. Y vino gran temor sobre toda la iglesia, y sobre todos los que oyeron estas cosas. (Hech. 5:1-11)

El episodio resulta más que revelador sobre la manera en que la comunidad de Jerusalén —de la que Pedro, junto a Juan, era una de las columnas— veía el manejo de los bienes materiales. A nadie se le exigía contribuir con cantidades económicas, tanto si se trataba de cifras concretas o abiertas. De hecho, quedarse con todo el precio de una heredad era una conducta totalmente lícita. Era el corazón de cada cual el que decidía si daba o no y, en el primer caso, en qué proporción lo hacía. Sin embargo, lo que resultaba intolerable era presumir de entregar una cantidad y dar otra diferente. El gran pecado era intentar mentir a Dios mientras se mentía a los hombres. Una vez más, el pescador que no tenía oro ni plata volvía a situar las cuestiones en el punto adecuado. Entre los discípulos, no existían normas tocantes a las contribuciones económicas, pero sí existía un compromiso ineludible de ser íntegro y veraz. Ananías y Safira habrían podido quedarse con la heredad hasta la última porción y se habría tratado de un acto permisible. Sin embargo, aparentar lo que no era cierto les costó la vida.

Esta misma sensibilidad espiritual la encontramos en un episodio que acabó derivando de problemas a la hora de distribuir los bienes aportados por los discípulos y que se solucionó, como veremos más adelante, con lo que algunos han considerado la primera elección de diáconos. Antes de relatar ese episodio, la fuente lucana narra una nueva presión del Sanedrín para evitar que los apóstoles hablaran de Jesús a la multitud.

No cabe duda de que aquellos judeocristianos atribuían una autoridad mayor a Jesús que a las autoridades religiosas de Israel y al templo (Hech. 5:28-29), en armonía con las propias palabras de aquel (Mat. 12:6, 41-42; Luc. 11:31-32). Al igual que Pablo varias décadas después (Hech. 23:2-5), las consideraban como parte de un sistema cuya extinción estaba cerca. La comunidad judeocristiana esperaba el final del sistema presente (Hech. 1:6 ss.; 3:20 ss.), pero colocaba dicha responsabilidad sobre las espaldas de la Divinidad (Hech. 3:20 ss.) y no sobre las suyas; en contraposición, por ejemplo, a lo que sucedería con posterioridad con los zelotes.

A primera vista, y observado desde un enfoque meramente espiritual, la presencia de los judeocristianos era, sin duda, molesta, y muy especialmente para los saduceos. Pero, inicialmente, para algunos, desde una perspectiva política y social, el movimiento debía resultar inocuo. Precisamente por ello, es comprensible la mediación de Gamaliel[87], el fariseo, en el sentido de evitar un ataque frontal contra los seguidores de Jesús, tal como se nos refiere en la fuente lucana (Hech. 5:34 ss.). Gamaliel llegó a presentar precedentes de levantamientos de escasa vida, aunque pudieran parecer en esos momentos más robustos que el judeocristianismo de Jerusalén.[88] La actitud de Gamaliel no parece, sin embargo, haber sido generalizada y, desde luego, la tolerancia duró poco tiempo. Si inicialmente el movimiento se vio sometido solo a una represión verbal —en parte, gracias a la mediación de Gamaliel (Hech. 4:21-22)—, pronto resultó obvio que si se deseaba tener unas perspectivas mínimas de frenarlo habría que recurrir a la violencia física. Aquella gente, entre la que se encontraba Pedro, que afirmaba sin ningún género de concesión que había que «obedecer a Dios antes que a

---

[87] Sobre Gamaliel, ver: W. Bacher, *Die Agada der Tannaiten*, Estrasburgo, 1884-90, t. I, págs. 73-95; F. Manns, *«Pour lire la Mishna»*, (Jerusalén, 1984), págs. 78 ss.; G. Alon, *The Jews in their land in the Talmudic Age*, (Cambridge y Londres, 1989), págs. 188 ss., 239 ss.

[88] Coincidimos plenamente con H. Guevara, *Ambiente político del pueblo judío en tiempos de Jesús*, (Madrid, 1985), págs. 216 ss., en considerar el episodio de Gamaliel de Hechos 5:36-37 como plenamente histórico. De no ser así, no solo no habría actuado en favor de la propaganda cristiana sino en su contra. Naturalmente, el Teudas (Teodoro) mencionado por el citado fariseo debe ser entonces identificado con Matías, hijo de Margalo, que, junto con Judas, poco antes de la muerte de Herodes I, se sublevó contra el monarca para derribar un águila de oro colocada en el templo. Los dos rebeldes fueron quemados vivos (Flavio Josefo, *Guerra I*, 648-655; *Ant.* XVII, 149-167).

los hombres» (Hech. 5:29), acabó siendo flagelada en otro intento de silenciarla (Hech. 5:40). Fue un intento vano, porque los azotados salieron alegres de la presencia del Sanedrín y considerándose privilegiados por haber sido considerados dignos de padecer por el Nombre (Hech. 5:41).

Al servicio de los hermanos

Cuando se capta la manera en que aquella comunidad de creyentes testificaba con valor o consideraba sus bienes como un instrumento para ayudar a otros no puede sorprender la forma en que los apóstoles manejaron el problema relatado en el capítulo sexto de Hechos. Para muchos, ese episodio tiene interés, fundamentalmente, por la forma en que nos muestra cómo se iba organizando la comunidad de Jerusalén. Sin embargo, la importancia del relato va, sin duda, por otra dirección. La función de algunos miembros de la congregación de ocuparse de tareas de servicio estuvo presente desde una etapa muy primitiva en la comunidad de Jerusalén y aparece conectada con el episodio referido en Hechos 6. Según este, se produjo en el seno de la comunidad citada un conflicto entre judíos de habla griega y aramea en relación con la distribución diaria de alimentos. Ambos grupos eran judíos, ambos creían en Jesús, pero esas circunstancias no evitaron protestas de los primeros, que consideraban que sus viudas eran tratadas injustamente en el reparto. La solución propuesta por los Doce fue que la comunidad eligiera a personas que se ocuparan de este tipo de tareas, descargándose así de su realización (Hech. 6:3-4). Su labor estaba conectada pues —como etimológicamente puede deducirse— con áreas de servicio, y no de culto. La solución propuesta por los apóstoles no llevó, por ejemplo, a la articulación de un sistema de cuotas, sino que debía dirigirse hacia personas de buen testimonio, llenas del Espíritu Santo y de sabiduría (6:3). De esta manera, no solo la comunidad no se vio dividida sino que se cohesionó más hasta el punto de que la elección —en una clara muestra de buena voluntad— recayó precisamente en gente de habla griega. Esa gente elegida por la congregación recibió después la imposición de manos de los apóstoles en señal de reconocimiento de su ministerio (6:6).

Suele considerarse que, en este episodio, nos encontramos con la institución de los diáconos, pero semejante interpretación choca con algunos inconvenientes. El primero es que el mismo término *diákonos* está ausente del pasaje en cuestión en relación con un ministerio específico y, de hecho, el verbo *diakoneo* no parece tener un contenido que vaya más allá que el propio de «servir». Por otro lado, *diakonía* se aplica, pero, de manera bien significativa, a los Doce (Hech. 6:1, 4) y no a los elegidos en esta ocasión.

Las fuentes paleocristianas incluso utilizan el término *diakonía* para multitud de actividades. Por ejemplo, hay que señalar que el verbo *diakoneo* tiene el significado propio de «servir» en Hechos 19:22 (donde parece referido a colaboradores evangelísticos de Pablo) y en 2 Corintios 8:19-20 (relacionado con Pablo y sus ayudantes), y solo parece vinculado a una misión específica en 1 Timoteo 3:10 ss. y 1 Pedro 4:10-11, escritos que, como mínimo, hay que datar en los años sesenta.

El sustantivo *diakonía* parece asimismo tener el significado general de «servicio» o «ministerio», y así aparece incluso referido a los apóstoles en Hechos 1:17-25; 6:1-4; o 20:24. El mismo sentido se encuentra en 1 Corintios 12:5; 16:15; 2 Corintios 5:18; 6:3; Efesios 4:12; Colosenses 4:17; 1 Timoteo 1:12; 2 Timoteo 4:5, 11; Hebreos 1:14 y, quizá, Apocalipsis 2:19.

En cuanto a *diákonos*, conserva el significado de «ministro» o «siervo», por regla general, en pasajes como Romanos 15:8; 1 Corintios 3:5; 2 Corintios 3:6; 6:4; Efesios 3:7; 6:21; Colosenses 1:23-25; 1 Tesalonicenses 3:2 y 1 Timoteo 4:6. Posee ya características específicas en textos como Romanos 16:1; Filipenses 1:1 y 1 Timoteo 3:8 ss., que podrían datarse, al menos en parte, durante la década de los cincuenta.

Lejos de mostrarnos la creación de una institución eclesial, como suele interpretarse, Hechos 6 nos deja al descubierto, otra vez más, cómo el espíritu de Jesús estaba vivo entre los Doce y los restantes discípulos. Al igual que el manejo del dinero y de los bienes materiales recordaba al Maestro —de manera bien reveladora, no existe un solo pasaje en las fuentes donde se nos muestre a Jesús pidiendo dinero o estableciendo cuotas—, lo mismo sucedía con la noción de servicio. Esta formaba parte esencial de la vida de la congregación y estaba muy por encima de cualquier otro tipo de consideraciones.

Precisamente esa encarnación del espíritu de Jesús —que de manera directa habían visto los Doce tantas veces y que la congregación vivía de una manera alegre y espontanea— explica sobradamente la forma en que pudieron enfrentar problemas como las presiones del Sanedrín. De manera claramente reveladora, no se trataba de aplicar a la vida eclesial las enseñanzas de la psicología o de la sociología para sortear los escollos de la convivencia. Se trataba, más bien, de vivir como Jesús había enseñado y de seguirlo como había señalado en el Mar de Galilea el Mesías resucitado a Pedro el pescador (Juan 21:19).

Persecución

A estas características tan concretas a las que hemos hecho referencia hay que atribuir la manera tan especial en que la comunidad de discípulos se enfrentó con un episodio de persecución generalizada y frontal. El pretexto para desencadenarla lo proporcionó Esteban (Hech. 6:8–8:1), un judeocristiano, posiblemente helenista[89], que había sido elegido por la comunidad cuando se produjo el conflicto entre sus componentes arameo y grecoparlantes. Esteban fue linchado en un bochornoso episodio de intolerancia espiritual protagonizado por su auditorio judío (Hech. 7:54-60). A partir de ahí (Hech. 8:1 ss.) se desencadenó una persecución contra los discípulos de Jesús de la que no estuvo ausente una violencia a la que no cabe atribuir otra finalidad que la pura y simple erradicación de un movimiento que estaba demostrando una capacidad de resistencia considerablemente mayor de lo esperado. En esa violencia, tuvo un papel especial un joven fariseo llamado Saulo, que había estado presente en el linchamiento de Esteban.

Desencadenada la persecución con una rapidez inesperada, al estilo de otros pogromos religiosos del pasado y del presente, el mismo Esteban no pudo siquiera ser enterrado —a diferencia de otros judíos ejecutados en el pasado como Juan el Bautista

---

[89] En favor de identificar a Esteban con un samaritano, ver: W. F. Albright y C. S. Mann, *Stephen's Samaritan Background,* en J. Munck, *The Acts of the Apostles* (Nueva York, 1967), págs. 285-304.

(Mat. 14:12; Mar. 6:29) o Jesús (Mat. 27:57-61; Mar. 15:42-47; Luc. 23:50-56; Juan 19:38-42)— por las personas cercanas a él. De su sepelio se ocupó un grupo de hombres «piadosos»[90]. Con todo, lo que quizá fue contemplado como una medida eficaz contra la comunidad de Jerusalén por parte de sus perseguidores, se iba a revelar, indirectamente, como una circunstancia que propiciaría su expansión ulterior. De una manera inesperada, Pedro estaría pronto usando el poder de las llaves para abrir el reino de los cielos a gentes que no eran, como hasta ahora, judíos.

---

[90] Comp.: Hechos 8:2. Sobre el tema, comentando diversas alternativas, ver: J. Munck, «O. c», pág. 70 ss. I. H. Marshall, «Acts», (Leicester y Grand Rapids, 1991), pág. 151 ss., ha sugerido que Esteban fue sepultado en su calidad de criminal ejecutado y que, si la prohibición de luto público por los criminales (Sanedrín 6:6) estaba en vigor en el siglo I d. C., aquellos que lo lloraron realizaron con tal acto una acción de protesta contra la ejecución.

CAPÍTULO XIX

EL EVANGELIO SE EXTIENDE FUERA DE JUDEA

El evangelio llega a Samaria

Durante un tiempo, la comunidad de seguidores de Jesús en Jerusalén había pasado por una experiencia distintivamente especial. Cierto era que habían sufrido presiones del Sanedrín y que incluso los apóstoles habían sido objeto de flagelación, pero, de cara afuera, su testimonio había estado caracterizado por el éxito y el respeto, y, de cara adentro, habían dejado de manifiesto una envidiable capacidad para resolver conflictos mediante la encarnación de las enseñanzas de Jesús. Es posible que esa vivencia, marcada por el entusiasmo, el gozo y la dicha, tuviera, sin embargo, un lado negativo, y que este fuera la limitación de la expansión del movimiento. Fuera de Jerusalén y, quizá, de algún foco en Galilea, da la sensación de que no tomaban muy en cuenta las órdenes de Jesús de ser Sus testigos hasta los últimos confines de la tierra (Hech. 1:8). La persecución iba a alterar ese trasfondo de manera más que relevante.

Tenemos que señalar, en primer lugar, que desconocemos la duración exacta de la persecución desencadenada tras el linchamiento criminal de Esteban a manos de una turba de fanáticos judíos, pero aunque fue lo suficientemente intensa como para provocar un éxodo de buen número de los judeocristianos de Jerusalén —todos salvo los apóstoles, dice Hechos 8:1—, debió resultar breve. Lucas conecta el final de las tensiones con el episodio de la conversión de Pablo[91] y, muy posiblemente, ambos acontecimien-

---

[91] Hechos 8:26-31. La causa de la misma es, según Pablo, la aparición de Jesús resucitado (1 Cor. 9:1; 15:7; Gál. 1:12, 15-16; 1 Tim. 1:12-16). En la fuente lucana, ver: Hechos 9:1-19; 22:5-11; 26:12-20.

tos fueron cercanos en el tiempo[92]. Por otro lado, sabemos que, si bien se inició en Jerusalén, tuvo posibilidades de extenderse a otros lugares, ya que Pablo logró mandamientos judiciales contrarios a los cristianos cuya ejecución debía llevarse a cabo en Siria (Hech. 9:1 ss.), un dato avalado por diversas fuentes como fidedigno[93]. Para cuando tuvo lugar el final de la persecución, la nueva fe había conseguido penetrar en Samaria, extenderse en Judea y, posiblemente mantener, al menos, su influencia en Galilea.

Cuando concluyó la persecución, no todos los miembros de la comunidad de Jerusalén reaccionaron de la misma manera. El exilio parece haberse convertido en perpetuo para buen número de los helenistas. De estos no consta que regresaran a Jerusalén, aunque la mención de Mnasón en Hechos 21:16 (más de veinte años después) lleva a pensar que tal postura no fue generalizada. Se ha señalado la posibilidad de que en tal actitud influyera[94] la creencia en que la ciudad había incurrido en una conducta que la condenaba a la destrucción, y que lo mejor era abandonarla. La marcha de los helenistas, el retorno de los «hebreos» y la permanencia de los Doce contribuyeron a configurar la comunidad de Jerusalén como un colectivo formado casi exclusivamente por «hebreos» y así permanecería, casi con toda seguridad, hasta la guerra de Bar Kojba, ya bien entrado el siglo II d. C.

Los datos referentes al periodo posterior a la persecución que nos vienen proporcionados por la fuente lucana son muy limitados y van referidos casi de manera exclusiva a la expansión geográfica del grupo de los discípulos, expansión en la que Pedro tendría un papel relevante. En primer lugar, hallamos datos sobre el inicio de la misión samaritana[95]. Sabemos que existieron contactos pre-

---

[92] La computación de la fecha parece ser relativamente fácil. De acuerdo a los datos proporcionados por Gálatas 1:18; 2:1, la conversión de Saulo tuvo lugar diecisiete años (quince según nuestra manera moderna de datar) antes del concilio de Jerusalén de 48 d. C.; por lo tanto, debió producirse hacia el 33 d. C. Si, realmente, el movimiento mesiánico disfrutaba de la vitalidad que nos describe Lucas en los Hechos durante los tres primeros años de su existencia, resulta difícil negar que las medidas tomadas en contra suya por el Sanedrín estaban revestidas de una oportunidad política considerable.

[93] En este sentido se pronuncia J. Jeremias, *«Jerusalén...»*, pág. 85 (n. 70) y 91.

[94] En ese mismo sentido, M. Hengel, *Oc*, 1979, págs. 74-5.

[95] Hechos 8:4-25. Sobre la misión samaritana, ver: O. Cullmann, *«Samaria and the Origins of the Christian Mission»* en *The Early Church*, (Londres, 1956), págs.

vios de Jesús con los samaritanos que nos han sido relatados, de manera significativa, en el cuarto Evangelio (comp.: Juan 4:1-2). Quedara lo que quedara de aquellos contactos, resulta claramente significativo que la fe en Jesús entró en Samaria de manos de los helenistas de la comunidad de Jerusalén. Hechos 8:5-13 señala a un helenista, Felipe, como uno de los artífices de la expansión misionera. Al personaje volvemos a encontrarlo (Hech. 21:8-9) siempre en ambientes no estrictamente judíos, e incluso se menciona cómo sus hijas ejercían un ministerio profético. El ministerio de Felipe provocó la adhesión de numerosos samaritanos e incluso la de un personaje conocido como Simón el mago (Hech. 8:4-13). Con todo, la obra de Felipe —ciertamente, de éxito— iba a recibir un respaldo expreso de los Doce. La fuente lucana lo relata así:

> Cuando los apóstoles que estaban en Jerusalén oyeron que Samaria había recibido la palabra de Dios, enviaron allá a Pedro y a Juan; los cuales, habiendo venido, oraron por ellos para que recibiesen el Espíritu Santo; porque aún no había descendido sobre ninguno de ellos, sino que solamente habían sido bautizados en el nombre de Jesús. Entonces les imponían las manos, y recibían el Espíritu Santo. Cuando vio Simón que por la imposición de las manos de los apóstoles se daba el Espíritu Santo, les ofreció dinero, diciendo: Dadme también a mí este poder, para que cualquiera a quien yo impusiere las manos reciba el Espíritu Santo. Entonces Pedro le dijo: Tu dinero perezca contigo, porque has pensado que el don de Dios se obtiene con dinero. No tienes tú parte ni suerte en este asunto, porque tu corazón no es recto delante de Dios. Arrepiéntete, pues, de esta tu maldad, y ruega a Dios, si quizá te sea perdonado el pensamiento de tu corazón; porque en hiel de amargura y en prisión de maldad veo que estás. Respondiendo entonces Simón, dijo: Rogad vosotros por mí al Señor, para que nada de esto que habéis dicho venga sobre mí.
>
> Y ellos, habiendo testificado y hablado la palabra de Dios, se volvieron a Jerusalén, y en muchas poblaciones de los samaritanos anunciaron el evangelio. (Hech. 8:14-25)

183-92; C. H. H. Scobie, «*The Origins and Development of Samaritan Christianity*» en *NTS*, 19, 1972-3, págs. 390-414; R. J. Coggins, «*The Samaritans and Acts*» en *NTS*, 28, 1981-2, págs. 423-34 y M. Hengel, «*Between Jesus...*», (Londres, 1983), págs. 121-26.

El episodio de la predicación del evangelio en Samaria nos proporciona no pocos datos de considerable utilidad relativos a la manera en que vivía la comunidad cristiana más antigua. Lejos de ser Pedro su cabeza —como han señalado construcciones teológicas muy posteriores—, y de iniciar él las actividades de la iglesia, lo que vemos es cómo la predicación del evangelio en Samaria comenzó mediante el ministerio de Felipe. Solo cuando este dio un importante fruto, los Doce decidieron inspeccionar lo que sucedía en Samaria. Fueron precisamente los Doce los que, siguiendo la enseñanza de Jesús de enviar a la gente en parejas (Mar. 6:7), enviaron a Pedro y a Juan. La llegada de Pedro y Juan conectó a los que habían escuchado el evangelio con la realidad del Espíritu Santo, pero, de manera bien reveladora, Lucas pone un énfasis especial en la relación entre la vida espiritual y el dinero. Para Simón el mago[96] —como para muchos maestros espirituales posteriores—, el dinero era una de las vías para conseguir bendiciones espirituales. Por supuesto, habría que establecer la cuantía y la forma, pero el principio —propio del paganismo— resultaba innegable: se podían obtener bendiciones espirituales —incluida la máxima, que es el Espíritu Santo— mediante la entrega de dinero. Resulta innegable que, con los matices que se desee, esa enseñanza se ha mantenido a lo largo de los siglos y sigue gozando, hoy en día, de una enorme popularidad en ciertos medios. Sin embargo, por muy convencido que Simón pudiera estar de lo lógico de su tesis, Pedro se manifestó claramente en contra de esa visión teológica. Al respecto, el texto griego original resulta de una impresionante dureza. A la pretensión de Simón, Pedro respondió con un «púdrete tú con tu dinero», que indica hasta qué punto al antiguo pescador le resultaba repugnante la idea de que el dinero pudiera acercar a la recepción de dones

---

[96] Hechos 8;9 ss. Sobre Simón el mago, ver: G. Salmon, «*Simon Magus*» en *DCB*, 4, (Londres, 1887), págs. 681-8; A. Ehrhardt, *The Framework of the New Testament Stories*, (Manchester, 1964), págs. 161-4; M. Smith, «*The Account of Simon Magus in Acts 8*» en *H. A. Wolfson Jubilee Volume II*, (Jerusalén, 1965), págs. 735-49; J. W. Drane, «*Simon the Samaritan and the Lucan Concept of Salvation History*» en *EQ*, 47, 1975, págs. 131-37; C. K. Barrett, «*Light on the Holy Spirit from Simon Magus (Acts 8:4-25)*» en J. Kremer (ed.), *Les Actes des Apôtres: Traditions, Rédaction, Théologie* (Leuven, 1979), págs. 281-295; y C. Vidal, *El desafío gnóstico*, (en prensa).

espirituales. Pero no se trataba solo de asco y repulsión. Además, Pedro pronunció una afirmación escalofriante. Al decirle a Simón que no tenía «parte ni suerte», estaba citando literalmente la fórmula contenida en Deuteronomio 12:12 para indicar que alguien no formaba parte del pueblo de Dios. Sí, con seguridad, Simón estaba convencido de que el dinero podía poner al alcance de su mano aquel prodigioso Espíritu Santo, pero la realidad era que tanto él como su dinero resultaban asquerosos y dignos de pudrirse. Además, alguien que cree en una visión así, por definición, no forma parte del pueblo de Dios. Puede presentarse, naturalmente, como un seguidor de Jesús, como un dispensador de dones espirituales y como un maestro espiritual, pero, por decirlo de la manera más sencilla, no pertenece a los discípulos verdaderos de Jesús. No tiene, en verdad, parte ni heredad en el reino de Dios, un reino que no dejaba de extenderse.

Pedro en Lida y Jope

Tras la persecución que había seguido al linchamiento de Esteban, llegó un período de paz que permitió el asentamiento de las comunidades de seguidores de Jesús «por toda Judea, Galilea y Samaria» (Hech. 9:31). Durante ese tiempo, la fuente lucana nos informa que Pedro las visitó, y se detiene en dos episodios que tuvieron lugar en Lida y en Jope[97].

Los datos que poseemos sobre estos enclaves nos inducen a pensar que la elección de los mismos como centros misioneros distó mucho de ser casual. Lida, más tarde conocida como Dióspolis, era una población grande, casi de las dimensiones de una ciudad, situada en el camino que iba de Jerusalén a Jope a unos diecinueve kilómetros (doce millas) de este enclave. Ubicada al pie de las montañas de la Palestina central, en la fértil llanura de Sarón, famosa por sus flores (Cantar de los Cantares 2:1) y que se extendía desde la zona montañosa y el mar. Aparece mencionada en Josefo (*Guerra II*, 20.1) como una de las toparquías de Judea y, muy

---

[97] Acerca de estos enclaves, con bibliografía, ver: E. Schürer, *History...*, II, págs. 85 ss.

probablemente, suponía un lugar de contacto entre los miembros de la comunidad que habían permanecido en Jerusalén y los que se habían desplazado a Jope.

Por su parte, Jope, conocida hoy como Jafa o Yafo y situada junto a Tel Aviv, ya aparece citada en las tablillas de Amarna como Iapu[98]. Auténtico puerto de Jerusalén, la Biblia nos relata cómo Hiram envió la madera para el templo a esta localidad (2 Crón. 2:16) y también cómo desde este puerto partió Jonás hacia Tarsis huyendo de las órdenes que había recibido de Dios (Jon. 1:3). En 148 a. C., fue tomada por los macabeos que la convirtieron en una localidad totalmente judía.

Dado que la ciudad poseía el mejor puerto de toda la costa palestina, auténtica boca del comercio hacia el interior de Judea, debía presentar unas posibilidades de proselitismo y comunicación verdaderamente notables. Su población parece haber sido —con anterioridad a la guerra de 66 d. C.— predominantemente judía, lo que explica su conversión durante la misma en un centro rebelde (*Guerra*, 18.10 y III, 9.2-4).

Estas dos poblaciones se hallaban en la zona evangelizada por Felipe, y los dos personajes con los que se encontró Pedro —Eneas y Simón el curtidor— pueden haber sido personas ganadas por él para Jesús. Con todo, Jope tenía una conexión tan estrecha con Jerusalén que no es difícil que contara con creyentes incluso con anterioridad. Desde luego, llama la atención que tuviera un mecanismo de ayuda a las viudas que recuerda al que ya hemos visto en Jerusalén (Hech. 6:1).

Del paso de Pedro por Lida, la fuente lucana nos informa que:

> Aconteció que Pedro, visitando a todos, vino también a los santos que habitaban en Lida. Y halló allí a uno que se llamaba Eneas, que hacía ocho años que estaba en cama, pues era paralítico. Y le dijo Pedro: Eneas, Jesucristo te sana; levántate, y haz tu cama. Y en seguida se levantó. Y le vieron todos los que habitaban en Lida y en Sarón, los cuales se convirtieron al Señor. (Hech. 9:32-35)

En su brevedad, el pasaje resulta llamativo. Pedro estaba desarrollando una labor de visitación de los discípulos —a los que se

---

[98] Comp.: *The Tell el-Amarna Tablets* II, 1939, págs. 457, 893.

denomina de manera bien reveladora: «los santos»— y, al llegar a Lida se encontró con un hombre llamado Eneas que llevaba ocho años postrado en el lecho porque había quedado paralítico. El hombre fue curado en el nombre de Jesús, pero, de forma bien significativa, Pedro le ordenó «prepararse», una expresión griega que podría indicar —como traducen algunas versiones— que hiciera su cama o bien que se cocinara algo. Resultaría evidente la resonancia con otro episodio, el de la resurrección de una niña, del que Pedro fue uno de los tres testigos entre los apóstoles (Mar. 5:43).

El segundo episodio todavía nos proporciona más datos acerca de Pedro y de la vida de los primeros discípulos:

> Había entonces en Jope una discípula llamada Tabita, que traducido quiere decir, Dorcas. Esta abundaba en buenas obras y en limosnas que hacía. Y aconteció que en aquellos días enfermó y murió. Después de lavada, la pusieron en una sala. Y como Lida estaba cerca de Jope, los discípulos, oyendo que Pedro estaba allí, le enviaron dos hombres, a rogarle: No tardes en venir a nosotros. Levantándose entonces Pedro, fue con ellos; y cuando llegó, le llevaron a la sala, donde le rodearon todas las viudas, llorando y mostrando las túnicas y los vestidos que Dorcas hacía cuando estaba con ellas. Entonces, sacando a todos, Pedro se puso de rodillas y oró; y volviéndose al cuerpo, dijo: Tabita, levántate. Y ella abrió los ojos, y al ver a Pedro, se incorporó. Y él, dándole la mano, la levantó; entonces, llamando a los santos y a las viudas, la presentó viva. Esto fue notorio en toda Jope, y muchos creyeron en el Señor. Y aconteció que se quedó muchos días en Jope en casa de un cierto Simón, curtidor. (Hech. 9:36-43)

El relato de lo acontecido en Jope, relacionado con la muerte de una mujer llamada Tabita, nos trae nuevamente una serie de temas especialmente relevantes para la fuente lucana. Jope, como ya hemos señalado, era una ciudad que mantenía una relación especial con Jerusalén desde hacía siglos. Que allí hubiera un grupo de santos resultaba, pues, más que lógico. La fallecida además era una mujer que había vivido de acuerdo con el espíritu que la comunidad de Jerusalén tenía hacia los bienes materiales. No parece que poseyera dinero ni que lo hubiera entregado para distribuirlo entre los necesitados, pero sí atendía a las viudas confeccionando ropas de vestir. Ignoramos si las entregaba a esas mujeres en precaria situación económica o si las vendía y les daba, en todo o en parte, el producto de la transacción, pero resultaba innegable que aquellas mujeres se sentían beneficiadas por la labor de Tabita. Cuando falleció, inmediatamente le avisaron a Pedro quien se desplazó y, una vez más, vivió una experiencia que presenta resonancias con otras testificadas al lado de Jesús.

No menos significativo que la labor de Tabita —cuyas beneficiarias eran las viudas— es el lugar donde se quedó alojado Pedro. Desconocemos las posibilidades con que contaba al respecto, pero no deja de llamar la atención que fuera el domicilio de alguien que vivía de un oficio tan odioso para los judíos como era el de curtidor, una ocupación vilipendiada en las fuentes rabínicas[99]. Desde luego, Pedro no sufría esos prejuicios, y semejante circunstancia no nos dice poco de la vida de aquellos primeros seguidores de Jesús. Su visión del dinero y de las cosas materiales se encontraba a enorme distancia de muchas de las visiones que hoy están más extendidas incluso en ambientes cristianos. Su vivencia de fraternidad en el seno de la congregación adoptaba aspectos prácticos que no pocas veces se encuentran ausentes en la actualidad y sus dirigentes —Pedro era un ejemplo indiscutible— mostraban un espíritu de servicio y de sumisión que hoy en día causaría pasmo en muchos círculos. No tanto tiempo atrás, Pedro también había discutido con el resto del grupo de los Doce para aclarar quién era el mayor y, por supuesto, se había indignado cuando los hijos de Zebedeo habían intentado tomar ventaja. Ahora viajaba con uno de esos hijos de Zebedeo a las órdenes de la congregación ubicada en Jerusalén y no tenía el menor reparo en alojarse —y por bastante tiempo— en el domicilio de alguien que desempeñaba una ocupación despreciada. Pedro no lo sospechaba, pero había alcanzado un punto en el que ya podía utilizar las llaves que le había dado Jesús para abrir el reino a gentes que no formaban parte del pueblo judío.

---

[99] Sobre el oficio de curtidor, pesaban no solo sospechas de ser repugnante sino también inmoral cf: Ket. VII 10; Tos. Ket. VII 11 (269, 27); j. Ket. VII 11, 31d 22 (V-1, 102); b. Ket. 77ª. Como exclamaba Rabbí (m. 217 d. C.) «Desdichado del que es curtidor»; cf: b. Quid.82b bar., par.b. Pes. 65ª bar.

CAPÍTULO XX

PEDRO PREDICA A LOS GENTILES

Pedro y el centurión Cornelio

Durante sus primeros años de existencia —posiblemente, no más de un lustro—, el grupo de seguidores de Jesús había ido desarrollando una expansión ciertamente llamativa. Es cierto que, al inicio, su actividad quedó limitada a Jerusalén, donde el éxito de su predicación provocó desde el principio choques con las autoridades religiosas judías, el linchamiento de Esteban e incluso una persecución que provocó la dispersión de casi todos sus miembros, pero incluso esa circunstancia resultó enormemente positiva. En el curso de la feroz persecución, se convirtió un fariseo de Tarso llamado Saulo[100], que afirmaría con entusiasmo y tesón que su cambio se debía a una aparición del Jesús resucitado en el camino de Damasco. Además, sobre todo, la predicación del evangelio se extendía por Judea, Galilea —donde más que posiblemente ya existía algún foco— y Samaria. Sin embargo, hasta ese momento, el mensaje había ido dirigido de manera exclusiva a los judíos. Como hemos tenido ocasión de ver ya varias veces, a estos se les mostraba cómo las Escrituras se habían cumplido en Jesús, cómo sobre ellos pesaba la inmensa culpa de haberlo rechazado como Mesías y haber instigado Su muerte y cómo de aceptar a Jesús como Señor y Mesías dependía que pudieran recibir el cumplimiento de las promesas de Dios. Para cualquier observador exterior, aquellos primeros discípulos de Jesús eran simples judíos que formaban uno de tantos grupos del judaísmo del segundo templo con la peculiaridad inmensa, eso sí, de que no esperaban la venida del Mesías, sino que anunciaban

---

[100] Sobre Pablo, con abundante bibliografía, véase: C. Vidal, *Apóstol para las naciones*, (Nashville: TN, B&H Publishing Group, 2021).

que ya había llegado y que era Jesús. Es cierto que la interpretación de la Torá en cuestiones como el sábado podía ser distinta a
la de grupos como los fariseos, pero aquellos primeros seguidores de
Jesús eran judíos fieles a las enseñanzas de Moisés. Por ejemplo, en
el episodio de la resurrección de Tabita que hemos examinado en el
capítulo anterior, es fácil observar que Pedro no tocó a la mujer
hasta que esta regresó a la vida; un comportamiento lógico, porque
si lo hubiera hecho mientras estaba muerta, habría entrado en un
estado de contaminación e impureza rituales. Esta situación experimentaría un vuelco importante precisamente mientras Pedro se
encontraba alojado en la casa de Simón el curtidor en Jope.

Según nos refiere la fuente lucana, Pedro recibió la inesperada
visita de dos criados y un soldado al parecer relacionado de alguna
manera con el judaísmo, enviados por un tal Cornelio, un centurión de la Cohorte Itálica que vivía en Cesarea (Hech. 10:1-8).
La importante ciudad de Cesarea debía su relevancia a Herodes
el Grande. Inicialmente, había sido un lugar de escasa importancia conocido como la Torre de Estratón, pero cuando el romano
Octavio se la entregó a Herodes, este realizó en ella obras de
extraordinaria magnitud. En primer lugar, construyó un puerto
que resultaba absolutamente necesario de cara al litoral marítimo.
De hecho, todavía en la actualidad se pueden observar restos de
esas construcciones. Después, se ocupó de que la ciudad adquiriera
un nuevo trazado y le dio el nombre de su benefactor Cesarea
Augusta. Por supuesto, ese trazado no siguió el de las ciudades
judías, sino el modelo griego que incluía un teatro, un anfiteatro
y, por supuesto, un palacio regio que sería también utilizado por
sus sucesores (Hech. 23:35). Dice mucho del carácter de Herodes
que, a pesar de ser judío de religión y de acometer la ampliación
del templo de Jerusalén, al mismo tiempo convirtiera Cesarea en
un centro de culto al emperador, un culto que era visto con mucha
reticencia en la parte occidental del imperio, pero que se extendía
con rapidez en la oriental y que incluso se había ido convirtiendo
en una prueba de lealtad a Roma. El hecho de que, en Cesarea,
hubiera un templo desde el que podía observarse el puerto y que
contenía estatuas de Octavio y de Roma provocaba la ira de los
judíos y explica por qué la mayor parte de los habitantes de la
ciudad eran gentiles. Con todo, judíos y gentiles disfrutaban de
igualdad de derechos bajo el dominio romano.

Cuando Roma se hizo con el control directo de Judea, Cesarea pasó a ser la capital de la provincia, así como la residencia del gobernador o procurador. Esa circunstancia determinó que en la ciudad se alojara una guarnición que Flavio Josefo señala que consistía en cinco cohortes y un escuadrón de caballería. En su mayoría, estos soldados al servicio de Roma se reclutaban en las cercanías y eran de origen sirio, pero también había otros romanos como los que formaban la Cohorte Itálica en la que servía Cornelio. Sabemos que la Cohorte Itálica servía en Cesarea en el año 69 d. C. por una inscripción descubierta en Austria, y también que seguía rindiendo servicio en Siria en el siglo II d. C.

Las legiones romanas estaban formadas por seis mil hombres divididos en seis cohortes. Al mando de cada cohorte había un tribuno o jiliarca según la denominación griega (Hech. 21:31; 23:26), y por debajo de él, tenía lugar una división de centurias que estaban a las órdenes de centuriones o hekatontarcas. Gente esforzada y valiente que se abría camino en la vida por su arrojo en el combate, resultaba muy común que abrigaran fuertes convicciones religiosas quizá porque, en medio de la batalla, hasta los más descreídos invocan lo sobrenatural. Que, como ya vimos, un centurión construyera una sinagoga en Capernaum (Luc. 7:5) o que, como Cornelio, se sintiera muy vinculado a la religión, encaja sobradamente con los datos de los que disponemos.

Por el nombre de la cohorte en que servía, debemos deducir que Cornelio era itálico de nacimiento —quizá incluso romano—, y que por lo tanto poseía la ciudadanía romana. Su nombre indica que pertenecía a la gran familia romana de la que procedieron personajes tan relevantes como los Escipiones o el dictador Sila. De hecho, este manumitió a más de diez mil esclavos que, en adelante, llevaron el nombre de Cornelio. El personaje al que se refiere Lucas, sin duda, contaba con relevancia y además llevaba tiempo muy relacionado con el Dios de Israel, habiendo adoptado prácticas como la oración al único Dios verdadero y las limosnas (Hech. 10:2). Una visión lo impulsó a ir a buscar a Pedro, que vivía en la casa de Simón el curtidor. Sin embargo, a la experiencia de Cornelio se iba a unir otra no menos relevante experimentada por Pedro. La fuente lucana señala:

Al día siguiente, mientras ellos iban por el camino y se acercaban a la ciudad, Pedro subió a la azotea para orar, cerca de la hora sexta.

Y tuvo gran hambre, y quiso comer; pero mientras le preparaban algo, le sobrevino un éxtasis; y vio el cielo abierto, y que descendía algo semejante a un gran lienzo, que atado de las cuatro puntas era bajado a la tierra; en el cual había de todos los cuadrúpedos terrestres y reptiles y aves del cielo. Y le vino una voz: Levántate, Pedro, mata y come. Entonces Pedro dijo: Señor, no; porque ninguna cosa común o inmunda he comido jamás. Volvió la voz a él la segunda vez: Lo que Dios limpió, no lo llames tú común. Esto se hizo tres veces; y aquel lienzo volvió a ser recogido en el cielo.

Y mientras Pedro estaba perplejo dentro de sí sobre lo que significaría la visión que había visto, he aquí los hombres que habían sido enviados por Cornelio, los cuales, preguntando por la casa de Simón, llegaron a la puerta. Y llamando, preguntaron si moraba allí un Simón que tenía por sobrenombre Pedro. Y mientras Pedro pensaba en la visión, le dijo el Espíritu: He aquí, tres hombres te buscan. Levántate, pues, y desciende y no dudes de ir con ellos, porque yo los he enviado. Entonces Pedro, descendiendo a donde estaban los hombres que fueron enviados por Cornelio, les dijo: He aquí, yo soy el que buscáis; ¿cuál es la causa por la que habéis venido? Ellos dijeron: Cornelio el centurión, varón justo y temeroso de Dios, y que tiene buen testimonio en toda la nación de los judíos, ha recibido instrucciones de un santo ángel, de hacerte venir a su casa para oír tus palabras. Entonces, haciéndoles entrar, los hospedó. Y al día siguiente, levantándose, se fue con ellos; y le acompañaron algunos de los hermanos de Jope. (Hech. 10:9-23)

Ha sido Marcos, el más que posible intérprete de Pedro, el que, precisamente, nos ha transmitido la noticia de cómo Jesús había hecho limpios todos los alimentos (Mar. 7:19). Sin embargo, como otras enseñanzas de Jesús, aquella no había sido captada a cabalidad por Sus discípulos, Pedro incluido. Cuando el apóstol tuvo la visión en la que se le instaba a comer todo tipo de animales, respondió con la lógica repugnancia del judío acostumbrado a guardar los preceptos dietéticos de la Torá. Sin embargo, como iba a tener ocasión de comprobar al día siguiente, al llegar a Cesarea, aquella visión apuntaba a algo que trascendía que Jesús ya hubiera hecho limpios todos los alimentos. La fuente lucana lo relata de la siguiente manera:

Al otro día entraron en Cesarea. Y Cornelio los estaba esperando, habiendo convocado a sus parientes y amigos más íntimos. Cuando Pedro entró, salió Cornelio a recibirle, y postrándose a sus pies, adoró. Mas Pedro le levantó, diciendo: Levántate, pues yo mismo también soy hombre. Y hablando con él, entró, y halló a muchos que se habían reunido. Y les dijo: Vosotros sabéis cuán abominable es para un varón judío juntarse o acercarse a un extranjero; pero a mí me ha mostrado Dios que a ningún hombre llame común o inmundo; por lo cual, al ser llamado, vine sin replicar. Así que pregunto: ¿Por qué causa me habéis hecho venir?

Entonces Cornelio dijo: Hace cuatro días que a esta hora yo estaba en ayunas; y a la hora novena, mientras oraba en mi casa, vi que se puso delante de mí un varón con vestido resplandeciente, y dijo: Cornelio, tu oración ha sido oída, y tus limosnas han sido recordadas delante de Dios. Envía, pues, a Jope, y haz venir a Simón el que tiene por sobrenombre Pedro, el cual mora en casa de Simón, un curtidor, junto al mar; y cuando llegue, él te hablará. Así que luego envié por ti; y tú has hecho bien en venir. Ahora, pues, todos nosotros estamos aquí en la presencia de Dios, para oír todo lo que Dios te ha mandado.

Entonces Pedro, abriendo la boca, dijo: En verdad comprendo que Dios no hace acepción de personas, sino que en toda nación se agrada del que le teme y hace justicia. Dios envió mensaje a los hijos de Israel, anunciando el evangelio de la paz por medio de Jesucristo; este es Señor de todos. Vosotros sabéis lo que se divulgó por toda Judea, comenzando desde Galilea, después del bautismo que predicó Juan: cómo Dios ungió con el Espíritu Santo y con poder a Jesús de Nazaret, y cómo este anduvo haciendo bienes y sanando a todos los oprimidos por el diablo, porque Dios estaba con él. Y nosotros somos testigos de todas las cosas que Jesús hizo en la tierra de Judea y en Jerusalén; a quien mataron colgándole en un madero. A este levantó Dios al tercer día, e hizo que se manifestase; no a todo el pueblo, sino a los testigos que Dios había ordenado de antemano, a nosotros que comimos y bebimos con él después que resucitó de los muertos. Y nos mandó que predicásemos al pueblo, y testificásemos que él es el que Dios ha puesto por Juez de vivos y muertos. De este dan testimonio todos los profetas, que todos los que en él creyeren, recibirán perdón de pecados por su nombre.

Mientras aún hablaba Pedro estas palabras, el Espíritu Santo cayó
sobre todos los que oían el discurso. Y los fieles de la circuncisión
que habían venido con Pedro se quedaron atónitos de que también
sobre los gentiles se derramase el don del Espíritu Santo. Porque los oían que hablaban en lenguas, y que magnificaban a Dios.
Entonces respondió Pedro: ¿Puede acaso alguno impedir el agua,
para que no sean bautizados estos que han recibido el Espíritu
Santo también como nosotros? Y mandó bautizarles en el nombre
del Señor Jesús. Entonces le rogaron que se quedase por algunos
días. (Hech. 10:24-48)

Las imágenes televisadas nos han acostumbrado a ceremonias
como las que llevan a los cardenales de todo el mundo a postrarse
de rodillas ante el papa recién elegido. Se trata de una conducta que
se ha venido desarrollando durante siglos y que, en alguna época,
incluía besar el calzado del papa, conocido como la sagrada pantu-
fla. El relato lucano deja de manifiesto lo enormemente lejos que
semejantes concepciones se encuentran de la conducta de Pedro.
Cuando Cornelio se postró a sus pies, Pedro se apresuró a incorpo-
rarlo señalando que era solo un hombre y que esa conducta solo es
lícita cuando se dirige a Dios (Hech. 10:25-26). Reconoció después,
con candorosa franqueza, la repugnancia instintiva que los judíos
piadosos sienten hacia los no judíos (10:28), pero aun así no dudó
en preguntarles la razón por la que lo habían convocado (10:29),
y cuando fue informado por Cornelio (10:30-34), de su boca no
salió una sola palabra de reproche hacia Roma o hacia sus soldados
o funcionarios. Sin duda, hubiera podido descargar un memorial
de agravios sufridos por sus compatriotas, pero, en lugar de des-
plegar esa conducta, reconoció el hecho fundamental de que Dios
no hace acepción de personas y no trata mejor a la gente por pertenecer a una determinada nación, raza o pueblo (Hech. 10:34-35).
Fue precisamente a partir de ese punto de partida —tan lejano de
muchas predicaciones— que Pedro fue trazando su predicación del
evangelio. Dios había enviado a Jesús, Mesías y Señor de todos,
para anunciar las buenas noticias de la paz a los judíos (10:36). A
pesar de todas las obras de bien que había realizado, lo mataron
colgándolo de un madero, justo la muerte de los malditos, desde una
perspectiva judía (10:39). Sin embargo, Dios lo había levantado de
entre los muertos y lo hizo manifestarse a testigos como el propio

Pedro, que habían comido y bebido con Él tras la resurrección (10:41). Siguiendo Su mandato, ahora daban testimonio de que Jesús juzgaría a los vivos y a los muertos (10:42) y de que, como señalaron los profetas, solo en Su nombre se puede recibir el perdón de los pecados (10:43).

Aunque dirigido a no judíos, el mensaje de Pedro era el mismo que el que había predicado a sus compatriotas. Era cierto que no acusaba a los gentiles de ser los responsables de la muerte de Jesús, ni tampoco de ser sordos a la predicación de unos profetas a los que, en términos generales, desconocían. Tampoco podía culpar a sus dirigentes religiosos de haber impulsado el arresto y muerte de Jesús. Sin embargo, sí enfatizó dos aspectos esenciales. En primer lugar, que Dios juzgaría a todo el género humano, muertos inclui-dos, a través de Jesús, y en segundo lugar, que solo había posibilidad de que los pecados fueran perdonados en el nombre de ese mismo Jesús. Por enésima vez, Pedro no intentaba presentar aspectos que pudieran apelar a la satisfacción o el bienestar de sus oyentes, sino que los enfrentaba con la perspectiva de un juicio en el que serían hallados culpables y de cuyas terribles consecuencias solo podrían escapar si en el nombre de Jesús recibían el perdón de los pecados. Entonces fue cuando tuvo lugar un fenómeno que Pedro había contemplado ya en Pentecostés. Aquellos no judíos, paganos quizá interesados en el Dios de Israel, aquellos de los que su pueblo había estado agriamente separado durante siglos, recibieron el Espíritu Santo exactamente como sus compatriotas pocos años atrás. Sí, ciertamente, Dios no hacía acepción de personas y sí, ciertamente, a ningún ser humano se podía denominar impuro o inmundo por su origen nacional o racial. Pedro, igual que en Pentecostés, había abierto con su predicación la entrada en el reino a los otros judíos. Aquel día, en Cesarea, hizo lo mismo con los gentiles. Las palabras de Jesús pronunciadas en Cesarea de Filipo se habían cumplido plenamente (Mat. 16:19).

La acción de Pedro no dejaría de ser objeto de controversia. A decir verdad, hubo judíos que, a su vuelta a Jerusalén, le reprocha-ron que hubiera entrado en casa de gentiles y hubiera comido con ellos (Hech. 11:2-3). Pedro apeló entonces a la visión que había experimentado en Jope (11:4-11), a las órdenes recibidas del Espí-ritu para que aceptara la invitación de los hombres enviados por Cornelio para descender a Jope (11:12-14) y, de manera especial, al derramamiento del Espíritu Santo sobre los gentiles que habían creído (11:15), lo cual le había traído a la mente las palabras de Jesús cuando anunció que si Juan había bautizado —sumergido— en agua, Sus seguidores lo serían en el Espíritu Santo. Resultaba obvio que lo que Dios había decidido, Pedro no podía impedirlo (11:16-17). Lucas ha consignado que las palabras de Pedro causaron un enorme impacto entre los que lo escuchaban, ya que acababan de captar que Dios no solo iba a desarrollar Su plan de salvación entre los judíos sino también entre los no judíos (11:18). A ellos también se les abría el camino para que se convirtieran y así tuvieran vida.

Los gentiles escuchan el evangelio

La acción de Pedro al abrir el reino a los gentiles en la persona del centurión Cornelio y de sus allegados pronto contaría con paralelos. Aquellos que habían huido de la persecución desencadenada contra la comunidad de Jerusalén llegaron, entre otros lugares, a Fenicia, Chipre y Antioquía, aunque siguieron limitándose a compartir la buena nueva con judíos (Hech. 11:19). Sin embargo, no pasó mucho tiempo antes de que algunos discípulos originarios de Chipre y de Cirene, al llegar a Antioquía, comenzaran a compartir el evangelio también con no judíos (11:20)[101]. Esta vez, no fueron Pedro y Juan los encargados de averiguar lo que estaba sucediendo, sino que la iglesia de Jerusalén envió para llevar a cabo ese cometido a un judío chipriota llamado Bernabé (11:22-24). Bernabé captó a la perfección las oportunidades que se desplegaban para el avance del mensaje y decidió incorporar a la tarea de difundirlo a aquel Saulo que había perseguido a los discípulos tras el linchamiento de Esteban y que, a la sazón, se encontraba en Tarso, su ciudad de origen (11:25). A partir de ese momento, la obra entre los gentiles no dejaría de crecer. El hecho —de enorme trascen-

---

[101] Sobre la penetración del helenismo entre los judíos, ver: E. R. Goodenough, *Jewish Symbols in the Greco-Roman Period*, vols. I-XI, (Nueva York, 1953) ss.; T. F. Glasson, *Greek Influence in Jewish Eschatology*, Londres, 1961; M. Hengel, *The Hellenization of Judaea in the First Century after Christ*, (Londres y Filadelfia, 1989); Ibid., *Judaism and Hellenism*, Minneapolis, 1991.

dencia para la historia de la humanidad— de que un movimiento originalmente judío se transformara en universal no iba a ser un fenómeno que transcurriera sin tensiones ni dificultades internas. Por añadidura, la persecución volvería a hacerse sentir en la vida de los discípulos de Jesús. Frente a ambas circunstancias, volvería a contemplarse la figura de Pedro.

CAPÍTULO XXI

VUELVE LA PERSECUCIÓN

Herodes Agripa persigue a los discípulos

El final de la década de los años treinta y el inicio de los cuarenta se presentó para los discípulos como un período no exento de problemas relacionados con el poder romano y, de manera aún más acentuada, con el poder judío[102]. El emperador Cayo Calígula (Suetonio, Calígula IX) que inició su principado bajo auspicios muy favorables, cayó gravemente enfermo en octubre de 37 d. C., apreciándose, tras recuperarse de la dolencia, un cambio notable de carácter que Josefo describe como un paso de la moderación a la autodeificación (*Ant.* XVIII, 256). Al poco de convertirse en emperador, Calígula había liberado a Herodes Agripa de su prisión —donde se hallaba por ofender a Tiberio (*Guerra* II, 178)—, otorgándole además grandes honores y asignándole el gobierno del territorio que su tío Felipe había gobernado como tetrarca hasta su fallecimiento, unos tres años antes, al igual que la zona norteña de Abilene, que anteriormente había formado parte de la tetrarquía de Lisanias. Asimismo, le concedió el título de rey (*Guerra* II, 181; *Ant.* XVIII, 236 ss.), a lo que se unió la satisfacción que le brindó la caída en desgracia de Herodes Antipas y el ulterior paso de la

---

[102] Acerca de Judea y los julio-claudios, ver: H. G. Pflaum, *Les carrières procuratoriennes équestres sous le Haut-Empire romain*, 4 vols., (París, 1960-1); P. W. Barnett, «*Under Tiberius all was Quiet*» en *NTS*, 21, 1975, págs. 564-571; D. M. Rhoads, *Israel in Revolution: 6-74 C. E.*, (Filadelfia, 1976); E. M. Smallwood, *The Jews under Roman Rule*, Leiden, 1976; H. Guevara, *Ambiente político del pueblo judío en tiempos de Jesús* (Madrid, 1985); E. Schürer, *The History of the Jewish people in the Age of Jesus Christ*, (rev. y ed. G. Vermes, F. Millar y M. Black), (Edimburgo, 1987), 4 vols.; C. Vidal, *El Primer Evangelio: el Documento Q*, (Barcelona, 1993), e *Ibid.*, *Los esenios y los rollos del mar Muerto*, (Barcelona, 1993).

tetrarquía de Galilea y de Perea, que este detentaba, a su propio reino (39 d. C.) (*Guerra* II, 182 ss.; *Ant.* XVIII, 240 ss.).

El cambio en la actitud de Calígula se produjo, aproximadamente, al año y medio de dar comienzo a su reinado (*Ant.* XVIII, 7, 2). En el otoño de 38 d. C., tuvo lugar una sangrienta algarada contra los judíos de Alejandría, aparentemente debida al populacho pero incitada realmente por el emperador que creía con firmeza en su propia divinidad (Filón, *Legatio* 11; 13-16; 43; *Ant.* XVIII, 7, 2; XIX, 1, 1; 1, 2; *Dión* LIX, 26, 28; Suetonio, *Calígula*, XXII). El saqueo de las propiedades judías, el asesinato de judíos y la profanación y destrucción de sus sinagogas no se hicieron esperar (*Contra Flaco*, 6-7, 8, 9 y 20; *Legación*, 18). La situación, sin embargo, debió suavizarse un tanto cuando Flaco fue llevado a Roma como prisionero y desterrado inmediatamente a la isla de Andros en el Egeo, donde fue ejecutado (*Contra Flaco*, 12-21).

En el invierno de 39-40 d. C., Calígula decidió que se erigiera una estatua suya en el templo de Jerusalén (*Legación*, 30). Al correr la noticia, una multitud de judíos se presentó ante el gobernador romano Petronio, quien les prometió posponer el cumplimiento de la orden (*Legación*, 32; *Guerra* II, 10, 3-5; *Ant.* XVIII, 8, 2-3), si bien silenció al emperador lo que estaba sucediendo. Calígula accedió a un aplazamiento, dada la cercanía del tiempo de la cosecha, que podía ser arruinada por unos judíos irritados. Pese a todo, envió una carta a Petronio ordenándole finalizar lo antes posible su misión (*Legación*, 33; 34-5). Nuevas discusiones con los judíos y la intercesión de Aristóbulo, el hermano de Agripa, llevaron finalmente a Petronio a solicitar del emperador la revocación de la orden (*Ant.* XVIII 8, 5-6; *Guerra* II, 10, 3-5). Agripa había suplicado lo mismo de Calígula en Putéoli, al regreso de este de su campaña germánica (*Legación*, 29 y 35-41) obteniendo que ordenara no profanar el templo. A pesar de todo, al poco tiempo, el emperador ordenó fabricar una estatua en Roma que debía ser erigida en Jerusalén. Finalmente, solo el asesinato del emperador (24 de enero de 41 d. C.), que aconteció poco después, concluyó de manera definitiva con el conflicto. Aquella muerte salvó también a Petronio, al que Calígula había enviado la orden de suicidarse (*Meg Taan*, 26; *TJ Sot* 24 b; *TB Sot* 33a). Este episodio no parece que causara una especial inquietud a los discípulos, quizá porque contaban con que, en un futuro no muy lejano, tal y como había anunciado Jesús, el templo fuera profanado y destruido. Mayores consecuencias tendría para ellos el gobierno del rey Agripa.

Una de las primeras acciones de gobierno de Claudio, el sucesor de Calígula, consistió en añadir a Judea al reino de Agripa, que llegaba así a regir un territorio casi similar al de su abuelo (*Guerra* II, 214; *Ant.* XIX, 274). Además, Claudio otorgó a Agripa el rango consular y entregó el reino de Calcia, en el valle del Líbano, a Herodes, hermano de Agripa. Claudio posiblemente actuaba así movido por los últimos disturbios acontecidos en Judea, que aconsejaban gobernar esta área mediante un monarca interpuesto mejor que de manera directa. La Mishná da cuenta de la popularidad de Herodes Agripa (Sotah 7:8)[103]. Durante la fiesta de Sukkot debía leerse en alto la ley a la gente reunida en el santuario central (Deut. 31). En octubre del año 41 d. C., durante la celebración de esta fiesta —unos quince días después del final del año sabático de 40-41 d. C.—, Agripa, en su calidad de rey de los judíos, compareció según el ritual prescrito. Agripa recibió de pie el rollo del libro de Deuteronomio que le entregó el sumo sacerdote, pero en lugar de sentarse para leer las secciones concretas del mismo —algo que le estaba permitido como rey— permaneció de pie mientras las leía. Al llegar al versículo 15 del capítulo 17 de Deuteronomio («De entre tus hermanos pondrás rey sobre ti; no podrás poner sobre ti a hombre extranjero, que no sea tu hermano»), Herodes rompió a llorar, recordando su estirpe edomita. Ante aquel gesto, el pueblo prorrumpió en gritos de «No temas; tú eres nuestro hermano, tú eres nuestro hermano», recordando su parentesco con Mariamme. Herodes Agripa no defraudó aquella confianza de la población y procuró manifestar un celo por la religión judía que aparece reflejado de manera insistente en las fuentes.

La Mishná (Bikkurim 3:4)[104], aparte del suceso ya citado, señala cómo, en la fiesta de las primicias, el rey llevaba su cesta sobre el hombro al patio del templo como un judío cualquiera. También dedicó al templo la cadena de oro que le había regalado Calígula con motivo de

---

[103] Sobre algunos aspectos lingüísticos de este pasaje que vienen a resaltar su valor histórico, ver: M. Pérez Fernández, 1992, págs. 184 y 208.

[104] Para algunas observaciones lingüísticas relacionadas con este texto, subrayando su importancia como fuente histórica, ver: M. Pérez Fernández, 1992, pág. 184.

su liberación (*Ant.* XIX, 294 ss.) y, al entrar como rey en Jerusalén, ofreció sacrificios de acción de gracias en el templo, pagando los gastos de varios nazareos cuyos votos estaban a punto de expirar y cuyo rapado de cabello debía ir vinculado a las correspondientes ofrendas (*Ant.* XIX, 294). Asimismo, alivió la presión fiscal que pesaba sobre algunos de los habitantes de Jerusalén (*Ant.* XIX, 299).

Seguramente hubo mucho de frío cálculo político por parte de Herodes Agripa en toda su piedad judía. Prueba de ello es que no mostró ningún tipo de escrúpulo religioso fuera de las zonas estrictamente judías de su reino. Así, por ejemplo, las monedas acuñadas en Cesarea y otros lugares no judíos de su reino llevan efigies de él o del emperador[105]. Igualmente, ordenó la colocación de estatuas de él y de su familia en Cesarea (*Ant.* XIX, 357), y en la dedicación de los baños públicos, las columnatas, el teatro y el anfiteatro de Beryto (Beirut) dio muestra de andar muy lejos de la piedad judía (*Ant.* XIX, 335 ss.). Con todo, Herodes no parece haber tenido demasiado éxito con sus súbditos no judíos, y buena prueba de ello son las manifestaciones de júbilo en Cesarea y Sebaste que siguieron a su muerte en 44 d. C. (*Ant.* XIX, 356 ss.). En cuanto a los judíos, supo ganárselos con la suficiente astucia como para que no protestaran por el trato que mantenía con los súbditos gentiles ni tampoco por la forma en que destituyó durante su breve reinado a tres sumos sacerdotes y nombró otros tantos: Simón Kanzeras, Matías y Elioenai (*Ant.* XIX, 297 ss., 313 ss., 342).

El deseo de Herodes de agradar a los súbditos judíos se manifestó de manera especialmente siniestra en el desencadenamiento de una nueva persecución contra los seguidores de Jesús (Hech. 12:1-3). Así, Herodes Agripa no solo procedió a ejecutar a Santiago, uno de los integrantes del grupo original de los Doce y del trío más restringido y más cercano a Jesús, sino que además ordenó el encarcelamiento de Pedro. Se ha sugerido igualmente la posibilidad de que Juan, el hermano de Santiago, hubiera sido martirizado durante la persecución herodiana, pero la supuesta base para llegar a esa conclusión es más que discutible[106]. Aparte de una interpretación

---

[105] J. Meyshan, «*The Coinage of Agrippa the First*», en *Israel Exploration Journal*, 4, 1954, págs. 186 ss.

[106] E. Schwartz, «*Uber den Tod der Sohne Zebedaei*», «*Abh. d. kgl. Gesellschaft d. Wissenschaften zu Gottingen*» Bd. 7, n.º 5, 1904 e *Ibid.*, «*Noch Einmal der Tod der*

peculiar de Marcos 10:39, en el sentido de un martirio conjunto —lo que implica forzar el texto—, la prueba en favor de tal teoría deriva del fragmento De Boor del *Epítome de la Historia* de Felipe de Side (aprox. 450 d. C.), según el cual «Papías en su segundo libro dice que Juan el divino y Santiago su hermano fueron asesinados por los judíos». La referencia a Papías en Jorge Hamartolos (s. ix d. C.) recogida en el Codex Coislinianus 305 concuerda con esta noticia, pero, aun aceptando su veracidad, solo nos indicaría que ambos hermanos sufrieron el martirio a manos de adversarios judíos y no que este fuera conjunto, ni siquiera en la misma época.

La acción de Herodes Agripa no pudo estar mejor pensada. Santiago era uno de los miembros del grupo restringido de los tres discípulos más cercanos de Jesús y lo mismo puede señalarse de Pedro. Este ataque selectivo aparentemente pretendía descabezar a un movimiento que no solo no había desaparecido a más de una década de la ejecución de su fundador sino que además se estaba extendiendo entre los judíos de la Diáspora y los gentiles. Es posible incluso que este último hecho pudiera haber enajenado al movimiento buena parte de las simpatías de las que disfrutaba entre el resto de los judíos. Como tuvimos ocasión de ver, Pedro no se había limitado a legitimar la entrada de gentiles en el grupo, sino que además había pasado por alto normas rituales (Hech. 10) y los demás miembros del grupo de los discípulos lo habían consentido (Hech. 11), algo que tuvo que ser muy mal visto por otros judíos.

Que Pedro salvara la vida en medio de aquella conflictiva situación se debió en no escasa medida a que Agripa pospuso su ejecución hasta después de la fiesta de los panes sin levadura. Antes de que la semana de fiesta concluyera, Pedro escapó de la prisión. El episodio presenta notables paralelos con la manera en que el reformador Francisco de Enzinas[107] logró huir de una inquisición católica que lo hubiera llevado a morir por la fe, exactamente igual a lo que le tenía preparado Agripa a Pedro. Sin embargo, lo que Pedro y los discípulos contemplaron como fruto de una acción directa de Dios (Hech. 12:6-11), Agripa lo interpretó como una fuga debida

---

Sohne Zebedaei» en «*Zeitschrift für die Neutestamentliche Wissenschaft*», 11, 1910, págs. 89 ss.

[107] Francisco de Enzinas, *Memorias*, (Madrid, 1992), págs. 400 ss.

a la connivencia de algún funcionario y decidió ejecutar a algunos de los sospechosos (Hech. 12:18-9).

Pedro decidió no correr el riesgo de ser apresado de nuevo. Según la fuente lucana, se apresuró a huir a «otro lugar» sin determinar y antes se preocupó de disponer que se avisara de su decisión a Santiago, uno de los hermanos de Jesús (Hech. 12:17).

Las fuentes cristianas apuntan sin discusión a que los hermanos de Jesús no creían en Él mientras vivía (Juan 7:5; también Mat. 13:55 y Mar. 6:3), pero esa incredulidad se había transformado en fe tras los sucesos pascuales, al punto de que se integraron en la comunidad de Jerusalén (Hech. 1:14). En el caso concreto de Santiago, parece que el factor determinante fue una aparición de Jesús tras Su muerte (1 Cor. 15:7). Diez años después de esta, su papel en el seno de la iglesia de Jerusalén tenía la suficiente importancia como para que Pedro considerara que debía asumir el cuidado de la comunidad y Pablo lo considerara algún tiempo después una columna de la iglesia (Gál. 2:9) junto a Pedro y a Juan.

Sin duda, la decisión de que estuviera a la cabeza de la comunidad de Jerusalén resultó apropiada. Santiago era un hombre celoso en el cumplimiento de la Torá, y tal circunstancia podía limar las asperezas existentes entre los discípulos y el resto de sus compatriotas. Si Pedro aparentaba ser un dirigente descuidado y heterodoxo en su actitud hacia los gentiles (lo que repercutía negativamente en la imagen pública del movimiento al que pertenecía), Santiago era contemplado como un fiel observante susceptible de detener el proceso de creciente impopularidad al que se veían abocados los discípulos y con ello, quizá, la persecución desencadenada por Herodes. De hecho, desde ese momento hasta su muerte, el hermano de Jesús fue el dirigente reconocido de la iglesia en Jerusalén.

La estrategia de Herodes en contra de los discípulos llegó a su conclusión a causa de su inesperado y rápido fallecimiento. Acerca del mismo nos informan Josefo y los Hechos de manera coincidente en cuanto a los hechos principales (Hech. 12:20 ss.; *Ant.* XIX, 343 ss.). Los habitantes de Tiro y Sidón habían experimentado fuertes tensiones con Agripa[108] pero, dado que dependían de los distritos de

---

[108] Posiblemente habría que atribuir esta al hecho de que Petronio, escuchando las protestas de los judíos, hubiera retirado la estatua de Claudio que los habitantes de Dora habían colocado en la sinagoga de esta ciudad (Josefo, *Ant.* XIX, 300 ss.).

Galilea para su suministro de alimentos, pronto intentaron reconciliarse con el rey, lo que lograron sobornando a Blasto, un camarero o chambelán de Herodes. Los fenicios, a fin de dar testimonio público de la reconciliación con el rey, descendieron a Cesarea con ocasión de un festival celebrado en honor de Claudio, posiblemente[109] el 1 de agosto, que era la fecha de su cumpleaños (Suetonio, *Claudio* 2, 1). Según Josefo (*Ant.* XIX, 343 ss.), el rey tomó asiento en el teatro al amanecer del segundo día de los juegos, llevando una túnica que, tejida con hilo de plata, reflejaba los rayos del sol, de manera que el público —formado por gentiles, por supuesto— comenzó a invocarlo como dios. Según Hechos 12, el origen de las loas fue los términos en que habló a los delegados fenicios, que fueron definidos como «¡voz de Dios, y no de hombre!» (Hech. 12:22), un aspecto que encaja a la perfección con lo que conocemos del trasfondo político en que se movían ambas partes. Lucas y Josefo coinciden en señalar que fue durante ese instante cuando Herodes cayó víctima de un dolor mortal, interpretado como un castigo divino por no haber honrado a Dios ni haber rechazado el culto que le tributaba la multitud. La muerte se produjo cinco días más tarde, quizá de una perforación de apéndice[110], aunque se ha atribuido asimismo a un envenenamiento por arsénico[111], una obstrucción intestinal aguda[112] e incluso un quiste hidatídico[113].

Para los judíos, el episodio fue un auténtico desastre nacional, pero para los discípulos, la muerte de Herodes Agripa significó la desaparición de un peligroso perseguidor que había causado la

---

[109] La otra posibilidad, señalada por E. Meyer, «*Ursprung und Anfange des Christentums*», III, Stuttgart, 1923, pág. 167, es que se tratara de los juegos quinquenales instituidos por Herodes el grande en Cesarea en honor del emperador, con ocasión de la fundación de la ciudad el 5 de marzo de 9 a. C. Esta tesis tropieza con la dificultad de que el año 44 no era quinquenal según el cómputo de Cesarea.

[110] E. M. Merrins, «*The Death of Antiochus IV, Herod the Great, and Herod Agrippa I*» en *Bibliotheca Sacra*, 61, 1904, págs. 561 ss.

[111] J. Meyshan, «*The Coinage of Agrippa the First*», en *Israel Exploration Journal*, 4, 1954, pág. 187, n.º 2.

[112] A. R. Short, *The Bible and modern medicine* (Londres, The Paternoster Press, 1953), págs. 66 ss.

[113] F. F. Bruce menciona el caso de un médico de la universidad de Sheffield que mantenía esta tesis en *New Testament History*, (Nueva York, Galilee/Doubleday, 1980), pág. 263.

muerte de al menos de uno de sus dirigentes principales y el exilio de otro. Quizá el mejor resumen de este periodo tras la muerte del rey Herodes Agripa sea el que proporciona la fuente lucana, al indicar que «la palabra del Señor crecía y se multiplicaba» (Hech. 12:24). El mismo Pedro no tardaría en volver a hacer acto de presencia. El siguiente reto con el que se enfrentarían los discípulos procedería no de afuera, sino de su propio interior.

El problema gentil

Cuspio Fado, el primer procurador romano[114] que gobernaba Judea desde la muerte de Herodes Agripa, extendía su poder ahora sobre la totalidad del reino de este y, por vez primera, desde los tiempos de Herodes el Grande, Galilea fue integrada en la provincia de Judea. La primera misión de Fado consistió en desencadenar la represión contra los habitantes de Cesarea y Sebaste que habían manifestado su alegría por la muerte de Agripa (*Ant.* XIX, 364). A este episodio siguieron una disputa fronteriza entre los habitantes de Filadelfia (Ammán), una de las ciudades gentiles de la Decápolis, y los judíos de Zia, un villorrio situado al oeste de aquella, a unos veinticinco kilómetros de distancia, que concluyó con derramamiento de sangre; el enfrentamiento con un tal Ptolomeo, al que capturó y dio muerte (*Ant.* XX, 5); la lucha contra Teudas, al que Josefo califica de charlatán (*Ant.* XX, 97 ss.) y al que no debe confundirse con el Teudas mencionado en Hech. 5:36[115]; y la conversión del romano

---

[114] Hemos optado por utilizar el término «procurador» que el más unitario de «gobernador». En términos generales, esta figura jurídica recibió durante los gobiernos de Augusto y Tiberio el nombre de «prefecto» (*praefectus-eparjos*) y desde Claudio, al menos, el de «procurador» (*procurator-epítropos*). En este sentido, aparte de las obras ya citadas, ver: A. Frova, «*L'iscrizione di Ponzio Pilato a Cesarea*» en *Rediconti dell'Istituto Lombardo*, 95, 1961, págs. 419-34 (inscripción en la que Poncio Pilato es descrito como «*praefectus iudaeae*»); A. N. Sherwin-White, «*Procurator Augusti*» en *PBSR*, 15, n.º 2, 1939, págs. 11-26; P. A. Brunt, «*Procuratorial Jurisdiction*» en *Latomus*, 25, 1966, págs. 461-89; E. Schürer, *History...*, I, págs. 357 ss.

[115] El Teudas de Hechos 5 debe identificarse con Teodoro o Matías de Margalo, que fue quemado vivo pocos meses antes de la muerte de Herodes, según nos relata Josefo, *Guerra* I, 648-655 y *Ant.* XVII, 149-67. Una defensa magnífica

en custodia de las vestiduras del sumo sacerdote, una medida de una enorme peligrosidad potencial realmente explosiva que no llegó a estar en vigor solo porque Claudio —quizá persuadido por el hijo de Agripa y su primo Aristóbulo— se opuso a ello (*Ant.* XX, 6-14).

En torno al año 46, Fado fue sucedido como procurador por Tiberio Julio Alejandro —que no solo era un apóstata, sino que además aprovechaba cualquier oportunidad para ponerlo de manifiesto— y que tomó posesión de su cargo, cuando Judea se hallaba bajo los efectos de una de las hambrunas que se produjeron bajo Claudio (Suetonio, *Claudio* XVIII, 2). Izates, rey de Adiabene y prosélito del judaísmo, envió a Jerusalén ayuda para aliviar la miseria de los pobres y lo mismo se refiere de su madre Elena de Adiabene, también prosélita, que ordenó adquirir grano en Alejandría e higos en Chipre, haciéndolos luego llegar a Judea para que fueran repartidos entre los necesitados (*Ant.* III, 320 ss.; XX, 51-3, 101; quizá *Nazir* 3, 6)[116]. La fuente lucana nos informa que esta desgracia había sido anunciada por uno de los profetas de la comunidad antioquena, de nombre Agabo, y, como consecuencia de su proclamación, aquella optó por enviar ayuda a los hermanos de Judea a través de Pablo y Bernabé (Hech. 11:27-30), así como posiblemente también de Tito (Gál. 2:1 ss.). La penuria iba a ayudar a la rebelión de Santiago y Simón, dos hijos de Judas el galileo (*Ant.* XX, 102), que concluyó con su derrota y ejecución a manos del ocupante romano.

La situación se deterioró incluso más durante el periodo en que Cumano (48-52 d. C.) fue gobernador. En el curso del mismo, se produjeron repetidas injurias de los soldados romanos a la religión judía (*Guerra* II, 224 y 229; *Ant.* XX, 108 y 115), asesinatos de peregrinos judíos (*Guerra* II, 232; *Ant.* XX, 118), un incremento del bandidismo (*Guerra* II, 228 y *Ant.* XX, 113) e incluso el estallido de un conflicto armado entre los judíos y los samaritanos (*Guerra* II, 232-246; *Ant.* XX, 118-136). La visión de los gentiles —ya de por

---

de este punto de vista —que compartimos— en H. Guevara, *Ambiente político del pueblo judío en tiempos de Jesús* (Madrid, Ediciones Cristiandad S. A., 1985), págs. 214 ss. Ver también L. H. Feldman, *Josephus and Modern Scholarship* (Berlín-Nueva York, De Gruyter, 1984), págs. 717 ss.

[116] Para aspectos lingüísticos relacionados con este pasaje, ver: M. Pérez Fernández, 1992, págs. 179-80.

sí no bien considerados por el judaísmo— debió igualmente experimentar un empeoramiento de grandes dimensiones que repercutiría en la vida de los discípulos.

Muy posiblemente, en la década de los cuarenta, todavía el número de cristianos que procedían de estirpe judía era superior al de los de ascendencia gentil. Con todo, la posibilidad de que, a no muy largo plazo, las proporciones pudieran invertirse no resultaba descabellada. Pedro parece haber estado conectado ya con la obra entre la Diáspora (Gál. 1:18; 2:11-14; 1 Cor. 1:10 ss.; 3:4 ss.) y los gentiles por esta fecha (aunque no sepamos los detalles exactos) y, quizá, cabría señalar lo mismo de Juan. Sí sabemos que su ministerio —al que se uniría significativamente el de Bernabé y Pablo— tuvo éxito.

El peligro mayor que representaba la entrada de los gentiles en el grupo de los discípulos era, obviamente, el del sincretismo. Resulta innegable que para los gentiles desconocedores del trasfondo judío, la nueva fe carecía de significado comprensible. Jesús podía ser predicado como el Mesías de Israel, pero resulta dudoso que semejante enunciado pudiera atraer a alguien que ni era judío ni sabía qué o quién era el Mesías. La misma traducción de esta palabra al griego como *Jristós* —el término del que procede el castellano *Cristo*— no resultaba tampoco especialmente reveladora, porque carecía de connotación religiosa en un ámbito gentil. No tardaría, por lo tanto, en identificarse con un nombre personal —y así sigue siendo hasta el día de hoy—, e incluso con el nombre Jrestos, típico de los esclavos. Incluso títulos como «Señor» o «Hijo de Dios» podían ser más sugestivos para los gentiles, pero con un contenido semántico radicalmente distinto. Por añadidura, términos como el «reino de Dios» o «reino de los cielos» de nuevo carecían prácticamente de significado para un gentil. Otros, como «vida eterna», eran susceptibles de ser interpretados en un sentido diferente al judío.

Si, en términos estrictamente teológicos, se planteaba esta problemática, el choque resultaba aún mayor cuando se abordaban cuestiones éticas. Los judíos que seguían a Jesús como Mesías y Señor partían de una práctica ética muy elevada, la de la Torá, que les proporcionaba patrones de conducta moral y digna muy por encima del mundo gentil que los rodeaba. De hecho, muchos de los gentiles que se integraban a la asistencia a las sinagogas en calidad de «temerosos de Dios», lo hacían, en multitud de ocasiones, atraídos por la categoría moral de la Torá seguida por los judíos. Para estos, en caso de convertirse a Jesús el Mesías, el mensaje de Sus discípulos implicaba solo una nueva luz derivada de las enseñanzas del Maestro. Todo llevaba a presagiar que el nuevo movimiento mantendría un envidiable nivel moral y seguramente así podría haber resultado, de no ser por la entrada masiva de conversos gentiles procedentes de la obra misionera entre los gentiles.

Pasajes como el escrito por Pablo en Romanos 1:18 ss. o los contenidos en Sabiduría 13:1 ss. y 14:12, o la carta de Aristeas 134-8, dejan de manifiesto que los judíos en general sentían auténtico horror ante la relajación moral propia del mundo gentil. En el caso de algunos discípulos del grupo de Jerusalén, la preocupación ante tal posibilidad llegó a ser lo suficientemente acuciante como para que algunos se desplazaran hasta Antioquía e intentaran imponer lo que consideraban que sería una solución ideal para el problema. Los mencionados judeocristianos eran de origen fariseo (Hech. 15:5) y cabe al menos la posibilidad de que aún siguieran formando parte de alguna hermandad de esta secta. Su entrada en el movimiento judeocristiano no debería resultarnos extraña. Los judeocristianos admitían como ellos la resurrección de los muertos —incluso pretendían contar con la prueba definitiva de la misma en virtud de la resurrección de Jesús (Hech. 2:29 ss.; 4:10 ss.; 1 Cor. 15:1 ss.)— y eran críticos hacia los saduceos que controlaban el servicio del templo. Por otro lado, la figura de Santiago —un riguroso cumplidor de la Torá— no debía carecer de atractivo para muchos fariseos.

Por si se tratara de un problema de poca envergadura, a las cuestiones teológicas se sumaban las políticas. El control romano sobre Judea estaba despertando, como ya hemos señalado, brotes de rebelde nacionalismo que se tradujeron en el uso de la violencia más descarnada. Los denominados «bandidos» por Josefo comenzaban a enfrentarse directamente al poder invasor empuñando las armas. Sin embargo, habitualmente, los rebeldes contra el poder romano pagaban su osadía con la muerte y aquellas ejecuciones servían para soliviantar más los ánimos de los judíos en contra de los gentiles. El ser sospechoso de simpatizar mínimamente con los romanos iba a implicar hacerse acreedor a los ataques de los nacionalistas partidarios de la subversión (*Guerra* II, 254 ss. y *Ant.* XX, 186 ss.). Si la iglesia de Jerusalén tendía puentes hacia el mundo gentil —y era difícil no interpretar así la postura de Pedro o la evangelización de los gentiles fuera de Palestina—, no tardaría en verse atacada por aquellos, lo que hacía que marcar distancias pareciera más que prudente y que la solución propuesta por aquellos fariseos resultara tentadora. Por un lado, serviría de barrera de contención frente al problema de un posible deterioro moral causado por la entrada de los gentiles en el movimiento. Desde su punto de vista, si se deseaba dotar de una vertebración moral a los conversos gentiles procedentes del paganismo, poca duda podía haber de que lo mejor sería educarlos en una ley que Dios mismo había entregado a Moisés en el Sinaí. Si se pretendía anteceder la entrada de los gentiles por un periodo de aprendizaje espiritual, no parecía que pudiera haber mejor norma de enseñanza que la Torá. Por añadidura, esa conducta permitiría además alejar la amenaza de un ataque nacionalista. No parecía posible que hubiera muchos judíos —por muy contrarios que fueran a los gentiles— que fueran a objetar contra las relaciones con un gentil que, a fin de cuentas, se había convertido al judaísmo circuncidándose y comprometiéndose a guardar meticulosamente la Torá.

La propuesta de aquellos miembros de la comunidad de Jerusalén aparentaba estar tan cargada de lógica que cabe la posibilidad de que incluso hubiera sido prevista —y ulteriormente defendida— también por miembros de la iglesia de Antioquía. De hecho, eso explicaría la acogida, siquiera parcial, que prestaron a los que, procedentes de Jerusalén, la propugnaban. El mismo Pedro, a pesar de su relevante papel a la hora de abrir las puertas a los gentiles, no estaría a la altura de las circunstancias.

La disputa de Antioquía

La visita de los judeocristianos partidarios de la circuncisión a Antioquía (Hech. 15:1) debe conectarse con el episodio que Pablo narra en Gálatas 2:11-14, referente a un enfrentamiento con Pedro. Al parecer, Pedro había visitado Antioquía con anterioridad y había compartido con los miembros de la comunidad en esta ciudad su punto de vista favorable a no imponer el yugo de la Torá a los gentiles. La información proporcionada por Pablo encaja, de hecho, con los datos que la fuente lucana recoge en el episodio descrito en Hechos 10 y 11 relativo a Cornelio, así como con lo referido a Simón, el curtidor de Jope (Hech. 10:28), y pone de manifiesto que, sustancialmente, Pablo y Pedro tenían el mismo punto de vista en relación con el tema. De manera totalmente coherente, Pedro «no tenía reparo en comer con los cristianos de origen no judío» (Gál. 2:12, BLPH).

La situación cambió cuando se produjo la llegada de algunos judeocristianos cercanos a Santiago (Gál. 2:12). Atemorizado, Pedro optó por desviarse de su íntegra línea de conducta inicial. Esa conducta provocó —bastante lógicamente, dado su peso— una postura similar en otros discípulos de Antioquía e incluso en alguien tan comprometido con la misión entre los gentiles como era Bernabé (Gál. 2:13). No sabemos cuál fue exactamente el mensaje que entregaron aquellos creyentes de Jerusalén a Pedro, pero posiblemente vendría referido al escándalo que su conducta de cercanía a los gentiles podría estar causando entre los judíos que no eran cristianos[117]. Para un judío que se tomara la Torá en serio, no era admisible sentarse a una mesa en que el alimento no fuera *kasher*, y el judío que actuara así distaba mucho ante sus ojos de ser observante[118]. Cabe también la posibilidad de que señalaran igualmente a la revuelta situación política y a la manera en que esto creaba tensiones relacionadas con los gentiles.

La reacción de Pablo fue inmediata, por cuanto un comportamiento como el de Pedro no solo amenazaba con dividir drásticamente la comunidad antioqueña sino que además implicaba un retroceso en la postura de Pedro susceptible de influir en el resto de los discípulos y limitar la misión entre los gentiles. Existía igualmente el riesgo de que una insistencia meticulosa en relación con este tipo de normas de cara a los gentiles llevara a los mismos a

---

[117] T. W. Manson, en *Studies in the Gospels and Epistles* (Oxford, Manchester University Press, 1962), págs. 178 ss., ha sugerido que el origen del mensaje era el propio Santiago y que este fue entregado a Pedro por medio de una persona. Sin embargo, tal tesis parece atribuir a las fuentes más de lo que hay en ellas, puesto que atribuye a Santiago directamente lo que estas hacen proceder solo de alguno de sus partidarios.

[118] Ver: R. Jewett, «*The Agitators and the Galatian Congregation*» en *New Testament Studies*, 17, 1970-1, págs. 198 ss.

captar el cristianismo no como un camino en el que la salvación era obtenida mediante la fe en Jesús, sino a través de la práctica de una serie de ritos, algo que, a decir verdad, no sostenían los discípulos de Jerusalén.

Lugar aparte debieron de merecer también las posibles consecuencias comunitarias de la actitud de Pedro. Si un cristiano judío y otro gentil no podían sentarse juntos a comer, tampoco podrían hacerlo para celebrar la Cena del Señor o partimiento del pan[119] y si esa —que era la señal de unión de los creyentes en Jesús— desaparecía, ¿cuánto tiempo pasaría antes de que el movimiento acabara incluso cerrando sus puertas a los gentiles?

Para terminar de empeorar la situación, Pablo estaba convencido de que ni Pedro ni Bernabé actuaban por convicción y creían en lo que ahora estaban haciendo. Precisamente por ello, las odiosas semillas de la hipocresía y de la conveniencia podían acabar germinando con facilidad en el seno de la comunidad cristiana a menos que se atajara la situación de raíz. El enfrentamiento resultaba inevitable[120] y el relato de Pablo —que nos aporta datos sobre contactos previos con Pedro— resulta claramente elocuente:

Después, pasados catorce años, subí otra vez a Jerusalén con Bernabé, llevando también conmigo a Tito. Pero subí según una revelación, y para no correr o haber corrido en vano, expuse en privado a los que tenían cierta reputación el evangelio que predico entre los gentiles. Mas ni aun Tito, que estaba conmigo, con todo y ser griego, fue obligado a circuncidarse; y esto a pesar de los falsos hermanos introducidos a escondidas, que entraban para espiar nuestra libertad que tenemos en Cristo Jesús, para reducirnos a esclavitud, a los cuales ni por un momento accedimos a someternos, para que la verdad del evangelio permaneciese con vosotros. Pero de los que tenían reputación de ser algo (lo que hayan sido en otro tiempo nada me importa; Dios no hace acepción de personas), a mí, pues,

---

[119] Recordemos que este rito estuvo unido en las primeras décadas de existencia del cristianismo a la celebración de una comida tanto en el ámbito judeocristiano (Hech. 2:42-47), como en el gentil (Hech. 20:7 ss.; 1 Cor. 11:17 ss.).

[120] Sin embargo, es posible que Pedro solo intentara contemporizar y no causar escándalo como Pablo mismo recomendaría en alguno de sus escritos posteriores (Rom. 14:13-21). En favor de esta interpretación, ver: F. F. Bruce, *Paul, apostle of the heart set free* (Grand Rapids: MI, Eerdmans, 2000), págs. 176 ss.

los de reputación nada nuevo me comunicaron. Antes por el contrario, como vieron que me había sido encomendado el evangelio de la incircuncisión, como a Pedro el de la circuncisión (pues el que actuó en Pedro para el apostolado de la circuncisión, actuó también en mí para con los gentiles), y reconociendo la gracia que me había sido dada, Jacobo, Cefas y Juan, que eran considerados como columnas, nos dieron a mí y a Bernabé la diestra en señal de compañerismo, para que nosotros fuésemos a los gentiles, y ellos a la circuncisión. Solamente nos pidieron que nos acordásemos de los pobres; lo cual también procuré con diligencia hacer.

Pero cuando Pedro vino a Antioquía, le resistí cara a cara, porque era de condenar. Pues antes que viniesen algunos de parte de Jacobo, comía con los gentiles; pero después que vinieron, se retraía y se apartaba, porque tenía miedo de los de la circuncisión. Y en su simulación participaban también los otros judíos, de tal manera que aun Bernabé fue también arrastrado por la hipocresía de ellos. Pero cuando vi que no andaban rectamente conforme a la verdad del evangelio, dije a Pedro delante de todos: Si tú, siendo judío, vives como los gentiles y no como judío, ¿por qué obligas a los gentiles a judaizar? Nosotros, judíos de nacimiento, y no pecadores de entre los gentiles, sabiendo que el hombre no es justificado por las obras de la ley, sino por la fe de Jesucristo, nosotros también hemos creído en Jesucristo, para ser justificados por la fe de Cristo y no por las obras de la ley, por cuanto por las obras de la ley nadie será justificado. (Gál. 2:1-16)

La importancia de este episodio para comprender el cristianismo primitivo resulta impresionante. Desde luego, Pedro no era ni la cabeza de la iglesia, ni su autoridad máxima ni mucho menos alguien cuya enseñanza resultara —como se definiría en 1871 en el seno de la iglesia católica— infalible. Su importancia resultaba innegable, y entre sus aportes de mayor relevancia, había estado haber abierto el reino a judíos y a gentiles, pero esa circunstancia no lo colocaba fuera de crítica. Por el contrario, resultaba especialmente necesaria. Precisamente porque fue así, Pablo se enfrentó directamente con Pedro, ante toda la asamblea e insistiendo en que, si él mismo, como judío, no cumplía con las normas alimenticias del judaísmo, no tenía ningún derecho a obligar a los gentiles a actuar de esa manera (Gál. 2:14). No sabemos el resultado final de la controversia porque la misma no es referida en Hechos y en la carta a los gálatas; Pablo pasa a continuación a otro tema sin indicarnos el desenlace del conflicto. Tampoco sabemos el efecto final de la carta de Pablo sobre los gálatas a los que se dirigía[121], pero lo que sí resulta obvio es que la cuestión no quedó en absoluto zanjada.

De acuerdo con la fuente lucana, la ulterior insistencia del partido de la circuncisión en favor de su postura terminó por crear tal malestar en la comunidad antioquena que esta optó por enviar una delegación a Jerusalén —en la que Pablo y Bernabé parecen haber tenido un papel relevante— para solventar el conflicto. Lo que allí se decidiría resultaría esencial en el desarrollo posterior del cristianismo en general.

---

[121] Sobre la relación entre Gálatas y el relato de los Hechos, ver el apéndice dedicado al estudio histórico de esta última fuente.

CAPÍTULO XXII

EL CONCILIO DE JERUSALÉN

El concilio de Jerusalén[122] (I): los antecedentes

El denominado concilio de Jerusalén es un suceso al que la fuente lucana dota, con toda razón, de un significado absolutamente

---

[122] Para un estudio del tema ver: H. Lietzmann, *«Der Sinn des Aposteldekretes und seine Textwandlung»* en *Amicitiae Corolla presented to J. R. Harris*, ed. H. G. Wood (Londres, 1933), págs. 203-1; K. Lake, *«The Apostolic council of Jerusalem»* en *Beginnings*, I, 5 (Londres, 1933), págs. 195-212; M. Dibelius, *«The Apostolic Council»* en *Studies in the Acts of the Apostles* (Londres, 1955), págs. 93-111; B. Reicke, *«Der geschichtliche Hintergrund des Apostelkonzils und der Antiocheia-Episode»*, en *Studia Paulina in honorem J. de Zwaan*, ed. J. N. Sevenster y W. C. van Unnik (Haarlem, 1953), págs. 172-87; E. Haenchen, *«Quellenanalyse und Kompositionsanalyse in Act 15»* en *Judentum, Urchristentum, Kirche: Festschrift für J. Jeremias*, ed. W. Eltester (Berlín, 1964), págs. 153-64; M. Simon, *«The Apostolic Decree and its setting in the Ancient Church»* en *Bulletin of John Rylands Library* (Manchester, 52, 1969-70), págs. 437-60; G. Zuntz, *«An Analysis of the Report about the Apostolic Council»* en *Opuscula Selecta* (Manchester, 1972), págs. 216-49; T. Holtz, *«Die Bedeutung des Apostelkonzils für Paulus»*, en *Novum Testamentum*, 16, 1974, págs. 110-48; D. R. Catchpole, *«Paul, James and the Apostolic Decree»* en *New Testament Studies*, 23, 1976-7, págs. 428-44; E. Bammel, *«Der Text von Apostelgeschichte 15»* en *Les Actes des Apôtres, Bibliotheca Ephemeridum Theologicarum Lovaniensium*, 48, ed. J. Cremer, Gembloux-Lovaina, 1979, págs. 439-46; A. Strobel, *«Das Aposteldekret als Folge des antiochenischen Streites»* en *Kontinuitat und einheit: Festschrift für F. Mussner*, ed. P.G. Müller y W. Stenger, Friburgo, 1981, págs. 81-104; R. Kiefer, *«Foi et justification a Antioche. Interpretation d'un conflit»*, París, 1982; C. K. Barrett, *«Apostles in Council and in Conflict»* en *Freedom and Obligation*, Londres, 1985, págs. 91-108; P. J. Achtemeier, *«The Quest for unity in the New Testament Church»* (Filadelfia, 1987); R. Aguirre, *La iglesia de Antioquía de Siria* (Bilbao, 1988), págs. 33 ss. En relación con las posturas «clásicas» acerca del tema y su descripción, puede verse en esta misma obra el apéndice a las fuentes dedicado a la interpretación histórica de los Hechos de los apóstoles.

esencial[123]. El mismo aparece descrito como una reunión de apóstoles —sin determinar cuántos de ellos estaban presentes y citando
solo algunos de los nombres— y ancianos de la comunidad de Jerusalén. Su finalidad era zanjar de manera definitiva la cuestión de
los términos en que un gentil podía ser admitido en el seno de la
comunidad (lo que implicaba, de entrada, una referencia al tema
de la circuncisión), así como el grado de contacto que podía existir
entre discípulos judíos y gentiles. De acuerdo con la fuente lucana,
el concilio fue precedido por un informe de Pablo y Bernabé acerca
de la misión entre los gentiles en Chipre y Asia Menor, aunque
ninguno de los dos pudo participar de manera activa en la reunión
posterior.

La fuente —o fuentes— reflejada en el libro de los Hechos
parece dotada de una notable claridad y precisión a la hora de describir el evento y, de hecho, los problemas de comprensión surgen
solo cuando se pretende identificar lo narrado en Hechos con lo
relatado por Pablo en Gálatas 2:1-10, donde se habla de un encuentro de él y Bernabé con los tres pilares de la iglesia de Jerusalén:
Santiago, Pedro y Juan. A decir verdad, la única interpretación
que hace justicia a las fuentes es aquella que interpreta los sucesos
recogidos en Gálatas 2:1-10 y Hechos 15 como dos acontecimientos
distintos e independientes.

De entrada, el tema de discusión es diferente. Mientras que en
Gálatas 2:1-10, el objeto del encuentro fue la delimitación de zonas
de misión —Pablo y Bernabé entre los gentiles, Pedro entre los
judíos— y parece bastante dudoso que se llegara a hablar de la circuncisión[124]; Hechos 15 relata, por el contrario, una reunión relacionada de manera casi exclusiva con este tema y en la que no se abordó
la discusión sobre la adscripción de competencias en la misión.

---

[123] Según F. F. Bruce, *The Acts of the Apostles* (Grand Rapids, InterVarsity
Press, 1990), pág. 282, similar a la que otorga a la visita de Pedro a la casa de
Cornelio y a la conversión de Pablo. Sustancialmente, coincidimos con ese punto
de vista.

[124] En el mismo sentido, ver: T. W. Manson, *Studies in the Gospels and Epistles*
(Manchester, 1962), págs. 175-6; B. Orchard, «*A New Solution of the Galatians
Problem*» en *Bulletin of John Rylands library*, 28, 1944, págs. 154-74; *Ibid.*, «*The
Ellipsis between Galatians 2:3 y 2:4*» en *Biblica*, 54, 1973, págs. 469-81; M. Hengel,
Acts and the History of Earliest Christianity (Filadelfia, 1980), pág. 117.

También difieren los protagonistas. Mientras que en Gálatas 2:1-10 se nos habla de una reunión privada (Gál. 2:2) en la que
habrían estado solo Pablo y Bernabé, por un lado, y los dirigentes
de Jerusalén por otro; en Hechos 15, nos hallamos con una conferencia pública (Hech. 15:12, 22), en la que ni Pablo ni Bernabé
participaron de manera directa.

También el momento es muy distinto. Pablo menciona en Gálatas 1 y 2 varias visitas a Jerusalén que excluyen la posibilidad de
que los dos relatos se refieran al mismo episodio. La primera visita
fue tres años después de su conversión y corresponde con el episodio narrado en Hechos 9:26-30. En el curso de la misma, estuvo
con Pedro quince días (Gál. 1:18-19) pero no vio a ningún otro
apóstol salvo a Santiago, «el hermano del Señor». La segunda visita
se produjo catorce años después, acompañado de Bernabé y Tito
(Gál. 2:1 ss.). Este episodio se corresponde con el relato recogido
en Hechos 11:30 y es en el curso del mismo cuando se produjo una
división del área de misión, pero, en absoluto, se nos menciona nada
similar a lo narrado en Hechos 15.

Finalmente, hay que señalar la diversidad de conclusión. Mientras que el episodio de Gálatas no hace referencia a ninguna solución dispositiva final, el de Hechos 15 sí contiene la misma —como
veremos más adelante— y esta se halla bien atestiguada históricamente por otras fuentes como Apocalipsis (2:14, 20), Tertuliano
(*Apología* IX, 13) y Eusebio (*HE*, V, 1, 26)[125], lo suficiente como
para atribuirle un origen muy antiguo y, dada su aparente ambigüedad, apostólico. Tales notas encajan perfectamente con la aceptación de una reunión como la descrita en Hechos 15, pero son
imposibles de admitir si pensamos que la entrevista de Gálatas y
Hechos 15 se refieren al mismo episodio.

De las enormes diferencias entre los dos episodios algunos han
desprendido o que Hechos recoge el mismo suceso, pero lo narra
peor —lo cual, como hemos visto, es imposible, dadas las enormes
diferencias entre los dos y la imposibilidad de armonizarlas—, o

---

[125] No parece que el mismo fuera ya entendido correctamente por los mencionados Padres —por ejemplo, en relación con los mandatos del pacto con Noé—,
pero la referencia al mismo indica que venía de antiguo y que su origen tenía la
suficiente autoridad como para que no se considerara abrogado. Razones muy
similares, sin duda, debieron llevar al autor de Hechos a recogerlo en su texto.

que el episodio de Hechos es falso y, en realidad, solo aconteció lo narrado en Gálatas 2:1 ss., lo cual colisiona con la universalidad de aceptación de los mandatos de Hechos 15 que describiremos más adelante. Lo cierto es que ambos puntos de vista parecen partir de una presuposición bien discutible —o la falsedad del relato lucano o la necesidad de identificar este con lo mencionado en Gálatas, una fuente paulina escrita antes del episodio de Hechos 15— que ni es cuidadosa en la crítica de fuentes ni hace justicia a las mismas, porque estas resultan armónicas.

De hecho, Pablo coincide totalmente con la fuente lucana en todas las visitas realizadas a Jerusalén con anterioridad a la mencionada en Hechos 15. Esta última, sin embargo, no es mencionada en Gálatas porque todavía no había tenido lugar. Tal circunstancia cronológica explica asimismo que el episodio sobre la comunión con los gentiles —disputa con Pedro, etc[126]— tenga ese aspecto de indefinición que presenta en la epístola[127].

Precisamente por ello, la carta a los gálatas reconoce la tensión con Pedro —pese a los frutos de la entrevista recogida en Hechos 11— y no menciona el concilio de Jerusalén, sino que recurre a la elaboración teológica para abogar en favor de la justificación

---

[126] Se han propuesto otras alternativas a las de esta secuencia cronológica, y así algunos han fechado la discusión de Gálatas 2:11-14 antes de la conferencia de 2:1-10. Ver: T. Zahn, *Der Brief des Paulus an die Galater* (Leipzig, 1922), pág. 110; H. M. Feret, *Pierre et Paul à Antioche et à Jérusalem* (París, 1955); J. Munck, *Paul and the Salvation of Mankind* (Londres: Inglaterra, John Knox Press, 1959), págs. 100-3. W. L. Knox considera por el contrario que la controversia de Antioquía entre Pedro y Pablo es anterior al primer viaje misionero de este y que, de hecho, fue causa del mismo. Ver: *The Acts of the Apostles* (Cambridge, 1948), pág. 49. Aunque esta es una cuestión en la que resulta difícil dogmatizar, creemos que el orden expuesto por nosotros armoniza mucho mejor con lo expuesto en las fuentes.

[127] Otra tercera opción es la de admitir que ambos episodios son distintos pero que la entrevista de Gálatas tuvo lugar en privado inmediatamente antes de la reunión pública de Hechos 15. Ver: J. B. Lightfoot, *St. Paul's Epistle to the Galatians* (Londres: Inglaterra, Macmillan, 1865), págs. 125-6; H. N. Ridderbos, *The Epistle of Paul to the Churches of Galatia* (Grand Rapids: MI, William B. Eerdmans Publishing, 1953), págs. 78-82. Tal posibilidad choca con la seria objeción de que, de haber sido así, Pablo habría utilizado tal argumento al escribir a los gálatas. Ver: F. F. Bruce, *The Acts of the apostles* (Nueva York, 1990), pág. 283.

por la fe, que excluye la idea de una salvación por obras y exime a los gentiles de la circuncisión y de estar sometidos a la Torá.

Con posterioridad a la redacción de Gálatas, el problema no solo no se solventó sino que incluso se agudizó con la visita de los jerosilimitanos partidarios de la circuncisión (Hech. 15:5). Tal episodio obligó, finalmente, a pedir ayuda a Jerusalén en la resolución del conflicto, y fruto de ello es precisamente el concilio que tuvo lugar en esta ciudad.

El concilio de Jerusalén (II): la reunión

Según la fuente lucana, la solución del problema no debió resultar fácil ni se decidió de manera inmediata. Tras una prolongada discusión —en la que parece que no se llegó a una solución definitiva (Hech. 15:7)—, Pedro optó por volcar su autoridad en favor de una postura que afirmaba la idea de la salvación por la fe (15:9, 11) y que insistía no solo en la inutilidad de obligar a los gentiles a guardar la Torá y ser circuncidados, sino también en la imposibilidad de guardar la Torá de una manera total (15:10). Pedro, como tendremos ocasión de ver, no zanjó la cuestión ni tenía autoridad para hacerlo, pero dejó planteados aspectos esenciales para su resolución. Resulta enormemente significativo que la fuente lucana ya no vuelva a mencionar a Pedro[128] y tiene mucha lógica. De hecho, como ha señalado Martin Hengel[129], «la legitimación de la misión a los gentiles es virtualmente la última obra de Pedro». Incluso es muy posible que la intervención petrina también diera pie a que Pablo y Bernabé relataran los éxitos del primer viaje misionero entre los gentiles (Hech. 15:12).

---

[128] O. Cullmann, *Peter: Disciple-Apostle-Martyr* (Londres: Inglaterra, SCM and Westminster, 1953), pág. 50, ha señalado la posibilidad de que Pedro hubiera interrumpido momentáneamente su actividad misionera entre la Diáspora para intervenir en el concilio. C. P. Thiede, *Simon Peter* (Grand Rapids: MI, Zondervan, 1988), págs. 158 y ss., ha señalado incluso que Pedro podría haberse enterado de la situación a través de Marcos, que ya habría abandonado a Pablo y Bernabé (Hech. 13:13). Ambas tesis cuentan con bastante posibilidad de ser ciertas pero no puede afirmarse de manera categórica.

[129] M. Hengel, *Oc*, 1979, pág. 125.

Con todo, lo que finalmente zanjó la discusión fue la intervención de Santiago (Hech. 15:13 ss.). Que él concluyera con el
debate indica que, ya en esa época, era el jefe indiscutible de la
comunidad de Jerusalén, que esta ya no contaba con otros dos
pilares como antaño habían sido Pedro y Juan, y que podía imponer su criterio sin discusión. El texto de su discurso recogido en la
fuente lucana presenta además notas indiscutibles de autenticidad
ya que, como ya demostró en el pasado J. B. Mayor, cuenta con
notables paralelismos en las expresiones contenidas en la carta del
Nuevo Testamento que lleva su nombre[130]. Santiago respaldó el
argumento emanado de la experiencia personal de Pedro y además
estableció la manera en que la misma podría armonizar con la
Escritura. Lo hizo a través de un *pesher* —una forma de interpretación bíblica que hemos llegado a conocer mejor en las últimas
décadas gracias a los documentos del Mar Muerto—, a partir del
texto de Amós 9:11 ss.

La forma en que el mismo nos ha sido transmitido por Lucas
indica o bien una fuente semítica o un testimonio directo, sin referencia a los cuales no se puede entender el argumento de Santiago.
Este universaliza la profecía vocalizando *'adam* (humanidad) en
lugar de *'edom* (Edom) y leyendo *yidreshu* (para que el resto de la
humanidad busque al Señor) en lugar de *yireshu* (para que posean
al resto de Edom)[131]. Igualmente, parece que Santiago ignora la
partícula *et*, propia del complemento directo, antes de *sheerit*. Viene
a recurrir así al modelo de respuesta rabínica conocido como *yelammedenu* («que nuestro maestro responda»)[132], consistente con apelar
a la Escritura para confirmar lo que ya se ha dicho o hecho y lo
que se va a decidir.

La solución del problema propuesta por el hermano de Jesús
quizá podría considerarse de compromiso, pero, en realidad, sal-
vaba la entrada de los gentiles en el seno del movimiento sin

---

[130] J. B. Mayor, *The Epistle of St. James*, Londres, 1897, págs. III-IV.

[131] Naturalmente, también podría darse el caso de que Santiago hiciera referencia a un texto más antiguo y fidedigno que el transmitido por el TM. Con todo,
como ha indicado C. Rabin, «el TM habría apoyado de hecho la exégesis ofrecida
aquí» (*The Zadokite Documents*, Oxford, 1958, pág. 29.

[132] En el mismo sentido, ver J. W. Bowker, *«Speeches in Acts: A Study in Proem
and Yelammedenu Form»* en *New Testament Studies*, 14, 1967-8, págs. 96-111.

obligarlos a ser circuncidados ni a guardar la Torá, al mismo tiempo que limaba las posibilidades de escándalo en relación con los judíos; algo que, en aquel periodo concreto de la historia de Israel, no solo tenía una enorme trascendencia evangelizadora sino también social.

El concilio de Jerusalén (III): la solución

El contenido concreto del denominado decreto apostólico —que, en realidad, sería más apropiado denominar «decreto jacobeo»— presenta dificultad para algunos historiadores dadas las variantes textuales que tenemos de la fuente lucana. En el texto occidental a los gentiles se les prohíbe la idolatría, la *porneia* y la sangre, a la vez que se añade la fórmula negativa de la regla de oro: «No hagáis a los demás las cosas que no queréis que os hagan a vosotros». Esta última formulación aparece igualmente en la literatura del periodo intertestamentario (Tobit 4:15), rabínica (TB Shabbat 31a; Abot de R. Nathan 2:26) y paleocristiana (Didajé 1:2).

Es bastante probable que el texto occidental represente, sin embargo, una modificación de los mandatos originales surgida en una época en que los mismos carecían ya de la relevancia primigenia y en que se buscaba, posiblemente, armonizarlos con posturas más extremas de rechazo de la Torá en el seno del cristianismo[133]. Así, en otros textos se prohíbe la carne de animales sacrificados a los ídolos y la sangre, lo que constituye una referencia al precepto noájido de no comer de un animal que no estuviera muerto; es decir, que aún tuviera su vida o sangre en el interior[134]. A estas dos prohibiciones se añadió la de abstenerse de *porneia*, entendiendo

---

[133] P. H. Menoud, «*The Western Text and the Theology of Acts*» en *Studiorum Novi Testamenti Societas Bulletin*, 2, 1951, págs. 19 ss. piensa que el decreto originalmente solo prohibía la carne con sangre y la sacrificada a los ídolos, pero que estas dos prohibiciones fueron ampliadas posteriormente. En un sentido similar, ver: C. S. C. Williams, *Alterations to the Text of the Synoptic Gospels and Acts* (Oxford: Inglaterra, Basil Blackwell), 1951, págs. 72 ss.

[134] En el mismo sentido, véase: C. Clorfene e Y. Rogalsky, *The Path of the Righteous Gentile: An Introduction to the Seven Laws of the Children of Noah*, (Jerusalén, Targum Press), 1987, págs. 96 ss.

por la misma no tanto «fornicación» —la práctica de la misma estaba prohibida para cristianos judíos y gentiles por igual y no se discutía[135]— sino la violación de los grados de consanguinidad y afinidad prohibidos en Levítico 18:6-18. Vendría así a traducir el término hebreo *zenut* y presentaría paralelos con lo recogido, por ejemplo, en el Documento de Damasco IV, 17 ss. Estas normas relativas al matrimonio resultaban esenciales en el judaísmo y no puede negarse su influencia en la ley canónica posterior. Con ello, se evitaba, fundamentalmente, causar escándalo de los judíos[136].

La disposición articulada por Santiago venía a resultar una respuesta clara al problema. Por un lado, era evidente que no podía ponerse cortapisas a la entrada de los gentiles en el grupo de los discípulos. Tal conducta hubiera chocado con lo establecido en la Biblia y con muestras de lo que se consideraba bendecido por Dios a través de testimonios como el de Pedro. Por otro lado, no tenía ningún sentido obligar a los gentiles a circuncidarse y a guardar una Torá reservada únicamente para Israel, y más teniendo en cuenta que la salvación se obtenía por la fe en Jesús y no por las obras de la ley.

En cuanto al problema de las comidas comunes entre judíos y gentiles, también se articulaba una inteligente solución de compromiso. Ciertamente los gentiles no estaban obligados a someterse a la normativa mosaica sobre alimentos, pero deberían abstenerse de aquellos alimentos sacrificados a los ídolos o de comer animales vivos (prohibición de la sangre)[137]. Igualmente —y para evitar conflictos en relación con posibles matrimonios mixtos o escándalo de los judeocristianos en relación con otros contraídos solo entre cristianos gentiles—, no debería permitirse un grado de consanguinidad y afinidad matrimonial distinto del contemplado en la Torá.

Dado que además Santiago había optado por imponer normas muy similares a las exigidas a los gentiles «temerosos de Dios», su

---

[135] Ver al respecto Gálatas 5:19, como ejemplo de la enseñanza paulina anterior al concilio de Jerusalén en relación con la fornicación. Ejemplos cercanamente posteriores en 1 Corintios 5 y 1 Tesalonicenses 4:3 ss.

[136] En tal sentido creemos que debe interpretarse la referencia a los mismos de Hechos 15:21. Un punto de vista similar en R. B. Rackham, *The Acts of the Apostles* (Londres: Inglaterra, Methuen, 1912), pág. 254.

[137] En el mismo sentido en la literatura rabínica Sanh 56a.

solución no podía ser tachada de antijudía o de relajada. De hecho, venía a corresponder, *grosso modo*, con los preceptos del pacto de Noé que son aplicables por igual, según la Biblia y la ley oral, a todos los pueblos de la tierra que descienden del citado personaje. La tesis de Santiago obligaba ciertamente a aceptar un compromiso a las dos partes. Por un lado, los partidarios de imponer la circuncisión y la práctica de la Torá a los gentiles se veían obligados a renunciar a su punto de vista, aunque se aceptaba una tesis encaminada a no causar escándalo a los judíos. Por el otro, Pablo, Bernabé y los defensores del punto de vista que señalaba que los gentiles no estaban obligados a la circuncisión ni al cumplimiento de la Torá veían reconocido el mismo como correcto pero, a cambio, se veían sometidos a aceptar concesiones encaminadas a no provocar escándalo a los judíos. No obstante, tal transacción asentaba como correctos los puntos de vista defendidos previamente por Pedro, la comunidad de Antioquía, Bernabé y Pablo. Este último entregaría en el futuro el texto del decreto a otras iglesias gentiles como un modelo de convivencia[138].

La veracidad de lo consignado en la fuente lucana aparece, siquiera indirectamente, confirmada por la universalidad que alcanzó la medida. El texto de la misma aparece como vinculante en fuente tan temprana como es el libro de Apocalipsis (2:14, 20) dirigido a las iglesias de Asia Menor. En el siglo II, era observado por las iglesias del valle del Ródano —y más concretamente por los mártires de Viena y Lyon (HE, V, 1, 26)— y por las del norte de África (Tertuliano, *Apología* IX, 13); y todavía en el siglo IX, el rey inglés Alfredo lo citó en el preámbulo de su código de leyes.

Con todo, y pese a la aceptación universal posterior, Pablo no se vería libre en el futuro de tener que realizar concesiones puntuales de cara a la misión entre los seguidores de la Torá[139],

---

[138] Hechos 15:23; 16:4. Ver: A. S. Geyser, «*Paul, the Apostolic Decree and the Liberals in Corinth*» en *Studia Paulina in honorem J. de Zwaan*, ed. J. N. Sevenster y W. C. van Unnik, Haarlem, 1953, págs. 124 ss.

[139] Como la circuncisión de Timoteo (Hech. 16:1 ss). Al respecto, ver: D. W. B. Robinson, «*The Circumcision of Titus and Paul's liberty*» en *Australian Biblical Review*, 12, 1964, págs. 40-1. No debe olvidarse, sin embargo, que Timoteo era hijo de judía convertida al cristianismo. En cuanto al principio evangelizador de Pablo en relación con este tema, ver Romanos 14 y 1 Corintios 10:23 ss.

ni aquello le evitó ser objeto de la maledicencia de algunos judíos (Hech. 21:21), maledicencia que, dicho sea de paso, no fue compartida por Santiago ni por los judeocristianos jerosilimitanos. El «decreto jacobeo» había consagrado el camino de expansión de la fe en Jesús entre los gentiles de una manera que se revelaría ya irreversible.

CUARTA PARTE:
LOS AÑOS OSCUROS

CAPÍTULO XXIII

LA PRIMERA CARTA DE PEDRO

Pedro en la Diáspora

Lo que sucedió con Pedro inmediatamente o poco después de los hechos que acabamos de narrar es algo sobre lo que no disponemos de datos históricos sólidos. A decir verdad, con la salida del libro de los Hechos, la existencia de Pedro entra en un período que podríamos denominar con justicia como los años oscuros. Sabemos por Pablo que quizá tenía seguidores —o meramente admiradores— en Corinto (1 Cor. 3:22), pero no hay ninguna referencia a que laborara en esta ciudad como misionero a diferencia de Apolos o del mismo Pablo (1 Cor. 3:4-6). Una luz limitada para iluminar esa época procede de su primera carta.

Escrita, como tendremos ocasión de ver, en algún momento de la década de los cincuenta[140], Pedro la dirige «a los expatriados de la dispersión en el Ponto, Galacia, Capadocia, Asia y Bitinia» (1 Ped. 1:1). Los términos resultan de enorme relevancia, porque Pedro envía sus instrucciones a judíos que viven en la Diáspora y además en zonas muy concretas de Asia Menor. En otras palabras, estamos contemplando un panorama geográfico semejante al trazado con Pablo en el encuentro en Jerusalén descrito en la carta a los Gálatas. Pedro se está ocupando de judíos que no están en el

---

[140] Sobre la primera carta de Pedro, ver: F. W. Beare, *The First Epistle of Peter* (Oxford: Inglaterra, Basil Blackwell, 1947); C. Bigg, *The Epistles of St. Peter and St. Jude* (Edimburgo: Escocia, Kessinger Publishing LLC, 1901); G. W. Blenkin, *The First Epistle General of Peter* (Cambridge: Inglaterra, University Press, 1914); C. E. B. Cranfield, *The First Epistle of Peter* (Londres: Inglaterra, SCM Press, 1950); A. M. Stibbs, *The First Epistle General of Peter* (Grand Rapids: MI, Tyndale, 1979).

territorio de Israel sino en el exterior, pero, más concreto, en Asia Menor y no en área alguna situada en Europa.

La descripción que Pedro hace de los destinatarios de su epístola es teológicamente muy interesante porque los presenta —como también habría hecho Pablo— como «elegidos según la presciencia de Dios Padre en santificación del Espíritu, para obedecer y ser rociados con la sangre de Jesucristo» (1:2). En otras palabras, los receptores de la carta han sido elegidos por Dios en un proyecto salvífico que comenzó antes de que vinieran al mundo y en el que tienen parte las tres personas de la Trinidad.

La realidad de la persecución

A esa presentación le sigue una doxología en la que Pedro señala cómo «el Dios y Padre de nuestro Señor Jesucristo [...] nos hizo renacer para una esperanza viva, por la resurrección de Jesucristo de los muertos, para una herencia incorruptible, incontaminada e inmarcesible, reservada en los cielos para vosotros, que sois guardados por el poder de Dios mediante la fe, para alcanzar la salvación que está preparada para ser manifestada en el tiempo postrero» (1:3-5). En otras palabras, los elegidos han vuelto a nacer gracias a la acción del Padre, van a recibir una herencia que no se puede marchitar, contaminar ni corromper y serán preservados por Dios para que alcancen finalmente una salvación que solo será manifestada totalmente en la consumación de la historia. Pedro puede ser menos sofisticado que Pablo —incluso que Juan— a la hora de describirlos, pero los temas son comunes. El Dios que eligió es el mismo que provocó un nuevo nacimiento y es el que preservará a Sus hijos para que lleguen a la consumación de la fe.

Esta realidad indiscutible era motivo de lógica alegría para aquellos creyentes, pero no podían por ello pasar por alto que su vida pasaría por pruebas y pruebas que, por añadidura, implicarían aflicciones: «En lo cual vosotros os alegráis, aunque ahora por un poco de tiempo, si es necesario, tengáis que ser afligidos en diversas pruebas, para que sometida a prueba vuestra fe, mucho más preciosa que el oro, el cual aunque perecedero se prueba con fuego, sea hallada en alabanza, gloria y honra cuando sea manifestado Jesucristo» (1 Ped. 1:6-7).

A diferencia de no pocos predicadores, pero en línea con lo que encontramos en Jesús y en autores neotestamentarios como Pablo o Juan, Pedro no promete a los receptores de su carta que la vida cristiana será un lecho de rosas totalmente libre de problemas. Semejante indicación habría implicado una total y absoluta falsedad. Por el contrario, los discípulos tendrían que estar preparados para las tribulaciones inherentes al hecho de ser cristianos. A decir verdad, sin esas tribulaciones resulta impensable que se asista al triunfo final de Cristo. Así lo dejaron de manifiesto los mismos profetas en los que actuó el mismo Espíritu de Cristo —nótese la fórmula, porque es una clara implicación de la deidad del Hijo— ya señalando en la persona de este que los padecimientos son siempre previos a la gloria (1 Ped. 1:6-11). Aquellos profetas supieron que, a diferencia de los cristianos, no serían ellos los que disfrutarían de semejantes bendiciones, unas bendiciones tan extraordinarias que en ellas «anhelan mirar los ángeles» (1:12).

Precisamente porque esa realidad resulta innegable, los creyentes deben llevar una forma de vida muy diferente a la de la sociedad que los rodea. Su conducta debe estar marcada por un entendimiento nuevo, por la sobriedad y por la espera de la gracia que se revelará con la manifestación de Jesús el Mesías (1:13), pero también por una clara disconformidad —disidencia, diríamos hoy— con la manera en que habían vivido antes. Sus deseos de ahora no podían ser los mismos que los previos a la conversión, sino que debían estar marcados por la obediencia al mandato de ser santos como Dios es santo (1:13-16).

De hecho, los cristianos tenían que ser conscientes de que esta vida es una peregrinación, un estar de paso por este mundo, y, especialmente, de que han sido rescatados de esa forma vacía de vivir no mediante el pago de una cantidad —como, seguramente, le habría gustado a aquel falso maestro llamado Simón el mago— sino gracias a «la sangre preciosa de Cristo, como de un cordero sin mancha y sin contaminación, ya destinado desde antes de la fundación del mundo, pero manifestado en los últimos tiempos por amor de vosotros» (1:19-20).

La afirmación puede gustar o no y, sin duda, desagradará a los que están apegados a este mundo y sus valores, pero la realidad es que las almas de los creyentes son purificadas «por la obediencia a la verdad, mediante el Espíritu» y que la finalidad es que practiquen «el amor fraternal no fingido». De esa manera es como quedará de manifiesto que han nacido de nuevo no gracias al bautismo —como pretenden ciertas visiones teológicas— sino «por la palabra de Dios que vive y permanece para siempre» (1:22-23).

La realidad de la existencia humana es que nuestra permanencia en este mundo es, guste o no, efímera. A decir verdad, debemos recordar —y Pedro cita al respecto Isaías 40:6-9— que la vida humana es, en su orden, tan breve y pasajera como la de la hierba y las flores. Por el contrario, la Palabra de Dios permanece para siempre. No solo eso. Ese anuncio que nos enfrenta directamente con nuestra mortalidad e incluso con nuestra poquedad es parte del evangelio porque, al señalarnos la realidad del ser humano, nos permite aferrarnos a la salvación que es en Jesús (1:24-25) y, por añadidura, nos abre las puertas a una existencia nueva en la que rechazamos «toda malicia, todo engaño, hipocresía, envidias, y todas las detracciones» (2:1).

Esa nueva existencia exige, de manera innegable, que nos acerquemos a la Piedra sobre la que está levantada la iglesia. Pero esa Piedra NO es Pedro, como pretendería una teología muy posterior, sino que es Cristo, «piedra viva, desechada ciertamente por los hombres, mas para Dios escogida y preciosa» (2:4). El hecho de que la Piedra sería rechazada por los compatriotas de los receptores de la carta, pero, a la vez, sería la bendición de los que creyeran en Jesús, no era una invención de Pedro o de los primeros discípulos. De hecho, Isaías 28:16 lo había anunciado ocho siglos antes al escribir:

> He aquí, pongo por fundamento en Sión una piedra, una piedra probada, angular, preciosa, fundamental, bien colocada. Él que crea en ella no será perturbado (LBLA).

No es esa la única referencia a las Escrituras que esgrime Pedro para indicar que Jesús el Mesías es la Piedra; una Piedra que sería, a la vez, fatal para los que la rechazaran y vital para los que la recibieran. De hecho, a continuación, Pedro cita el Salmo 118:22 e Isaías 8:14-15 para demostrar que todo estaba ya profetizado (2:7-8). Las dos referencias resultan especialmente valiosas, y no solo porque dejan palmariamente de manifiesto que la Piedra NO es Pedro sino Jesús —tampoco él lo pretendió jamás—, sino también porque señala que la mayoría de Israel, y en especial sus dirigentes espirituales, rechazarían al Mesías y, notablemente, para dejar claro que ese Mesías es el propio YHVH encarnado. En otras palabras, la Piedra —o Roca—, como había repetido una y otra vez el Antiguo Testamento, no era un simple hombre o un dios creado, como han pretendido herejías posteriores al Nuevo Testamento. Esa Piedra salvadora, rechazada por la mayoría del pueblo judío, es el mismo YHVH, como profetizó Isaías. Ni es necesario decir que atribuir la condición de la Piedra a un simple ser humano constituye una rotunda blasfemia e implica ponerse en el lugar de Dios (2 Tes. 2:4).

Esa circunstancia del rechazo de la Piedra que es el mismo YHVH tenía unas consecuencias de enorme trascendencia a la hora de designar al pueblo de Dios, y Pedro lo señala de manera tajante:

> Mas vosotros sois linaje escogido, real sacerdocio, nación santa, pueblo adquirido por Dios, para que anunciéis las virtudes de aquel que os llamó de las tinieblas a su luz admirable; vosotros que en otro tiempo no erais pueblo, pero que ahora sois pueblo de Dios; que en otro tiempo no habíais alcanzado misericordia, pero ahora habéis alcanzado misericordia. (2:9-10)

En paralelo con lo enseñado por Pablo en pasajes como Gálatas 3:24-29 o Efesios 2:11-16, Pedro afirma que el pueblo de Dios no es Israel sino aquellos que creen en la Piedra-YHVH, sin importar si son judíos o gentiles. Lo que provoca la condición de pueblo de Dios no es la raza sino la fe en Cristo.

Precisamente por ello, los miembros del pueblo de Dios deben ser conscientes de que son «extranjeros y peregrinos» en este mundo y que deben abstenerse de esos deseos de la carne que atacan el alma (2:11) desbaratando los ataques que los paganos formulen contra ellos mediante la bondad de sus acciones (2:12).

De los creyentes no debe esperarse una lucha continua contra las instituciones humanas, sino todo lo contrario. Los miembros del pueblo de Dios deben someterse a las instituciones humanas (2:13) porque son la garantía de la ley y el orden (2:14), pero, de manera especial, porque la buena conducta, la conducta propia de buenos ciudadanos, las buenas acciones, tienen la virtud de «callar la ignorancia de los hombres insensatos» (2:15). Los discípulos de Jesús son, ciertamente, los más libres de los hombres, pero no utilizan «la libertad como pretexto para hacer lo malo, sino como siervos de Dios» (2:16).

Jesús como modelo de conducta

En una sociedad que vilipendiaba a los cristianos, estos debían honrar a todos; en una sociedad marcada por la insolidaridad y el egoísmo, estos debían amar a los hermanos; en una sociedad impía, estos debían dar muestras de lo que es el verdadero temor de Dios, y en una sociedad tiránica, estos debían honrar al rey (2:17). Incluso los esclavos debían servir a sus amos, por difíciles y esquinados que pudieran llegar a ser (2:18). Y, aunque a algunos les cueste entenderlo, la conducta aprobada es aquella que va unida no a imponer el dominio sobre un mundo impío sino a sufrir injustamente por ser cristiano (2:19).

No existe la menor gloria en el hecho de sufrir porque se ha actuado mal sino en soportar el padecimiento precisamente porque se actúa adecuada y correctamente (2:20). Semejante comportamiento no es una táctica política —como habría pretendido, por ejemplo, Gandhi— ni la muestra de un ideal ascético para perfectos. En realidad, constituye un ejemplo de que se están siguiendo las pisadas que el propio Jesús dejó marcadas a lo largo de Su vida y que Pedro tuvo ocasión de ver y de manera especial la amarga noche en que su Maestro fue prendido y él lo negó tres veces (2:21). No puede caber la menor duda de que Jesús no hizo nada más que el bien y que no existió razón alguna para insultarlo, escupirlo, torturarlo y crucificarlo. Sin embargo, lo cierto es que Jesús soportó todo para dejarnos un ejemplo a la luz del cual vivir (2:21-24). Si la Piedra-YHVH se condujo así en Su encarnación para darnos un ejemplo, ¿cómo podríamos nosotros actuar de otra manera?

Lecciones prácticas para vivir

De manera eminentemente práctica, al llegar a este punto de su carta, Pedro no se deja llevar por idealismos que puedan sonar más o menos bien, pero que no tienen que ver con la realidad cotidiana. Todo lo contrario. Hay muchas lecciones que aprender y seguir y que, sobre todo, van más allá de las relaciones con los paganos o con el poder político. Precisamente en ese momento, Pedro entra en un terreno como el de las relaciones conyugales. Hemos visto que Pedro no solo era casado, sino que incluso era acompañado en sus viajes por su esposa (1 Cor. 9:5). A diferencia de muchos que han insistido a lo largo de los siglos en tenerlo como punto de referencia de una castidad vivida fuera del matrimonio, Pedro conocía en persona lo que implicaba la vida conyugal y podía entrar en este tema como una cuestión de enorme relevancia y experimentalmente conocida. Comienza así por las esposas.

Las esposas cristianas tenían que estar «sujetas a sus maridos», no porque exista una supuesta superioridad masculina sobre las mujeres sino, en primer lugar, porque esa conducta es especialmente adecuada para que los maridos incrédulos puedan ser ganados para el evangelio (1 Ped. 3:1). La afirmación de Pedro resulta digna de ser reflexionada en profundidad. En no pocas ocasiones, en un matrimonio mixto, el cristiano cree que acabará llevando a la fe a su cónyuge mediante una persistente predicación o una continua invitación a acudir a los cultos dirigidas al no creyente. Pedro señala, por el contrario, que una conducta adecuada es un camino más eficaz para alcanzar esa meta. Una mujer que quizá no martillea continuamente a su marido con el mensaje del evangelio, pero que vive de acuerdo con el mismo, tiene muchas más posibilidades de éxito, porque el comportamiento diario constituye un argumento muy poderoso. Cuando un esposo contempla a una mujer que se comporta de manera casta y respetuosa (3:2), que no se dedica a adornarse externamente (3:3) sino internamente con un espíritu amable y apacible, tiene ante sus ojos argumentos poderosos acerca de la veracidad del evangelio. Semejante mujer no solo se gana la estima de Dios sino que también se acerca más a su esposo (3:4). De hecho, así se comportaban las «santas mujeres que esperaban en Dios». Estaban sujetas a sus maridos, los obedecían y los llamaban «señor» (3:5-6). Es cierto; no es el tipo de conducta que resultaría hoy popular en Occidente y, dicho sea de paso, tampoco lo era en la época de Pedro, como sabe cualquiera que conozca el mundo clásico del que se suele hablar demasiado frecuentemente con inmensa ignorancia. Sin embargo, ese comportamiento es el que agrada a

Dios, el que tuvieron mujeres ejemplares como Sara, la esposa de Abraham, el que fortalece la relación matrimonial y allana el camino para que un marido incrédulo acepte el evangelio.

Esa conducta de la esposa hacia el marido tiene un claro paralelo que deben seguir los esposos hacia sus mujeres. Con ellas, deben vivir sabiamente, honrarlas sabiendo que son un vaso más frágil, recordar que heredan la gracia exactamente igual que ellos y tener en cuenta que si no se comportan así, sus propias oraciones se verán estorbadas (3:7). De nuevo, las palabras de Pedro pueden provocar hoy airadas protestas, pero encierran verdades que no resulta adecuado ni inteligente orillar. Un marido que, en lugar de usar la sabiduría, utiliza la imposición; un marido que pasa por alto la naturaleza femenina mucho más dada a la depresión que la masculina; un marido que olvida que, espiritualmente, su mujer es igual a él, en suma, no debería sorprenderse si sus oraciones no obtienen respuesta. De hecho, se está comportando de una manera peligrosamente inadecuada y necia y esa es una de las consecuencias negativas de su conducta.

Otra forma de vivir

Esas instrucciones dirigidas a los cónyuges —y que muestran la importancia del matrimonio para Pedro— van seguidas de otras más generales que dejan de manifiesto la vida que han de seguir los creyentes. La unanimidad, la compasión, el amor fraternal, la misericordia, la amistad, la negativa a devolver el mal recibido (3:8-9), el distanciamiento del mal, la práctica del bien y la búsqueda y el seguimiento de la paz (3:11) quizá no sean temas estrella en las predicaciones y las publicaciones cristianas, e incluso es posible que se hayan visto sustituidas por el sensacionalismo escatológico, la petición incansable de dinero o las manifestaciones estrepitosas de supuesta espiritualidad. Sin embargo, si así sucede, se trataría de una enorme desgracia, porque se trata de ejemplos innegables de lo que debería ser la vida de los cristianos.

No solo eso. De hecho, solo un grupo en el que esas conductas sean habituales tiene la posibilidad de reaccionar adecuadamente frente a la persecución. Aquellos que santifican al Señor en sus corazones, que están preparados para responder con reverencia y mansedumbre a los que les pregunten sobre su esperanza espiritual y que tienen buena conciencia son los únicos que pueden llegar a avergonzar a los que los calumnian simplemente porque se conducen apropiadamente como cristianos (3:14-16).

Sin duda, Dios puede permitir que Sus hijos padezcan, pero, de darse esa penosa circunstancia, su sufrimiento no ha de estar relacionado con hacer el mal sino el bien (3:17). Ese fue el ejemplo de Jesús que, aunque muerto en la carne, estaba vivo en el espíritu y en ese espíritu, proclamó Su victoria en la cruz a los espíritus encarcelados desde los días de Noé (3:18-20). El pasaje ha sido utilizado no pocas veces para hacer una referencia a una supuesta posibilidad de salvación ofrecida después de la muerte. Pero, en realidad, no hay nada en el texto que permita respaldar esa interpretación. El texto griego no habla de que Cristo predicara el mensaje de salvación a esos espíritus sino que, después de la cruz, Su presencia proclamó ante ellos lo que había realizado en el Calvario. Ese triunfo de Cristo —al que están sujetos todos los poderes espirituales (3:22)— es lo que simboliza el bautismo que no nos lava del pecado, como sostienen algunas interpretaciones teológicas, sino que es el testimonio de que el creyente pretende vivir con buena conciencia gracias a la resurrección de Jesús el Mesías (3:21).

El tiempo que resta

Si el creyente ha llegado a comprender las implicaciones del sacrificio de Cristo, el sufrimiento del Mesías en la carne por nuestro bien, entonces se armará de una actitud semejante (4:1) y vivirá el tiempo que le reste hasta reunirse con su Señor no según lo que el género humano desea, sino según la voluntad de Dios (4:2). La vida del creyente no será una existencia marcada por la rendición ante el sexo promiscuo, el alcohol, la inmoralidad y otras conductas que, en realidad, son solo formas de idolatría (4:3). Por supuesto, este mundo no lo puede entender. De hecho, le parece que la conducta de los seguidores de Jesús resulta, como mínimo, extraña, y por eso mismo los insultan (4:4). Pero semejante comportamiento es propio de gente que no se ha percatado de que la humanidad está muerta espiritualmente —ver el paralelo en Efesios 2:1-3— y de que a esos cadáveres espirituales se les ha predicado para que, a pesar de que pasarán por la muerte, puedan vivir según Dios (4:5-6).

Al fin y a la postre, Dios juzgará a todos y, precisamente por ello, los seguidores de Jesús han de ser sobrios, velar en oración y amarse de manera ferviente, hospedarse sin protestar y administrar su don espiritual en beneficio de los demás. Ciertamente, no es lo que uno esperaría en un mundo donde la sobriedad no es bien vista, donde la oración puede parecer absurda, donde el amor genuino o el hospedaje generoso se ven como ridículos o imposibles y donde todos buscan beneficiarse en primer lugar de lo que tienen. Así es ciertamente. Sin embargo, esa conducta de los paganos no es la que deben tener los que siguen a Cristo (4:7-11).

Pedro vuelve en el resto del capítulo a centrarse en el tema de la persecución. Esta nunca debería sorprender a los seguidores de Jesús, sino provocar en ellos alegría —la misma que Pedro había sentido junto a Juan al ser flagelado (Hech. 5:41)— de que participan de la misma conducta de Cristo como también tendrán alegría cuando se manifieste Su gloria (4:12-13). Ser insultados por el nombre de Cristo constituye una indudable bienaventuranza (4:14), y no por ser homicida, ladrón, malhechor o un entrometido (4:15). Padecer como cristiano no es motivo de vergüenza sino razón para glorificar a Dios y para recordar que, cuando Dios realiza Sus juicios, comienza por Su casa, pero resulta pavoroso pensar en lo que significará para los que no pertenecen a ella (4:16-19).

La tarea de los pastores

Tras esta insistencia, repetida capítulo tras capítulo, en la conducta que han de seguir los seguidores de Jesús, Pedro se detiene en la parte final de su carta para apuntar a la conducta digna de los pastores. Pedro lo puede hacer porque también es un anciano y además fue testigo de los sufrimientos de Cristo a los que se ha referido ya varias veces. Su mensaje no nace de la especulación, sino de algo que contempló con sus propios ojos (5:1). A los ancianos de la iglesia les dice, pues, que su apacentamiento del rebaño sea de manera voluntaria, con un ánimo bien dispuesto, presentándose como verdaderos ejemplos. Por supuesto, es más fácil ver el ministerio como el ejercicio de una fuerza descargada incómodamente o como una manera de hacerse con dinero —no pocas veces obtenido de manera desprovista de integridad—, o como un ejercicio de enseñoramiento. Es un hecho innegable que, a lo largo de la historia, han existido pastores desconectados de su deber pastoral, pero encantados con el dinero que podían sacar a las ovejas y con el poder que ejercían sobre ellas. Ezequiel, por ejemplo, había clamado siglos antes contra pastores como estos (Ezeq. 34), pero, por muy común que haya podido ser esa conducta, no dejaba de ser totalmente inaceptable para aquellos que deseaban agradar a Dios y conducirse como desea Cristo (5:1-3).

El pastorado, en realidad, es un ministerio que conducirá a recibir la corona incorruptible de gloria (5:4), pero solo cuando se desarrolla de acuerdo con las pautas enseñadas por Pedro, unas pautas que indican el espíritu de entrega y sacrificio de Cristo y no una manera de satisfacer el deseo de dinero o un ansia de mando. Precisamente por ello, su recompensa real tendrá lugar cuando aparezca Cristo, el príncipe de los pastores (5:4).

Naturalmente, si esa es la conducta que corresponde a los ancianos, también de las ovejas se espera que sepan estar a la altura de las circunstancias. Deben sujetarse a los ancianos en el marco de una congregación, donde todos deben estar sometidos los unos a los otros y donde la humildad debe ser una conducta corriente. Esa humildad es el camino para recibir la exaltación de Dios que cuida de Sus hijos para que no sean presa de la ansiedad (5:6-7), hijos que nunca deben olvidar velar porque el diablo siempre anda rondando con el ansia de devorarlos (5:8). A ese diablo, a pesar de su furia y de su poder, es posible resistirlo en la fe cuando se es consciente de que otros hermanos en todo el mundo también sufren por seguir a Cristo (5:9). Al fin y a la postre, el padecimiento será breve y Dios —que es el que tiene la gloria y el imperio— sostendrá a Sus hijos (5:9-10).

La conclusión

Los últimos versículos contienen algunos datos que nos ayudan a delimitar un poco más el contexto de la carta. Pedro indica que

su epístola va a ser llevada por Silvano (5:12). Es muy posible
—aunque no totalmente seguro— que se trate del mismo personaje que en el libro de los Hechos recibe el nombre de Silas y
aparece en las epístolas como Silvano (2 Cor. 1:19; 1 Tes. 1:1;
2 Tes. 1:1). No sorprende la duplicidad de nombres —Silas y Silvano—, porque era muy común entre los judíos de la época, como
lo ha sido en períodos históricos posteriores. Sabemos de Silas que
era ciudadano romano (Hech. 16:37) y que la primera mención
que se hace de él lo sitúa entre los hombres más destacados de la
congregación de Jerusalén (Hech. 15:22). De hecho, tras la reunión del concilio de Jerusalén, fue seleccionado junto con Judas
para llevar el decreto jacobeo a la iglesia de Antioquía (15:27).
Silas se quedó en Antioquía —a diferencia de Judas, que regresó
a Jerusalén— y ejerció el ministerio profético (Hech. 15:32-35).
Algún tiempo después, acompañó a Pablo en su segundo viaje
misionero después de que el apóstol se separara de Bernabé tras un
desacuerdo acerca de la colaboración de Juan Marcos (15:40). Silas
fue encarcelado en Filipos junto con Pablo, y ambos apelaron a su
condición de ciudadanos romanos (16:19-40). Atravesó junto a
Pablo enormes dificultades en Tesalónica a causa de los judíos, y
se vieron obligados a marchar a Berea (17:4, 10). Allí se quedó
Silas con Timoteo mientras Pablo se dirigía a Atenas (17:14).
Vuelto a reunirse con Pablo en Corinto, estuvo con él mientras
redactaba las cartas a los tesalonicenses (1 Tes. 1:1; 2 Tes. 1:1).
A partir de ese momento, perdemos la pista de Silas-Silvano. De
tratarse del mismo personaje citado en la primera carta de Pedro,
la misma tendría que haberse escrito en un período posterior o,
lo que es mucho menos probable, en una época previa a la colaboración con Pablo.

La referencia a la iglesia que está en Babilonia (5:13) se ha
querido interpretar como una señal de que Pedro estaba a la sazón
en Roma y de que el nombre de la ciudad mesopotámica no
era sino una manera de ocultar la capital del imperio. Semejante
interpretación resulta inaceptable por varias razones. La primera
es que la Babilonia simbólica del Apocalipsis, la gran ciudad,
no es Roma sino Jerusalén. De hecho, aparece claramente identificada como la ciudad en que fue crucificado Jesús (Apoc. 11:8).
Pedro, pues, en todo caso, estaría escribiendo desde Jerusalén. La
segunda razón es que, como tendremos ocasión de ver, Pedro,

a finales de los años cincuenta, no estaba en Roma ni nada lo asocia con esta ciudad. Por lo tanto, lo más fácil es considerar que, a finales de los años cincuenta, cuando Silas ya no estaba relacionado con el ministerio de Pablo y Pedro laboraba en la Diáspora, redactó la carta.

CAPÍTULO XXIV

¿PEDRO EN ROMA?

El testimonio de Hechos y Pablo

Tradiciones tardías, las pretensiones de la iglesia católico-romana, algunas novelas e incluso el cine de Hollywood han familiarizado al gran público con la idea de que la iglesia de Roma fue fundada por Pedro y de que el apóstol murió en esta ciudad durante la persecución neroniana. La realidad histórica, sin embargo, pudo ser muy distinta. Vamos a comenzar un examen de las fuentes antiguas, comenzando por la Biblia y continuando luego con otras referencias para determinar la base de esa creencia.

Como ya hemos tenido ocasión de ver, en los años treinta del siglo I, el libro de los Hechos sitúa a Pedro claramente en el ámbito de la tierra de Israel y, de manera más concreta, en Jerusalén. Nos informa de alguna salida a Samaria junto a Juan y de un itinerario por territorio pagano, pero no existe el menor indicio de que Pedro abandonara un ámbito situado en la Tierra Santa y, más concretamente, en Jerusalén. Fue precisamente en esa zona del mundo donde lo encontró Pablo (Gál. 1:18).

A inicio de los años cuarenta, Pablo volvió a encontrar a Pedro en Jerusalén (Hech. 11:30; 12:25). La fecha, sin duda, fue cercana al hambre que tuvo lugar durante el principado de Claudio, en los años 44-45. En esa época, el rey Herodes, en un deseo de congraciarse con las autoridades judías, desencadenó una persecución en la que Santiago, el hermano de Juan, fue ejecutado y Pedro resultó detenido. En esta misma década, Pablo volvió a subir a Jerusalén junto a Bernabé y Tito y se encontró con Pedro (Gál. 2:1-2). Nos encontraríamos en una fecha cercana al año 45. Algún tiempo después, sabemos que Pedro está en Antioquía donde tiene lugar la disputa con Pablo acerca de su comportamiento de cara a los conversos gentiles. También Pedro se encuentra en esa zona del mundo cuando poco después, en torno al año 49, tiene lugar el denominado concilio de Jerusalén, en el que se resolvió la cuestión de cómo no causar escándalo a los judíos por la entrada de los gentiles en el grupo de seguidores de Jesús. El mismo Pedro tuvo un papel destacado en ese encuentro, tal y como podemos ver en Hechos 15:7-21 y hemos examinado en un capítulo anterior.

Como hemos tenido ocasión de ver, durante los años cincuenta, la figura de Pedro desaparece de las fuentes históricas y solo encontramos breves referencias en relación con Corinto. Sin embargo, ni siquiera podemos determinar si estuvo en Corinto o si solo partidarios suyos se jactaban de él en esa ciudad.

A finales de la década de los cincuenta, en torno al año 57, Pablo escribe su texto más importante, que es la carta a los romanos. De entrada, Pablo manifiesta su deseo de servir a la comunidad cristiana en Roma a fin de que fuera establecida (Rom. 1:11). Sin duda, se trata de una afirmación como mínimo llamativa si, supuestamente, Pedro llevaba más de una década pastoreando esa comunidad. Ciertamente, resulta más que dudoso que al cabo de tanto tiempo, Pedro no hubiera logrado asentar la comunidad y que esta necesitara la intervención de Pablo. A menos, claro está, que Pedro no hubiera estado jamás en Roma...

De manera también más que reveladora, en esta misma carta, Pablo menciona a multitud de personajes —veintisiete en total—, pero entre ellos no se encuentra Pedro. Que Pedro pudiera ser el fundador de la comunidad de Roma y, sobre todo, su obispo, y que Pablo no lo saludara siquiera resulta totalmente inaceptable a menos, por supuesto, que Pedro no estuviera en Roma ni hubiera estado con anterioridad. Por añadidura, en Romanos 15:20, Pablo se jacta de que no predica donde otros apóstoles han puesto su fundamento con anterioridad. Sin duda, Pablo no habría tenido interés en romper esa regla firme de su conducta en Roma si Pedro hubiera fundado la iglesia de esa localidad.

Pablo visitó Jerusalén en una fecha cercana al año 60 y tampoco hay referencias a Pedro (Hech. 21:17-18) que, tal y como declara la primera carta, debía estar en la Diáspora de Asia, en Babilonia, teniendo a su lado a Marcos (1 Ped. 5:13). En torno al año 62, Pablo llegó a Roma, pero, de manera bien reveladora, el libro de los Hechos no contiene la menor referencia de que en la ciudad estuviera Pedro (Hech. 28:20-31). Aún más importante, durante un período de un par de años aproximadamente, Pablo escribió las cartas de la cautividad —Efesios, Filipenses, Colosenses y Filemón— desde Roma, pero no menciona ni una sola vez a Pedro. Es obvio que, dada la relevancia de las cartas, si Pedro hubiera estado en Roma, Pablo se habría referido a él como hace con otros personajes. Sin embargo, resulta innegable la ausencia total de referencias a Pedro.

Hemos estudiado en otra obra cómo Pablo fue puesto en libertad tras esperar su enjuiciamiento, aprovechó la libertad para realizar un breve viaje a España como había planeado hacía años y, finalmente, volvió a ser encarcelado. En su última carta, la segunda dirigida a Timoteo, escrita en una prisión romana y a la espera de la ejecución, Pablo le ruega al destinatario de la carta que traiga a Marcos (4:11), algo comprensible si Marcos estaba en Asia con Pedro, como se desprende de 1 Pedro 5:13, pero absurdo si Babilonia era Roma, ya que entonces, Marcos habría estado en la misma ciudad que Pablo y no habría sido necesario traerlo.

Ni siquiera tenemos la menor señal de que Pedro estuviera en Roma en esos momentos, ya que Pablo no lo menciona entre los creyentes de la ciudad de los que, por cierto, afirma que lo dejaron abandonado en su primera defensa (2 Tim. 4:16) e incluso incide en que a su lado solo está Lucas (2 Tim. 4:11). Como era de esperar con todos estos datos, el Nuevo Testamento no contiene un solo dato sobre que Pedro fundara la iglesia de Roma —una imposibilidad absoluta dado su ministerio en Palestina—, sobre que fuera obispo en esa ciudad y todavía menos sobre que acabara allí sus días.

Finalmente, Pedro escribió su segunda y última carta —menciona expresamente otra anterior— en torno al año 65-66. A ella nos referiremos en otro capítulo, pero, de manera bien reveladora, podemos adelantar que no afirma en ninguna parte que estuviera en Roma.

A decir verdad, y si partimos de los datos que contienen las fuentes del Nuevo Testamento, podríamos afirmar que Pedro fue arrestado y ejecutado (Juan 21:15-19), pero nada indica que fuera en Roma y, por el contrario, multitud de referencias nos indican que ni estuvo en esa ciudad ni fundó la comunidad cristiana en la misma.

El testimonio de las fuentes extrabíblicas

Lo que encontramos en fuentes extrabíblicas no es más sólido a la hora de señalar la fundación de la iglesia de Roma por Pedro y su martirio en esta ciudad. La primera referencia está en la primera carta de Clemente, cuya autenticidad ha sido objeto de discusión. De manera bien reveladora, en ella, se afirma que Pedro sufrió el martirio —un dato que podemos dar por seguro— pero no se menciona que lo sufriera en Roma.

Eusebio, escribiendo en el siglo IV, se refiere a un texto de Dionisio de Corinto del último tercio del siglo II en el que habría dicho a los romanos que Pedro y Pablo habían plantado las iglesias de Corinto y Roma. La referencia es más que problemática. En primer lugar, nos ha llegado no de manera directa, sino a través de un testigo interesado como Eusebio, que vivió tres siglos después que Pedro. Resulta, pues, una fuente demasiado tardía como para tenerla en cuenta. Por añadidura, lo afirmado en ella contradice los datos de los que disponemos, ya que en el Nuevo Testamento resulta obvio que Pedro no intervino en el establecimiento de la iglesia de Corinto —sí Pablo y Apolos— y, desde luego, Pablo NO plantó la iglesia de Roma sino que, por el contrario, pasó mucho tiempo intentando visitarla. En cuanto a Pedro, no se dice nada. El carácter tardío y la contradicción con datos más seguros y primitivos de los que disponemos obliga a rechazar el texto de Dionisio de Corinto como fuente fiable.

Otro texto todavía posterior al atribuido a Dionisio, debido a Ireneo y que puede fecharse en la última década del siglo I —*Adversus Haereses*— afirma que Mateo produjo un Evangelio escrito entre los hebreos en su propia lengua mientras Pedro y Pablo estaban predicando en Roma y colocando el fundamento de la iglesia. La afirmación, además de tardía, resulta claramente carente de fiabilidad. Pablo no estableció la iglesia de Roma a la que se dirigió manifestando su deseo de servirla, y no tenemos ninguna noticia del siglo I de que Pedro llevara a cabo esa labor. Menos todavía consta que ambos apóstoles predicaran a la vez en la capital del imperio.

Ignacio de Antioquía nos proporciona un texto escrito a los romanos en torno al año 110, en el que menciona que Pedro y Pablo —de nuevo la mención del dúo del que no tenemos constancia de que colaboraran nunca y menos de que se encontraran en

Roma— les enviaron mandatos. El texto es históricamente muy problemático, ya que podría ser perfectamente una falsificación. De hecho, no llegó a utilizarse como prueba del paso de Pedro por Roma hasta que lo usó en ese sentido el cardenal Belarmino (1542-1621) milenio y medio más tarde[141]. Si la referencia es a la carta a los Romanos y además estuviéramos ante un texto verídico —lo que no es seguro—, la afirmación podría tener un cierto sentido en el caso de Pablo, pero no en el caso de Pedro.

Justino Mártir (m. 165) no dejó la menor referencia a una estancia de Pedro en Roma. Hipólito[142] afirma que «Pedro predicó el evangelio en Ponto, Galacia y Capadocia, Betania, Italia y Asia», pero, de manera bien reveladora, no incluye entre las áreas de labor de Pedro la ciudad de Roma. De manera reveladora, las primeras listas de obispos de Roma elaboradas ya en la cercanía del siglo III no incluyen el nombre de Pedro como obispo de esta ciudad y comienzan con Lino[143]. Su valor histórico es muy relativo por lo tardío de las fuentes, pero revelador en cuanto a la ausencia petrina. Hegesipo, Epifanio y Julio Africano no nos proporcionan —a pesar de su deseo de ligar determinadas ciudades con algún apóstol— la menor prueba histórica mínimamente sólida de que Pedro estuviera en Roma, y mucho menos de que fuera obispo de esta ciudad y fundara la iglesia en ella.

Ya en el siglo III, en torno a 200-250 d. C., el libro conocido como los Hechos de Pedro sostiene que Pedro acudió a Roma poco antes de su martirio, pero rechaza la posibilidad de que fundara la iglesia de esa ciudad o que estuviera en ella durante años. En realidad, Pedro había llegado a la capital del imperio poco antes de su muerte. Otros textos también apócrifos, como los Hechos de Pablo (aprox. 171 d. C.) o los Hechos de Andrés y Pablo —que nos ha llegado en fragmentos muy tardíos en copto, etíope y árabe—, señalan que Pedro llegó a predicar en Roma, pero no lo conectan con la fundación de la iglesia en esta ciudad ni lo mencionan como su obispo.

---

[141] Así lo reconoce Daniel Wm O´Connor, *Peter in Rome*, Columbia y Londres, 1969.

[142] *«Hippolytus on the Twelve Apostles»* en Roberts y Donaldson (eds.), *The Ante-Nicene Christian Library*, vol. II, parte II, pág. 130.

[143] En el mismo sentido, O´Connor, pág. 29.

Sin duda, el testimonio más sólido es el de Eusebio que, no obstante, escribe bien entrado el siglo IV. Eusebio debía ser consciente de que la leyenda que ubicaba a Pedro y a Pablo siendo martirizados en Roma ni era creída ni aceptada por muchos cristianos, y para fundamentarla, recurrió a la afirmación de que Cayo, a inicios del siglo II, mencionaba que existían monumentos conmemorativos a Pedro y Pablo que podían verse de camino hacia el Vaticano o hacia la vía de Ostia. Por qué la iglesia primitiva colocaría los restos en un lugar infectado por el paganismo en esa época es un misterio que Eusebio no se tomó la molestia de resolver.

A partir del siglo IV —y después de Constantino—, aparecen referencias a la presencia de Pedro en Roma, pero, como sucede en el caso de Eusebio, nos enfrentamos con testimonios demasiado tardíos y, sin duda, interesados en conectar la sede romana con Pedro. Su fiabilidad histórica es, pues, nula.

De hecho, no hay nada en las fuentes históricas que abogue en favor de que Pedro estuvo en Roma, de que fundó la iglesia en esa ciudad, de que fue su obispo y de que resultó martirizado en ella cabeza abajo o en otra posición. No deja de ser significativo que el jesuita John W. O´Malley reconozca en su obra *A History of the Popes*[144] [Una historia de los papas] que «no existe una pieza (de prueba) que establezca en un lenguaje directo y carente de ambigüedad que Pedro viajó alguna vez a Roma o que muriera allí». El padre O´Malley intenta compensar ese hecho innegable apelando a 1 Pedro que podría haber sido escrita en Roma, pero, de manera bien reveladora, al mismo tiempo, niega que la carta fuera escrita por Pedro.

El también jesuita Francis A. Sullivan[145] ha reconocido también que «existe un amplio consenso entre los historiadores, incluida la mayoría de los católicos, de que tales iglesias como las de Alejandría, Filipos, Corinto y Roma muy posiblemente continuaron siendo guiadas por un tiempo por un colegio de presbíteros y que solo durante el curso del siglo II se convirtió generalmente en regla la triple estructura con un obispo asistido por presbíteros, presidiendo sobre cada iglesia local». Sin duda, es un argumento poderoso para negar que Pedro fundó la iglesia de Roma, la gobernó

---

[144] John W. O'Malley, S. J., *A History of the Popes* (Plymouth, 2011), pág. 8.
[145] Francis A. Sullivan S. J., *From Apostles to Bishops*, pág. 15.

como obispo y además fue seguido por otros obispos. De manera bien significativa y a pesar de sus implicaciones dogmáticas, este hecho es reconocido hoy en día por los especialistas, incluida la mayoría de los católicos.

Partiendo, pues, de las fuentes históricas, es obvio que NO se puede afirmar que Pedro fundara la comunidad de Roma, y mucho menos que la gobernara durante años. Al respecto, los datos contenidos en la Biblia descartan esa eventualidad y los que aparecen en otras fuentes son demasiado tardíos y poco fiables como para poder ser tomados en consideración.

El testimonio de las fuentes arqueológicas

Desde la segunda mitad del siglo xx, ha existido una insistencia periódica en afirmar que se había descubierto la tumba de Pedro en Roma. El hecho en sí no demuestra que Pedro fundara la iglesia de esta ciudad ni que fuera su obispo, pero, en cualquier caso, es más que dudoso además que los supuestos restos arqueológicos tengan que ver con el apóstol. De entrada, la colina Vaticana —donde, supuestamente, habría sido sepultado Pedro— era parte de los jardines del emperador Nerón, con lo que la idea de que los restos del apóstol pudieran ser sepultados allí resulta absolutamente imposible[146]. Todo ello sin contar con la profunda repugnancia que habrían sentido los cristianos ante la idea de sepultar al apóstol en un territorio infectado por el más descarnado paganismo. Como señalaría Chadwick: «los cristianos de Roma durante el segundo siglo e inicios del tercero no tenían razón para estar mucho más seguros de los verdaderos lugares de las tumbas apostólicas de lo que lo estamos hoy, y de hecho [...] la mayoría de nuestras modernas confusiones y dudas son poco más que una consecuencia de las suyas»[147]. Prudencio (348-410) señalaría que, efectivamente, Pedro había sido sepultado en la colina Vaticana, pero su testimonio, además de tardío, carece de valor histórico. Lo mismo puede decirse

---

[146] Plamer y Ashby, *A Topographical Dictionary of Ancient Rome*, págs. 113-4; 264-5; 547-8.

[147] Chadwick, *Saint Peter and Saint Paul*, pág. 51.

de la noticia recogida en el Liber Pontificalis del siglo VII, donde se menciona que Pedro fue sepultado en la colina Vaticana... ¡¡¡en el templo de Apolo!!![148]

El 26 de junio de 1968, el papa Pablo VI anunció que habían sido descubiertas las reliquias de san Pedro. Por su parte, la Librería Editora Vaticana publicó un libro escrito por la profesora Guarducci con toda la información, titulado *Las reliquias de san Pedro*. Todavía en abril de 2013, el papa Francisco visitó el citado lugar y, emocionado, presentó las reliquias del apóstol[149]. La realidad arqueológica, sin embargo, se presenta muy diferente a las pretensiones del Vaticano, entre otras razones, porque nunca se han encontrado los restos de Pedro, y para explicar su ausencia se ha llegado incluso a recurrir a una ingeniosa teoría del traslado de los restos. De hecho, el lugar denominado Aedicula es muy posible que fuera identificado en el siglo IV con el sepulcro de Pedro, y es sabido que en torno a 324-33 d. C. allí ordenó el emperador Constantino edificar una basílica, pero de ahí a relacionarlo con la tumba del apóstol media un abismo. Von Gerkan[150] ha señalado que «si la "tumba central" es la de Pedro, no existen restos a día de hoy». Ciertamente es así, ya que como indica O´Connor, «la arqueología no ha solucionado ni la cuestión de la tumba de Pedro ni el enigma que algunos en vano han tratado de resolver por medio de la teoría del traslado»[151]. Como señala este mismo autor en la conclusión de su libro sobre la estancia de Pedro en Roma: «La prueba que apoya la asunción de una residencia romana de Pedro no puede decirse que sea concluyente. Es escasa, vaga y relativamente tardía (nada es anterior a la última década del siglo primero; al menos una generación después de que probablemente muriera)»[152]. Sin duda, se trata de una manera bien suave de expresar la realidad histórica, y más teniendo en cuenta que, en 1953, dos frailes franciscanos descubrieron cientos de osarios del siglo I en una cueva en el Monte de los Olivos, cerca de Jerusalén, afirmando que en uno de ellos aparecía el nombre original

---

[148] O´Connor, pág. 112.

[149] https://www.lanacion.com.ar/el-mundo/emocionado-el-papa-francisco-exhibio-por-primera-vez-las-reliquias-de-san-pedro-nid1641762/

[150] Von Gerkan, *Die Forschung nach dem Grab Petri*, pág. 205.

[151] O´Connor, pág. 206.

[152] O´Connor, pág. 207.

de Pedro, «Shimon bar Jonah»[153]. En otras palabras, era posible que Pedro hubiera sido sepultado en Jerusalén.

Lo cierto es que si se examinan de manera rigurosamente histórica las fuentes, hay que llegar a la conclusión de que el papa Francisco en 2013 participó en el enésimo fraude católico-romano relacionado con reliquias. Sin duda, una conducta que nunca hubiera resultado aceptable a Pedro. Nos ocuparemos en la conclusión del problema de la muerte de Pedro, pero antes tenemos que detenernos en su último escrito.

---

[153] P. B. Bagatti, J. T. Milik, *Gli Scavi del «Dominus Flevit», Parte I: La necropoli del periodo romano* (Jerusalén, 1958).

CAPÍTULO XXV

EL TESTAMENTO DE PEDRO

El avance espiritual

El período de tiempo que hemos denominado los años oscuros concluye, al menos en parte, con la segunda carta de Pedro[154]. La crítica modernista ha negado su autenticidad desde el siglo XIX y, de manera bien reveladora, ante la abrumadora evidencia interna que señala a Pedro como autor, ha insistido en que se trata de un artificio literario para que el lector crea que es verdad lo que no pasa de ser una impostura. Como segundo argumento en contra de la autenticidad de la carta, se ha señalado la diferencia de vocabulario con la primera que lleva el nombre de Pedro. La realidad es que no hay un escrito más parecido a la segunda carta de Pedro que la primera de Pedro —algo lógico, si se piensa que proceden del mismo autor— y que los datos que aparecen en el escrito señalando a Pedro como el que lo redactó significan precisamente eso: que Pedro fue su autor.

A diferencia de la primera carta, que presentaba a unos destinatarios situados en una geografía concreta, la segunda se dirige «a los que habéis alcanzado, por la justicia de nuestro Dios y Salvador Jesucristo, una fe igualmente preciosa que la nuestra» (2 Ped. 1:1). Sin duda, se trata de un inicio de la epístola bien revelador porque incluye una de las afirmaciones más claras acerca de la Deidad de Cristo que podemos encontrar en las Escrituras. Jesús el Mesías es presentado como «nuestro Dios y Salvador». Es tras esa afirmación

---

[154] Sobre la segunda carta de Pedro, ver: A. E. Barnett y E. G. Homringhausen, 1957; C. E. B. Cranfield, *1 and 2 Peter and Jude*, 1960; M. Green, *The Second Epistle of Peter and the Epistle of Jude* (Grand Rapids: MI, 1979); B. Reicke, *The Epistles of James, Peter and Jude,* 1964.

cuando Pedro indica que todo lo relativo a la vida y a la piedad ha sido dado a los creyentes por Dios (1:3), al igual que «preciosas y grandísimas promesas» (v. 4). Arrancando de ese punto de partida, los creyentes han de ir caminando por una senda en la que cada paso debe ser seguido por otro. El punto de inicio es la fe, pero a ella hay que añadir una constancia que evite que sea pasajera. A esa constancia, debe sumarse un conocimiento que permita que todo se realice de manera correcta (1:5). El conocimiento ha de ser seguido por un dominio propio al que se sumará la paciencia y a ella, la piedad (1:6). A esa piedad debe seguir un afecto propio de hermanos y, como último eslabón, auténtica consumación, el amor (1:7). Es precisamente la existencia de estas conductas la que permitirá, si abundan, que los seguidores de Jesús no caigan en la ociosidad ni en la esterilidad en lo que al conocimiento del Señor y Mesías se refiere. En otras palabras, resulta imposible conocer verdaderamente a Jesús si no se van sumando esas cualidades una a otra hasta llegar al amor (1:8). Naturalmente, puede darse el caso de que una persona carezca de esas conductas señaladas por Pedro, pero, en ese caso, nos encontraríamos ante un miope, un ciego incluso que habría olvidado cómo fueron limpiados sus pecados anteriores (1:9). Y es que solo la gente que va avanzando en esos comportamientos podrá evitar caer y recibirá una «amplia y generosa entrada en el reino eterno de nuestro Señor y Salvador Jesucristo» (1:11).

La cercanía de la muerte

Tras esta descripción, Pedro realiza dos afirmaciones verdaderamente llamativas. La primera es que su intención es seguir recordando esta enseñanza aunque ya la conozcan los destinatarios de su carta (1:12), y la segunda es que sabe que le queda poco tiempo de vida (1:14). La afirmación de Pedro obliga a pensar que la persecución había estallado o ya se perfilaba en el horizonte. Frente a ese panorama nada grato en el que se divisaba la desaparición de personajes de relevancia entre los cristianos y un futuro nada halagüeño, Pedro insta a poner la confianza en la venida del Mesías. Esa enseñanza la había transmitido Pedro, no recurriendo a fábulas sino partiendo de la experiencia personal de haber contemplado la transfiguración (1:16-18). A esa experiencia —que señala claramente a Pedro como autor de la carta— se suma además el testimonio de los profetas (1:16-19). La tarea de los profetas es arrojar luz y, ciertamente, no puede negarse que así sucedía y que, por añadidura, los verdaderos profetas nunca pronunciaron ningún anuncio por capricho propio, sino que fueron inspirados por el Espíritu Santo (1:19-21).

Falsos profetas y falsos maestros

Junto con esas realidades, los receptores de la carta de Pedro debían ser conscientes de otra no menos relevante, y era la aparición de falsos profetas y falsos maestros. A decir verdad, esa lamentable circunstancia es una constante en la historia del pueblo de Dios. Si en el pasado hubo falsos profetas, ahora habrá falsos maestros que, de manera solapada, introducirán falsas doctrinas. Esa falsedad doctrinal pasará incluso por enseñanzas que nieguen al propio Señor Jesús (2:1). Sin embargo, no será tan difícil identificar a esos falsos maestros, y no solo por sus enseñanzas falsas, sino también por su codicia. El falso maestro no será nunca alguien austero, sobrio, desinteresado, sin amor al dinero. Por el contrario, será un mercader de la religión que se aprovechará de la Palabra para lucrar (2:2-3). Su éxito podrá ser mayor o menor, pero de lo que no cabe la menor duda es de que no escapará del justo juicio de Dios (2:3). En realidad, no puede ser de otra manera, porque Dios es justo y nunca ha pasado por alto la profanación. Los ángeles condenados al tártaro, el mundo aniquilado en el diluvio o la destrucción de Sodoma y Gomorra, son claros ejemplos de ello (2:4-6). Dios cuidará a los piadosos como, en su día, cuidó de Lot y tiene un día reservado para castigar a los injustos; en especial, a aquellos que se han dejado llevar por sus deseos y por la impureza, que desprecian el señorío y que se dedican a hablar sobre las potestades angélicas como si esa fuera su misión cuando no lo es ni de los ángeles (2:7-11).

Los falsos maestros no escaparán a la perdición. A fin de cuentas, buscan disfrutar de deleites a diario, tienen los ojos rebosantes de adulterio, pecan de manera continua, cuentan con un corazón acostumbrado a la codicia y, por ello, son hijos de maldición (2:12-14).

El retrato de Pedro no deja de ser repulsivo, pero, sin duda, resulta aleccionador. Los falsos maestros tienen capacidad para seducir, hablan de lo que ignoran realmente, son llevados por su codicia, no tienen la menor intención de cambiar de conducta y recibirán la maldición de la que son hijos. A decir verdad, deberían ser identificados con enorme facilidad. A fin de cuentas, son como Balaam (Núm. 22), el personaje que estuvo dispuesto a maldecir al pueblo de Dios por una paga y que fue reprendido por una asna (2:15-16).

Aunque los falsos maestros se presenten como canales de bendición espiritual, en realidad, se asemejan a fuentes que carecen de agua o a nubes arrastradas por la tormenta (2:17). Su predicación consiste en palabrería hueca y sin contenido espiritual real en la que se apela a la satisfacción de los deseos de la carne (2:18). En otras palabras, más allá de las apariencias, es totalmente estéril desde una perspectiva espiritual. Por supuesto, los falsos maestros apelan a la libertad, pero la realidad es que ellos mismos son esclavos de la corrupción en que se encuentran sumidos. De hecho, tanto ellos como sus seguidores, si llegaron a conocer la verdad y la abandonaron, se encuentran en una situación peor que si nunca hubieran escuchado las buenas nuevas. Así, en ellos se cumple lo señalado por el proverbio (Prov. 26:11), que indica cómo el perro vuelve a su vómito y la cerda lavada al barro (2 Ped. 2:19-22). El pasaje petrino ha sido esgrimido en ocasiones para señalar la posibilidad de que un creyente pueda perder la salvación, pero realmente, el texto no está hablando de creyentes. Se refiere, en realidad, a gente que escuchó la verdad, que luego prestó oído a los falsos maestros y que acabó regresando a la pésima situación espiritual en que se hallaba antes de escuchar el mensaje del evangelio. La realidad es que nunca dejaron de ser perros o cerdas y, lamentablemente, su situación es ahora peor porque resultan más culpables que aquellos que nunca escucharon el evangelio. El pasaje deja de manifiesto una realidad angustiosa, la de que los falsos maestros —seres movidos, a fin de cuentas, por la codicia y el deseo de disfrute— pueden apartar a la gente de la verdad que oyeron arrastrándola a una situación peor que la que tenían antes de no saber nada.

El día del Señor

A pesar de que el texto presenta realidades inquietantes —morirá en breve, los falsos maestros son una realidad, su enseñanza tiene pésimas consecuencias—, el texto no cae en el pesimismo ni en la desesperanza. Pedro recuerda que en esta segunda carta pretende exhortar el entendimiento sin mancha de los seguidores de Jesús (2 Ped. 3:1). Los receptores de esta segunda carta deben recordar que todo fue advertido por los profetas (3:2). Por supuesto, habrá gente que se burlará de lo que muestran y fingen que es tardanza del juicio de Dios (3:2-4), pero la realidad es que Dios siempre ha ejecutado Sus juicios en el momento adecuado, como se puede ver en el caso del diluvio (3:5). Si entonces el agua destruyó un mundo, en el futuro será el fuego el que consuma el presente (3:5-7). El día del Señor vendrá de acuerdo a la cronología de Dios que no es la del hombre (3:8). Lo hará tras manifestarse la paciencia de Dios (3:9). Vendrá de manera inesperada, mientras arden todos los elementos (3:10). Precisamente porque este mundo va a desaparecer, los seguidores de Jesús no pueden conformar sus vidas a algo llamado a extinguirse, sino que tienen que caminar de manera santa y piadosa. Así ha de ser porque los que creen en Cristo esperan el cumplimiento de las promesas que hablan de nuevos cielos y nueva tierra (3:11-13).

Pedro puede apelar a los destinatarios de su carta para que esperen y para que lo hagan diligentemente, a fin de ser hallados «sin mancha e irreprensibles, en paz» (3:14) y para que comprendan que lo que algunos pueden considerar tardanza, en realidad, es una manifestación de la paciencia de Dios, como también lo ha señalado Pablo en casi todas sus epístolas, epístolas que fueron torcidas por personas ignorantes e inconstantes (3:14-16). Sabiendo todo esto de antemano, los seguidores de Cristo no deben dejarse arrastrar por el error sino crecer en la gracia y el conocimiento de «nuestro Señor y Salvador Jesucristo» (3:17-18).

La segunda carta de Pedro constituye un documento de notable relevancia para comprender la situación de los cristianos a inicios de la década de los años sesenta del siglo I. Al respecto, merece la pena señalar las coincidencias entre el Apocalipsis —un libro escrito antes de la destrucción del templo en el año 70 d. C.—, la segunda carta de Pedro y Judas. Todos ellos son escritos judeocristianos ciertamente, pero además comparten unas inquietudes, una forma de expresarlas y una manera de abordarlas que no pueden ser definidas como mera casualidad y que deben ser atribuidas a la pertenencia a una forma de cristianismo que había salido ya de la tierra de Israel, pero que, trasplantada al ámbito gentil de Asia Menor, lo encontraba plagado de peligros para los creyentes.

Por citar solo algunos ejemplos, podemos indicar que en estos tres escritos —por contraposición a otros del Nuevo Testamento—, los falsos maestros son acusados del error de Balaam (Jud. 11:2; 2 Ped. 2:15; Apoc. 2:14); se denuncia la tentación de inmoralidad (2 Ped. 2:14-18; 3:17; Apoc. 2:20); se hace referencia a la contaminación de la ropa (Jud. 8:2; 2 Ped. 1:2 ss.; Apoc. 2:17, 24); los falsos maestros son retratados con pretensión de ser pastores y apóstoles (Jud. 11 ss.; Apoc. 2:2); se realiza un llamado a recordar la enseñanza de los verdaderos apóstoles (Jud. 17; 2 Ped. 1:12; 3:1 ss.; Apoc. 3:3) a los que se considera fundamento de la comunidad cristiana (Jud. 3; Apoc. 21:14); el día de Cristo es asimilado a la estrella de la mañana (2 Ped. 1:19; Apoc. 2:28); se insiste en la desaparición de los cielos y de la tierra actuales (2 Ped. 3:10; Apoc. 6:14; 16:20; 20:11) para ser reemplazados por otros nuevos (2 Ped. 3:13; Apoc. 21:1) y los ángeles caídos son descritos en una situación de encadenamiento (Jud. 6; 2 Ped. 2:4; Apoc. 20:1-3, 7). La gran persecución estaba a punto de estallar y en ella, presumiblemente, pereció el antiguo pescador.

CONCLUSIÓN

Corría el año 1302, cuando el papa Bonifacio VIII promulgó la encíclica *Unam Sanctam,* en la que afirmaba: «Por lo tanto, declaramos, proclamamos, definimos que es absolutamente necesario para la salvación que toda criatura humana esté sujeta al romano pontífice». La afirmación del papa Bonifacio VIII no podía ser más clara y contundente: para salvarse resulta imprescindible estar sometido al papa. No bastaba, pues, con obedecer lo predicado por Jesús y Sus apóstoles, sino que además había que encontrarse en una relación de sumisión al supuesto sucesor de Pedro. Hasta 1871, no sería proclamado el dogma de la infalibilidad papal, pero no cabe la menor duda de que las pretensiones de Bonifacio VIII ya resultaban colosales. Sin embargo, cualquiera que haya leído con atención las páginas precedentes, se habrá percatado más que de sobra de hasta qué punto las pretensiones del papa Bonifacio VIII —que estaba definiendo un dogma de fe— no solo carecían de la menor base en las enseñanzas de Pedro el pescador sino que incluso las contradecían de manera frontal.

Pedro fue un pescador galileo que, de forma bien reveladora, aceptó seguir a Jesús cuando descubrió que era pecador. A decir verdad, tan pecador que, al percatarse de ello, suplicó a Jesús que se apartara de él. La respuesta de Jesús fue, por el contrario, anunciar a aquel hombre arrodillado ante Él que sería pescador de hombres y, efectivamente, el galileo, dejándolo todo, lo siguió.

Sin ninguna duda, la existencia de Pedro el pescador constituye uno de los episodios más aleccionadores dentro de la historia del cristianismo primitivo. A pesar de esa innegable realidad, lo cierto es que basta examinar la bibliografía dedicada a él para percatarse de que ha recibido muchísima menos atención no solo que Jesús, su Maestro y Señor, sino también que Pablo de Tarso, con el que comparte protagonismo en el libro de los Hechos. Sin embargo, Pedro gozó de una relevancia nada pequeña en el seno de los primeros seguidores de Jesús. Durante los más de tres años que estuvo en la cercanía material del Maestro, las fuentes nos muestran a un Pedro impulsivo, con serios problemas para reflexionar y callar, dado a expresar en voz alta lo que, seguramente, también pensaban sus compañeros y, como estos, con enormes dificultades para comprender a cabalidad a alguien como Jesús, que no se presentaba como un Mesías nacionalista, sionista, antigentil y violento —el modelo con el que soñaba la inmensa mayoría del pueblo judío—, sino que se identificaba con el Siervo de Isaías 53 y, por lo tanto, rechazaba la violencia, la corona, el dominio y, para colmo, anunciaba que sería rechazado, escarnecido y ejecutado y que precisamente Su vida sería el modelo que debían seguir Sus discípulos. El mismo Pedro que confesó a Jesús como el Mesías y el Hijo de Dios tuvo problemas para aceptar que ese Mesías fuera diferente de cómo él —y tantos otros— lo imaginaban y, en el mismo episodio de la confesión en Cesarea de Filipo, se ganó por ello la represión de Jesús. Fue precisamente entonces cuando Jesús —que formaría con él, Santiago y

Juan un grupo selecto de tres en el seno de los Doce— le anunció que tenía reservada para él la misión de abrir el reino con las llaves.

En contra de sus deseos y de sus expectativas, Pedro negó a Jesús la noche en que el Señor fue arrestado, pero, también según el anuncio del Maestro, su fe no falló y fue restaurado. Pedro fue objeto de una aparición de Jesús el domingo de resurrección y, apenas unas semanas después, cumplió la profecía del Maestro abriendo el reino a los judíos en la festividad de Pentecostés.

Pedro no fue el jefe de los apóstoles; ni siquiera un *primus inter pares*. En los relatos de Hechos, aparece vinculado estrechamente con Juan en un episodio tras otro. De hecho, la cercanía entre los dos podría explicar los materiales sobre su vida que aparecen de manera exclusiva en el cuarto Evangelio. Juntos, seguían las órdenes de Jesús, que estableció que Sus discípulos fueran de dos en dos en la predicación itinerante. La única excepción sería, precisamente, cuando Pedro, como había hecho ya con los judíos, abrió el reino a los gentiles en la persona de Cornelio y sus allegados. Como no era el jefe de los apóstoles, Pedro pudo ser tachado en público por Pablo de hipócrita y aceptó que en el concilio de Jerusalén la decisión final la tomara Santiago, el hermano del Señor.

En ese Pedro, más maduro y tan diferente de lo que sobre él se cuenta, encontramos al hombre transformado por la experiencia de la resurrección de su Maestro, pero que, sobre todo, ha aprendido lo esencial de Su enseñanza y por eso mismo, sirve a sus hermanos y los obedece en lugar de ser un monarca al que los demás se someten. El mismo Pablo lo describiría como una —no la única— de las columnas de la iglesia de Jerusalén. Por supuesto, jamás lo conectó con Roma ni con la fundación de una congregación en esta ciudad. Lejos de considerarse —¡¡¡terrible blasfemia!!!— la piedra/roca sobre la que Jesús construiría la iglesia, Pedro repitió una y otra vez que esa Piedra era Cristo, el único nombre dado a los hombres por el que todos pueden ser salvos (Hech. 4:11-12).

Resulta bien revelador que el libro de los Hechos nos despida de Pedro después de relatar su papel —secundario en relación con el de Santiago— en el denominado concilio de Jerusalén donde, finalmente, se zanjó la cuestión de las condiciones para que los gentiles pudieran entrar en el pueblo de Dios. De ellos, no se exigiría ni que guardaran la Torá ni que se circuncidaran. Bastaría con que fueran conscientes de que la salvación es por gracia a través de la fe y no por obras (comp. Ef. 2:8-9) y con que pusieran cuidado en llevar una conducta que no escandalizara a aquellos discípulos que procedían del judaísmo. A partir de ese momento, Pedro —que ya había utilizado una vez y para siempre las llaves de apertura del reino a judíos y gentiles— desaparece del foco de interés de la Biblia. El único testimonio que nos quedará de él son dos cartas, breves, pero rezumantes del espíritu de alguien que ha comprendido que Jesús es nuestro Dios y Salvador (2 Ped. 1:1) y que insta pastoralmente a las ovejas a comportarse como aquel Jesús que, siendo Señor y Maestro, lavó los pies de Pedro y del resto del grupo de los Doce. Seguir los pasos de Jesús —un Jesús que sufrió como Pedro la calumnia y la persecución— constituye la meta de la vida de un cristiano.

Leyendas posteriores hablarían siglos después de que Pedro había muerto martirizado en Roma, de que fue clavado boca abajo en una cruz, de que antes pensó en huir y le salió al camino Jesús provocando que le preguntara: «Quo Vadis, Domine?» [¿Adónde vas, Señor?], de que fue sepultado en la colina Vaticana, de que había fundado la iglesia de Roma... ni uno solo de esos hechos tiene la menor base histórica y, en realidad, se basan en relatos contradictorios, tardíos y nada fiables, como incluso reconoce la mayoría de los autores católicos sabedores de que el nombre de Pedro está ausente de las primeras ediciones del medieval *Liber pontificalis*, y de que la comunidad de Roma fue pastoreada por un consejo de ancianos y no por un obispo solo, al menos hasta el siglo II.

Las falsedades históricas sobre Pedro irían aumentando durante la Edad Media, empujadas por obispos romanos ambiciosos que ya nada se parecían en sus enseñanzas y en su conducta al pescador, y que podían jactarse de que ellos sí tenían —a diferencia suya— oro y plata aunque, por supuesto, eran incapaces de poder decir a un cojo que se levantara y anduviera en el nombre de Jesús.

Del final de la vida de Pedro solo sabemos a ciencia cierta que fue en la ancianidad y dando testimonio, tras verse arrestado, de su Señor y Maestro. Si su martirio tuvo lugar en Asia Menor, donde desarrolló un ministerio en los años cincuenta —¿quizá al lado de Juan?— o fue trasladado a Roma u otro lugar para que allí confesara por última vez el Nombre único que da salvación es algo que, a la luz de las fuentes históricas, ignoramos y que, muy posiblemente, no llegaremos a saber.

Sin embargo, ese detalle carece, en realidad, de importancia práctica. Lo relevante es el ejemplo dejado para los siglos venideros por un Pedro que se reconoció pecador antes de ser llamado para ser pescador de hombres, que cayó y se arrepintió, que se hundió en el mar, pero no por eso dejó de surcarlo obedeciendo a su Maestro, que nos recordó que no existe esperanza de salvación para el ser humano aparte de Jesús, que mostró la escasísima importancia del dinero, pero la inmensa relevancia de seguir el ejemplo de Jesús, que mostró cómo la persecución es —tal y como señaló Pablo en 2 Timoteo 3:12— un estado natural para aquellos que siguen a Jesús de corazón, y que la recompensa solo la recibirán los discípulos cuando regrese como Juez Aquel que un día lo llamó a la orilla del mar de Galilea. Esa voz del pescador sigue vigente y poderosa a día de hoy, clamando a los seres humanos de toda condición no que se sometan a un obispo para salvarse —como pretendía Bonifacio VIII—, sino diciendo: «arrepentíos y convertíos, para que sean borrados vuestros pecados, para que vengan de la presencia del Señor tiempos de refrigerio» (Hech. 3:19).

BIBLIOGRAFÍA[155]

I. FUENTES[156]

A. Bíblicas

a) AT: Biblia Hebraica Stuttgartensia (hebreo), Stuttgart, 1984.
b) Septuaginta: A. Rahlfs, Septuaginta (griego), Stuttgart, 1979.
c) NT: C. Vidal, *Nuevo Testamento interlineal griego-español*, Nashville, 2006.
d) He Kainé Diazeké, TBS, Londres, 1994.
e) NT: E. Nestle-K. Aland, *Novum Testamentum Graece* (griego), Stuttgart, 1988.

B. Clásicas

a) Suetonio: J. C. Rolfe, *Suetonius*, 2 vols., (latín con traducción inglesa), Cambridge y Londres, 1989.
b) Tácito: C. H. Moore y J. Jackson, *Tacitus: Histories and Annals*, 4 vols., (latín con traducción inglesa), Cambridge y Londres, 1989.

C. Talmúdicas

R. T. Herford, *Christianity in Talmud and Midrash*, (hebreo y arameo), Londres, 1905.

---

[155] Aparecen consignadas en esta bibliografía solamente las obras de carácter general relacionadas con el presente estudio. Para una bibliografía más específica y detallada sobre cada aspecto concreto, remitimos a la contenida en las notas de cada apartado concreto de esta obra.

[156] Consignamos a continuación las ediciones de los textos originales que hemos utilizado para la realización del presente estudio.

D. Flavio Josefo

H. St. J. Thackeray, R. Marcus, Allen Wikgren y L. H. Feldman, *Josephus*, 10 vols., (griego con traducción inglesa), Cambridge y Londres, 1989.

E. Patrísticas

J. P. Migne, *Patrologia Graeca*, 162 vols., París, 1857-1886.
J. P. Migne, *Patrologia Latina*, París, 1844-1864.

II. OBRAS GENERALES

F. H. Agnew, *On the Origin of the term Apostolos*, en *CBQ*, 38, 1976, págs. 49-53. *The origin of the NT Apostle-Concept*, en *JBL*, 105, 1986, págs. 75-96.

A. del Agua, *El método midrásico y la exégesis del Nuevo Testamento*, Valencia, 1985.

C. Albeck, *Untersuchungen über die Redaktion der Mischna*, Berlín, 1923. *Einführung in die Mischna*, Berlín-Nueva York, 1971.

X. Alegre, *El concepto de salvación en las Odas de Salomón*, Münster, 1977.

R. von der Alm, *Die Urteile heidnischer un jüdischer Schrifsteller der vier ersten christlichen Jahrhunderte über Jesus und die ersten Christen*, Leipzig, 1865.

G. Alon, *The Jews in their Land in the Talmudic Age*, Cambridge y Londres, 1989.

D. E. Aune, *Prophecy in Early Christianity*, Grand Rapids, 1983.

M. Avi-Yonah, *Geschichte der Juden im Zeitalter des Talmud*, Berlín, 1962.

W. Bacher, *Die Agada der Tannaiten*, 2 vols., Estrasburgo, 1884-90.

F. Badia, *The Qumran Baptism and John the Baptist's Baptism*, Lanham, 1980.

L. Baeck, *The Faith of St. Paul*, en *Judaism and Christianity*, Filadelfia, 1960, págs. 139-68.

B. Bagatti, *Resti cristiani in Palestina anteriori a Costantino?*, en *Rivista di Archeologia cristiana*, XXVI, 1950, págs. 117-131.
    Scoperta di un cimitero giudeo-cristiano al "Dominus Flevit" en *LA*, III, 1953, págs. 149-84.; y J. T. Milik, *Gli Scavi del "Dominus Flevit" I. La necropoli del periodo romano*; Jerusalén, 1958.
    L'Èglise de la Circoncision, Jerusalén, 1964.
    Gli scavi di Nazareth, I, Dalle origini al secolo XII, Jerusalén, 1967.
    Antichi villaggi cristiani di Galilea, Jerusalén, 1971.
    Nuove Scorpete alla Tomba della Vergine a Getsemani, en *LA*, XXII, 1972, págs. 236-90.

L'apertura della Tomba della Vergine a Getsemani, en *LA,* XXIII, 1973, págs. 318-321.

M. Piccirillo y A. Prodomo, *New Discoveries at the Tomb of Virgin Mary in Gethsemane,* Jerusalén, 1975; *Antichi villaggi cristiani di Samaria,* Jerusalén, 1979.

Antichi villaggi cristiani di Giudea e Neghev, Jerusalén, 1983.

G. Barbaglio, *Pablo de Tarso y los orígenes cristianos,* Salamanca, 1989.

W. Barclay, *The Revelation of St. John,* Filadelfia, 2 vols., 1976.

D. Baron, *The Servant of Jehovah,* Londres, 1922.

J. Barr, *Which language did Jesus speak?,* en *BJRL,* 53, 1970-1, págs. 9 ss.

C. K. Barrett, *The Epistle to the Romans,* Londres, 1957.

The Pastoral Epistles, Oxford, 1963.

The First Epistle to the Corinthians, Londres, 1968.

Luke the Historian in Recent Study, Filadelfia, 1970.

The Second Epistle to the Corinthians, Londres, 1973.

The Gospel according to St. John, Filadelfia, 1978.

Freedom and Obligation, Londres, 1985.

The New Testament Background, Nueva York, 1989.

G. Barth, *El bautismo en el tiempo del cristianismo primitivo,* Salamanca, 1986.

K. Barth, *The Epistle to the Romans,* Oxford, 1933.

The Epistle to the Philippians, Londres, 1962.

M. Barth, *Rediscovering the Lord's Supper,* Atlanta, 1988.

R. J. Bauckham, *2 Peter and Jude,* Waco, 1983.

W. Bauer, *Rechtglaubigkeit und Ketzerei im altesten Christentum,* Tubinga, 1934.

Orthodoxy and Heresy in Earliest Christianity, Filadelfia, 1971.

New Testament Apocrypha, I, Filadelfia, 1963.

F. C. Baur, *Die Christuspartei in der Korinthischen Gemeinde, der Gegensatz des petrinischen und paulinischen Christenthums in der altesten Kirche, der Apostel Paulus in Rom,* en *Tübinger Zeitschrift für Theologie,* 4, 1831, págs. 61-206.

Paulus, der Apostel Jesu Christi, Tubinga, 1846.

Paul: His life and Works, 2 vols., Londres, 1875.

G. R. Beasley-Murray, *Jesus and the Kingdom of God,* Grand Rapids, 1986.

John, Waco, 1987.

H. H. Ben-Sasson, *History of the Jewish People* (ed.), Cambridge, Mass, 1976.

E. Bikerman, *Sur la version vieux-russe de Flavius Josèphe* en *Melanges Franz Cumont,* Bruselas, 1936, págs. 53-84.

J. M. Blázquez, *La romanización*, Madrid, 1975.

C. Blomberg, *Healing*, en *DJG*, págs. 299-307.

M. E. Boismard, *L'Èvangile de Jean*, París, 1977.

G. Bornkamm, *Pablo de Tarso*, Salamanca, 1978.

W. Bousset, *Kyrios Christos*, Nashville, 1970.

J. W. Bowker, *Speeches in Acts: A Study in Proem and Yelammedenu Form*, en *New Testament Studies*, 14, 1967-8, págs. 96-111.

    The Targums and the Rabbinic literature, Cambridge, 1969.

S. G. F. Brandon, *The Fall of Jerusalem and the Christian Church*, Londres, 1951.

    Jesus and the Zealots, Manchester, 1967.

    The Trial of Jesus, Londres, 1968.

J. Briand, *L'Eglise judéo-chrétienne de Nazareth*, Jerusalén, 1981.

R. E. Brown, *The Community of the Beloved Disciple*, Nueva York, 1979.

    The Epistles of John, Nueva York, 1982.

    The Birth of the Messiah, Nueva York, 1979 (existe edición castellana: *El nacimiento del Mesías*, Madrid, 1982).

F. F. Bruce, *The Epistle to the Ephesians*, Glasgow, 1961.

    The Epistles of John, Londres, 1970.

    1 and 2 Corinthians, Londres, 1971.

    ¿Son fidedignos los documentos del Nuevo Testamento?, Miami, 1972.

    New Testament History, Nueva York, 1980.

    1 and 2 Thessalonians, Waco, 1982.

    Paul and Jesus, Grand Rapids, 1982.

    The Epistle of Paul to the Galatians, Exeter, 1982.

    The Gospel of John, Grand Rapids, 1983.

    The Epistles to the Colossians, to Philemon and the Ephesians, Grand Rapids, 1984.

    Philippians, Basingstoke, 1984.

    The Epistle of Paul to the Romans, Londres, 1985.

    La Epístola a los Hebreos, Grand Rapids, 1987.

    The Acts of the Apostles, Leicester, 1988.

    Eschatology in Acts, en W. H. Gloer (ed.), *Eschatology and the New Testament*, Peabody, 1988.

    New Testament Development of Old Testament Themes, Grand Rapids, 1989.

    Paul: Apostle of the Heart Set Free, Grand Rapids, 1990.

B. Brüne, *Zeugnis des Josephus über Christus*, en *Th St Kr*, 92, 1919, págs. 139-47.

P. A. Brunt, *Procuratorial Jurisdiction*, en *Latomus*, 25, 1966, págs. 461-89.

A. Büchler, *Studies in Jewish History*, Londres, 1956.

R. Bultmann, *Neuste Paulusforschung*, en *TR*, 6, 1934, págs. 229-246.

> *Kerygma and Myth*, Londres, 1953.
>
> *Jesus and Paul*, en *Existence and Faith*, Londres, 1964, págs. 217-239.
>
> *The Gospel of John*, Filadelfia, 1971.
>
> *Teología del Nuevo Testamento*, Salamanca, 1981.

C. C. Caragounis, *The Son of Man*, Tubinga, 1986.

P. Carrington, *The Early Christian Church*, I, Cambridge, 1957.

M. Casey, *Son of Man*, Londres, 1979.

C. Clermont-Ganneau, *Discovery of a Tablet from Herod's Temple* en *Palestine Exploration Quarterly*, 3, 1871, págs. 132-3.

> *Epigraphes hébraiques et grecques sur des ossuaires juifs inédits*, en *Revue Archéologique*, 3 serie, 1883, I, págs. 257-268.

F. B. Clogg, *An Introduction to the New Testament*, Londres, 1940.

Y. Congar, *El Espíritu Santo*, Barcelona, 1983.

H. Conzelmann, *Jesus Christus* en *RGG*, III, 1959, cols. 619-53.

> *Die Apostelgeschichte*, Tubinga, 1963.
>
> *1 Corinthians*, Filadelfia, 1979.

B. Cranfield, *The Epistle to the Romans*, 2 vols., Edimburgo, 1975-9.

J. M. Creed, *The Slavonic Version of Josephus History of the Jewish War*, en *The Harvard Theological Review*, XXV, 1932, págs. 318-9.

O. Cullmann, *Le probleme littéraire et historique du roman pseudo-clémentin*, París, 1930.

> *The Earliest Christian Confessions*, Londres, 1949.
>
> *Baptism in the New Testament*, Londres, 1950.
>
> *El Estado en el Nuevo Testamento*, Madrid, 1966.
>
> *El Nuevo Testamento*, Madrid, 1971.
>
> *Jesús y los revolucionarios de su tiempo*, Madrid, 1971.
>
> *Del evangelio a la formación de la teología cristiana*, Salamanca, 1972.
>
> *Christology of the New Testament*, Londres, 1975.

F. Cumont, *Un rescrit impérial sur la violation de sépulture*, en *Revue Historique*, 163, 1930, págs. 241 ss.

H. P. Chajes, *Ben Stada*, en S. A. Horodetski, *Ha-Goren*, Berdichev, 1903, IV, págs. 33-37.

J. H. Charlesworth, *A Critical Examination of the Odes of Salomon*, Duke, 1987.

> (ed.) *John and the Dead Sea Scrolls*, Nueva York, 1990.

D. Chwolsohn, *Das Letzte Passamahl Christi und der Tag seines Todes*, Leipzig, 1908.

J. W. Dale, *Baptizo: an Inquiry into the Meaning of the Word as Determined by the Usage of Jewish and Patristic Writers*, Filadelfia, 1991.

B. E. Daley, *The Hope of the Early Church: A Handbook of Patristic Eschatology*, Cambridge, 1991.

G. Dalman, *Die Thalmudischen Texte (über Jesu)*, Leipzig, 1900.
>   *The Words of Jesus*, Edimburgo, 1902.
>   *Die Worte Jesu*, Leipzig, 1898 y 1930.

J. Daniélou, *La théologie du judéo-christianisme*, París, 1958.
>   *Theology of Jewish Christianity*, Chicago, 1964.

W. D. Davies, *Paul and Rabbinic Judaism*, Londres, 1948.

L. Deiss, *La Cena del Señor*, Bilbao, 1989.

Derenbourg, *Essai sur l'histoire et la géographie de la Palestine*, París, 1867.

M. Dibelius, *A Fresh Approach to the New Testament and Early Christian Literature*, Londres, 1936.

W. G. Kümmel, *Paul*, Londres, 1953.
>   *Studies in the Acts of the Apostles*, Londres, 1956.

H. Conzelmann, *The Pastoral Epistles*, Filadelfia, 1972.

A. Diez Macho, *La lengua hablada por Jesucristo*, Madrid, 1976.
>   *Jesucristo «único»*, Madrid, 1976.

G. Dix, *Jew and Greek: A Study in the Primitive Church*, Londres, 1953.

D. S. Dockery, *Baptism*, en *DJG*.

C. H. Dodd, *The Epistle of Paul to the Romans*, Londres, 1932.
>   *The Fall of Jerusalem and the Abomination of Desolation*, en *JRS*, 37, 1947, págs. 47-54.
>   *Historical Tradition in the Fourth Gospel*, Londres, 1963.

A. Edersheim, *Prophecy and History according to the Messiah*, Grand Rapids, 1980.
>   *La vida y los tiempos de Jesús el Mesías*, Tarrassa, 1988.

R. Eisler, *Iesous Basileus ou basileusas*, 2 vols., Heidelberg, 1929-30.
>   *The Messiah Jesus and John the Baptist*, Londres, 1931.

J. H. Elliott, *A Home for the Homeless*, Londres, 1982.

L. E. Elliot-Binns, *Galilean Christianity*, Londres, 1956.

E. E. Ellis, y E. Grasser (eds.), *Jesus und Paulus*, Gotinga, 1975.
>   *The Authorship of the Pastorals*, en *Evangelical Quarterly*, 32, 1960, págs. 151-61.

L. H. Feldman, *Josephus*, IX, Cambridge y Londres, 1965.
>   *Studies in Judaica: Scholarship on Philo and Josephus (1937-1962)*, Nueva York, 1963.
>   *Josephus and Modern Scholarship*, Berlín-Nueva York, 1984.

P. Fernández Uriel, *El incendio de Roma del año 64: Una nueva revisión crítica*, en *Espacio, Tiempo y Forma*, II, Historia Antigua, t. 3, Madrid, 1990, págs. 61-84.

César Vidal Manzanares, *Anavim, apocalípticos y helenistas: Una introducción a la composición social de las comunidades judeo-cristianas de los años 30 a 70 del s. I. d. de C.*, en *Homenaje a J. M. Blázquez*, Madrid, v. IV, en prensa.

E. J. Fisher, (ed.), *The Jewish Roots of Christian Liturgy*, Nueva York, 1990.

J. A. Fitzmyer, *The Languages of Palestine in the First Century AD*, en *CBQ*, 32, 1970, págs. 501-31.

D. Flusser, *Jesús en sus palabras y su tiempo*, Madrid, 1975.

   El Hijo del Hombre, en A. Toynbee (ed.), *El crisol del cristianismo*, Madrid, 1988.

F. J. Foakes-Jackson, *The Acts of the Apostles*, Londres, 1931.

Z. Frankel, *Darje ha-Mishnah: Hodegetica in Mischnam*, Leipzig, 1867.

M. A. Friedman (ed.), *Cairo Geniza Studies*, Tel Aviv, 1980.

A. Frova, *L'iscrizione di Ponzio Pilato a Cesarea*, en *Rediconti dell'Istituto Lombardo*, 95, 1961, págs. 419-34.

R. H. Fuller, *Foundations of New Testament Christology*, Nueva York, 1965.

R. Furneaux, *The Roman Siege of Jerusalem*, Londres, 1973.

Geldenhuys, *The Gospel of Luke*, Londres, 1977.

B. Gerhardsson, *Memory and Manuscript: Oral Traditions and Written Transmission in the Rabbinic Judaism and Early Christianity*, Uppsala, 1961.

S. Gero, *Apocryphal Gospels: A Survey of Textual and Literary Problems*, en *ANRW*, 2.25-5.3969-96.

W. H. Gloer, (ed.), *Eschatology and the New Testament*, Peabody, 1988.

R. Gnuse, *Comunidad y propiedad en la tradición bíblica*, Estella, 1987.

J. Gonzalez-Faus, *Clamor del reino: estudio sobre los milagros de Jesús*, Salamanca, 1982.

L. Goppelt, *Christentum und Judentum im ersten und zweiten Jahrhundert*, Gütersloh, 1950.

   Typos: The Typological Interpretation of the Old Testament in the New, Grand Rapids, 1982.

H. Graetz, *Geschichte der Juden von den altesten Zeiten bis zur Gegenwart*, Leipzig, 1908-9.

J. Grau, *Escatología*, Barcelona, 1977.

R. Graves, y J. Podro, *Jesus in Rome*, Londres, 1957.

K. Grayston, *The Johannine Epistles*, Londres, 1984.

R. A. Guelich, *Destruction of Jerusalem*, en *DJG*.

H. Guevara, *Ambiente político del pueblo judío en tiempos de Jesús*, Madrid, 1985.

D. Guthrie, *New Testament Introduction*, Londres, 1965.

A. Guttmann, *The Significances of Miracles for Talmudic Judaism*, en *HUCA*, 20, 1948, págs. 364-406.

A. von Harnack, *Chronologie der altchristlichen Litteratur bis Eusebius*, Leipzig, 1893-1897.

    Lukas der Arzt, Leipzig, 1906.

    Die Apostelgeschichte, en *Beitrage zur Einleitung in das Neue Testament*, III, Leipzig, 1908.

    Date of Acts and the Synoptic Gospels, Londres, 1911.

P. N. Harrison, *Important Hypotheses Reconsidered: III. The Authorship of the Pastoral Epistles*, en *Expository Times*, 67, 1955-6, págs. 77-81.

A. E. Harvey, *Jesus and the Constraints of History*, Filadelfia, 1982.

A. Hausrath, *Neutestamentliche Zeitgeschichte*, I-IV, Leipzig, 1868-73.

G. F. Hawthorne, y O. Betz (eds.), *Tradition and Interpretation in the New Testament*, Grand Rapids, 1987.

H. Hegermann, *Jesaja 53 in Hexapla, Targum und Peschitta*, Gütersloh, 1954.

M. Hengel, *Property and Riches in the Early Church*, Filadelfia, 1974.

    El Hijo de Dios, Salamanca, 1978.

    Acts and the History of Earliest Christianity, Londres, 1979.

    The Charismatic Leader and His Followers, Edimburgo, 1981.

    Between Jesus and Paul, Londres, 1983.

    The "Hellenization" of Judaea in the First Century after Christ, Londres y Filadelfia, 1989.

    The Zealots, Edimburgo, 1989.

    Judaism and Hellenism, Minneapolis, 1991.

R. T. Herford, *Christianity in Talmud and Midrash*, Londres, 1905.

J. Héring, *The Second Epistle of Saint Paul to the Corinthians*, Londres, 1968.

K. Hobart, *The Medical Language of Saint Luke*, Dublín, 1882.

G. Hoennicke, *Das Judenchristentum im ersten um zweiten Jahrhundert*, Berlín, 1908.

D. Hoffmann, *Die Antoninus-Agadot im Talmud und Midrasch*, en *MGWJ*, 19, 1892, págs. 33-55 y 245-55.

M. Holder, *From Yavneh to Pumbedisa*, Nueva York, 1989.

C. Holsten, *Die drei ursprünglichen, noch ungeschrieben Evangelien*, Berlín, 1883.

F. J. A. Hort, *Judaistic Christianity*, Cambridge, 1894.

P. Humbert, *Le Messie dans le Targoum des prophètes*, en *Revue de Théologie et Philosophie*, 43, 1911, págs. 5 ss.

L. W. Hurtado, *One God, One Lord: Early Christian Devotion and Ancient Jewish Monotheism*, Filadelfia, 1988.

J. W. Jack, *Historic Christ*, Londres, 1933.

J. Jeremias, *The Servant of God*, Londres, 1957.

    La última cena, Madrid, 1980.

    Teología del Nuevo Testamento, I, Salamanca, 1980.

    Abba y el mensaje central del Nuevo Testamento, Salamanca, 1983.

    Jerusalén en tiempos de Jesús, Madrid, 1985.

J. Jocz, *The Jewish People and Jesus Christ: The Relationship between Church and Synagogue*, Grand Rapids, 1ª ed. 1949, 3ª ed. 1979.

L. T. Johnson, *Sharing Possessions: mandate and symbol of faith*, Filadelfia, 1981.

A. H. M. Jones, *Procurators and Prefects in the Early Principate*, en *Studies in Roman Government and Law*, Oxford, 1960.

Juel, *Messianic Exegesis: Christological Interpretation of the Old Testament in Early Christianity*, Filadelfia, 1988.

E. Jüngel, *Paulus und Jesus*, Tubinga, 1962.

J. Juster, *Les juifs dans l'Empire romain*, París, 1914.

E. Kasemann, *Commentary on Romans*, Grand Rapids, 1980.

K. Kautsky, *Orígenes y fundamentos del cristianismo primitivo*, Salamanca, 1974.

H. C. Kee, *Miracle in the Early Christian World*, New Haven, 1983.

    Miracle and Magic in the New Testament Times, Cambridge, 1986.

S. Kim, *The Son of Man as the Son of God*, Grand Rapids, 1983.

J. Klausner, *From Jesus to Paul*, Londres, 1944.

    The Messianic Idea in Israel, Londres, 1956.

    Jesús de Nazaret, Buenos Aires, 1971.

S. Klein, *The Estates of R. Judah ha-Nasi*, en *JQR*, 2, 1911, págs. 545-56.

H. Koester, *Ancient Christian Gospels: Their History and Development*, Filadelfia, 1990.

H. Koster, *Introducción al Nuevo Testamento*, Salamanca, 1988.

S. Krauss, *Das Leben Jesu nach jüdischen Quellen*, Berlín, 1902.

H. Küng, *Ser cristiano*, Madrid, 1978.

O. Kuss, *Die Rolle des Apostels Paulus in der theologischen Entwicklung der Urkirche*, Regensburg, 1971.

D. J. Kyrtatas, *The Social Structure of the Early Christian Communities*, Londres, 1987.

P. Labriolle, *La réaction païenne*, París, 1948 (2ª ed.).

E. Ladd, *El evangelio del reino*, Miami, 1974.
  Crucial Questions about the Kingdom, Grand Rapids, 1974.
  Presence of the Future, Grand Rapids, 1974.
  The Resurrection of Jesus, Grand Rapids, 1975.
  El Apocalipsis de Juan, Miami, 1978.
K. Lake, *The Earlier Epistles of St. Paul*, Londres, 1919.
  The Beginnings of Christianity, Londres, 1933.
S. Lake, *An Introduction to the New Testament*, Londres, 1938.
P. Lapide, *The Resurrection of Jesus: A Jewish Perspective*, Minneapolis, 1983.
  I Accept the Resurrection of Easter Sunday, en A. W. Kac (ed.), *The Messiahship of Jesus*, Grand Rapids, 1986.
R. Laqueur, *Der Jüdischer Historiker Flavius Josephus*, Giessen, 1920.
J. Z. Lauterbach, *Mekilta de Rabbi Ishmael*, Filadelfia, 1976.
G. V. Lechler, *Apostolic and Post-Apostolic Times*, Londres, 1887.
R. Leivestad, *Jesus in his own perspective*, Minneapolis, 1987.
J. P. Lémonon, *Pilate et le gouvernement de la Judée*, París, 1981.
J. Le Moyne, *Les Sadducéens*, París, 1972.
S. H. Levey, *The Messiah: An Aramaic Interpretation*, Nueva York, 1974.
L. van Liempt, *De testimonio flaviano* en *Mnemosyne*, 55, 1927, págs. 109-116.
J. B. Lightfoot, *The Epistle to the Galatians*, Londres, 1865.
B. Lindars, *Jesus Son of Man*, Grand Rapids, 1983.
R. L. Lindsay, *A Hebrew Translation of the Gospel of Mark*, Jerusalén, 1969.
  A New Approach to the Synoptic Gospels, Jerusalén, 1971.
E. Lohse, *Colossians and Philemon*, Filadelfia, 1971.
  Introducción al Nuevo Testamento, Madrid, 1975.
R. N. Longenecker, *Paul, Apostle of Liberty*, Nueva York, 1964.
  The Christology of Early Jewish Christianity, Grand Rapids, 1970.
H. Maccoby, *Judaism in the First Century*, Londres, 1989.
J. Mac Donald, *The Theology of the Samaritans*, Londres, 1964.
A. J. Malherbe, *Social Aspects of Early Christianity*, Filadelfia, 1983.
F. Manns, *Essais sur le Judéo-Christianisme*, Jerusalén, 1977.
  Bibliographie du Judeo-Christianisme, Jerusalén, 1979.
  Pour lire la Mishna, Jerusalén, 1984.
  La prière d'Israël à l'heure de Jésus, Jerusalén, 1986.
  John and Jamnia: how the Break occured between Jews and Christians c. 80-100 A. D., Jerusalén, 1988.
T. W. Manson, *The Servant-Messiah. A Study of public ministry of Jesus*, Manchester, 1953.

Studies in the Gospel and Epistles, Manchester, 1962.

I. H. Marshall, *Luke: Historian and Theologian*, Exeter, 1970.

The Acts of the Apostles, Leicester, 1980.

Last Supper and Lord's Supper, Grand Rapids, 1980.

1 and 2 Thessalonians, Londres, 1983.

Son of Man en *DJG*.

R. P. Martin, *An Early Christian Confession*, Londres, 1960.

J. L. Martyn, *The Gospel of John in Christian History*, Nueva York, 1979.

K. Marx, y F. Engels, *Sobre la religión*, Salamanca, 1979.

A. Meeks, (ed.), *The Writings of St. Paul*, Nueva York, 1972.

Los primeros cristianos urbanos, Salamanca, 1988.

J. P. Meier, *Antioch and Rome*, Nueva York, 1983, págs. 92 ss.

Jesus, en *NJBC*, pág. 1328 ss.

A. Merx, *Der Messias oder Ta'eb der Samaritaner*, Tubinga, 1909.

B. M. Metzger, *A Reconsideration of Certain Arguments against Pauline Authorship of the Pastoral Epistles*, en *Expository Times*, 70, 1958-9, págs. 91-4.

E. Meyer, *Ursprung und Anfage des Christentums*, I, Sttutgart-Berlín, 1921.

W. Michaelis, *Einleitung in das Neue Testament*, Berna, 1954.

W. E. Mills, (ed.), *Speaking in Tongues*, Waco, 1973.

J. P. Miranda, *Communism in the Bible*, Nueva York, 1981.

A. Momigliano, *Claudius*, Cambridge, 1961.

C. G. Montefiore, *Judaism and St. Paul*, Londres, 1914.

H. W. Montefiore, *Sulpicius Severus and Titus' Council of War* en *Historia*, 11, 1962, págs. 156 ss.

Josephus and the New Testament, en *Novum Testamentum*, Leiden, 5, 1969, pág. 139.

J. Montserrat, *La sinagoga cristiana*, Barcelona, 1989.

L. Morris, *The Apostolic Preaching of the Cross*, Grand Rapids, 1956.

The First and Second Epistles to Thessalonians, Londres, 1959.

The First Epistle to the Corinthians, Grand Rapids, 1979.

C. F. D. Moule, *The Birth of the New Testament*, Londres, 1981 (3ª ed.).

S. Mowinckel, *El que ha de venir: mesianismo y Mesías*, Madrid, 1975.

Muñoz León, *Dios-Palabra: Memra en los Targumim del Pentateuco*, Valencia, 1974.

F. J. Murphy, *The Religious World of Jesus*, Nashville, 1991.

J. Murphy O'Connor, y J. H. Charlesworth, *Paul and the Dead Sea Scrolls*, Nueva York, 1990.

R. Nash, *Christianity and the Hellenistic World*, Grand Rapids, 1984.

J. Neusner, *A Life of Yohanan ben Zakkai*, Leiden, 1962 (2ª ed. 1970).

Judaism in a time of Crisis: Four Responses to the Destruction of the Second Temple, en *Judaism,* 21, 1972, págs. 313-327.

Eliezer ben Hyrcanus. The Tradition and the Man, Leiden, 1973, 2 vols.

Invitation to the Talmud, Filadelfia, 1984.

Judaism in the Beginning of Christianity, Londres, 1984.

Judaism in the matrix of Christianity, Filadelfia, 1986.

Judaism and Christianity in the Age of Constantine, Chicago, 1987.

W. S. Green y E. Frerichs, *Judaisms and Their Messiahs at the Turn of the Christian Era,* Cambridge, 1987.

K. F. Nickle, *The Collection: A Study in Paul's Strategy,* Londres, 1966.

K. Niederwimmer, *Die Didache,* Gotinga, 1988.

M. Nordio, *Iscrizioni ebraiche su due steli giudeo-cristiane di Khirbet Kilkis* en *Annali,* 35, 1975, págs. 179-200.

P. T. O'Brien, *Colossians, Philemon,* Waco, 1982.

A. Pelletier, *L'originalité du témoignage de Flavius Josèphe sur Jésus,* en *RSR,* 52, 1964, págs. 177-203.

G. Perelmutther, *Siblings: Rabbinic Judaism and Early Christianity at Their Beginnings,* Mahwah, 1989.

M. Pérez Fernández, *Tradiciones mesiánicas en el Targum palestinense,* Valencia-Jerusalén, 1981.

La lengua de los sabios, I, Valencia, 1992.

N. Perrin, *The New Testament,* Nueva York, 1974.

O. Pfeiderer, *Das Urchristenthum,* Berlín, 1887.

H. G. Pflaum, *Les carrières procuratoriennes équestres sous le Haut-Empire romain,* 4 vols., París, 1960-1.

S. Pines, *The Jewish-Christians of the Early Centuries of Christianity according to a New Source,* en *Proceedings of the Israel Academy of Sciences and Humanities,* 2, 1966, págs. 1-73.

Un texte judéo-chrétien adapté par un théologien musulman, en *Nouvelles chrétiennes d'Israël',* 2-3, 1966, págs. 12-20.

An Arabic Version of the Testimonium Flavianum and Its Implications, en *Proceedings of the Israel Academy of Sciences and Humanities,* 2, 1966.

J. Podro, y R. Graves, *Jesus in Rome,* Londres, 1957.

P. Prigent, *La fin de Jérusalem,* Neuchâtel, 1969.

R. A. Pritz, *Nazarene Jewish Christianity,* Jerusalén y Leiden, 1988.

G. Puente Ojea, *Ideología e historia: La formación del cristianismo como fenómeno ideológico,* Madrid, 1984.

W. M. Ramsay, *A Historical Commentary on St. Paul's Epistles to the Galatians*, Londres, 1899.
   St. Paul the Traveller and the Roman Citizen, Londres, 1920.
B. Reicke, *The New Testament Era*, Filadelfia, 1968.
   Synoptic Prophecies on the Destruction of Jerusalem, en D. W. Aune (ed.), *Studies in the New Testament and Early Christian Literature: Essays in Honor of Allen P. Wikgren*, Leiden, 1972.
S. Reinach, *Orpheus*, Londres, 1931.
K. H. Rengstorf, *Complete Concordance to Flavius Josephus*, Leiden, 1973.
J. Reumann, *The Supper of the Lord*, Filadelfia, 1985.
D. M. Rhoads, *Israel in Revolution: 6-74 C. E.*, Filadelfia, 1976.
J. Ribera Florit, *El Targum de Isaías*, Valencia, 1988.
G. C. Richards, *The Composition of Josephus Antiquities*, en *CBQ*, 33, 1939, págs. 36-40.
A. Richardson, *Las narraciones evangélicas sobre los milagros*, Madrid, 1974.
H. N. Ridderbos, *Paul: An Outline of his Theology*, Grand Rapids, 1975.
H. Riesenfeld, *The Gospel Traditions and Its Beginnings*, Londres, 1957.
A. Ritschl, *Die Entstehung der altkatholische Kirche*, Bonn, 1850.
J. A. T. Robinson, *Redating the New Testament*, Filadelfia, 1976.
   The Priority of John, Londres, 1985.
J. M. Robinson, y H. Koester (eds.), *Trajectories through Early Christianity*, Filadelfia, 1964.
J. H. Ropes, *The Singular Problem of the Epistle to the Galatians*, Cambridge, Mass, 1929.
J. J. Rothschild, *The Tombs of Sanhedria*, en *Palestine Exploration Quarterly*, 84, 1952, 23-38 e *Ibid.*, 86, 1954, págs. 16-22.
C. Rowland, *The Open Heaven*, Londres, 1985.
   Christian Origins, Londres, 1989.
J. B. Russell, *Satan: The Early Christian Tradition*, Ithaca, 1981.
L. Sabourin, *The Divine Miracles Discussed and Defended*, Roma, 1977.
S. Saller, y E. Testa, *The Archaeological Setting of the Shrine of Bethfage*, Jerusalén, 1961.
E. P. Sanders, *Paul and Palestinian Judaism*, Minneapolis, 1977.
   Jesus and Judaism, Filadelfia, 1985.
   Paul, the Law and the Jewish People, Filadelfia, 1989.
S. Sandmel, *The Genius of Paul: A Study in History*, Nueva York, 1970.
P. Schaeffer, *Studien zur Geschichte und Theologie des Rabbinischen Judentums*, Leiden, 1978.
A. Schalit, *Zur Josephus-Forschung*, Darmstadt, 1973.

H. J. Schoeps, *Theologie und Geschichte des Judenchristentums*, Tubinga, 1949.

 Aus frühchristlicher Zeit, Tubinga, 1950.

 Paul: The Theology of the Apostle in the Light of Jewish Religious History, Londres, 1961.

G. Scholem, *Major Trends in Jewish Mysticism*, Nueva York, 1988.

H. J. Schonfield, *The History of Jewish Christianity*, Londres, 1936.

 According to the Hebrews, Londres, 1937.

 Passover Plot, Nueva York, 1965. (Existe edición española: *El Complot de Pascua*, Barcelona, 1977).

 El partido de Jesús, Barcelona, 1988.

 El Nuevo Testamento original, Barcelona, 1990.

H. Schrekenberg, *Bibliographie zu Flavius Josephus. Arbeiten zur Literatur und Geschichte des hellenistischen Judentums*, Leiden, 1968.

 Die Flavius Josephus Tradition in antike und Mittelalter, Leiden, 1972.

E. Schürer, *The History of the Jewish people in the Age of Jesus Christ*, Edimburgo, 1987.

 Josephus, en *Realenzyclopadie für die protestantische Theologie und Kirche*, IX, 1901, págs. 377-86.

E. Schüssler Fiorenza, *Invitation to the Book of Revelation*, Grand Rapids, 1981.

E. Schweizer, *The Letter to the Colossians*, Minneapolis, 1982.

A. N. Sherwin-White, *Roman Society and Roman Law in the New Testament*, Oxford, 1963.

R. H. J. Shutt, *Studies in Josephus*, Londres, 1961.

M. Simon, *Verus Israel: Ètudes sur les relations entre Chrétiens et Juifs dans l'empire romain*, París, 1964.

S. S. Smalley, *1, 2 and 3 John*, Waco, 1984.

E. M. Smallwood, *The Jews under Roman Rule*, Leiden, 1976.

M. Smith, *Jesús el mago*, Barcelona, 1988.

M. Sordi, *Los cristianos y el imperio romano*, Madrid, 1988.

E. Stauffer, *Zum Khalifat des Jacobus*, en *ZRG*, 4, 1952, págs. 193-214.

 Jesus and His Story, Londres, 1960.

W. R. Stegner, *Narrative Theology in Early Jewish Christianity*, Louisville, 1989.

G. Stemberger, y H. L. Strack, *Introducción a la literatura talmúdica y midrásica*, Valencia, 1988.

K. Stendhal, *Paul among Jews and Gentiles*, Filadelfia, 1976.

D. H. Stern, *Messianic Jewish Manifesto*, Jerusalén, 1991.

The Period of the Second Temple, en H. H. Ben-Sasson (ed.), *History of the Jewish People*, Cambridge, Mass, 1976.

H. L. Strack, *Jesus, die Haretiker und die Christen*, Leipzig, 1910.

P. Billerbeck, *Kommentar zum Neuen Testament aus Talmud und Midrasch*, 5 vols., Múnich, 1922-56.

G. Stemberger, *Introducción a la literatura talmúdica y midrásica*, Valencia, 1988.

E. L. Sukenik, *Jüdische Graber Jerusalems um Christi Geburt*, Jerusalén, 1931.

   The Earliest Records of Christianity, en *American Journal of Archaeology*, LI, 1947, págs. 351-365.

R. O. P. Taylor, *The Groundwork of the Gospels*, Oxford, 1946.

H. M. Teeple, *Mosaic Eschatological Prophet*, Filadelfia, 1957.

E. Testa, *Il Simbolismo dei Giudeo-Cristiani*, Jerusalén, 1962.

   Scoperta del Primitivo Rito della Estrema Unzione in una Laminella del I secolo, en *La Terra Santa*, 39, 1963, págs. 70-4.

   Le "Grotte dei Misteri" giudeo-cristiane, en *LA*, XIV, 1964, págs. 65-144.

   L'huile de la Foi. L'Onction des malades sur une lamelle du Ier siècle, Jerusalén, 1967.

   Ancora sulla laminella giudeo-cristiana, en *Biblica*, 49, 1968, págs. 249-253.

   Nazaret Giudeo-Cristiana, Jerusalén, 1969, págs. 79-110.

   I Graffiti della Casa di San Pietro, Jerusalén, 1972.

H. St. J. Thackeray, *Josephus the Man and the Historian*, Nueva York, 1967.

   Josephus, III, Londres, 1979.

G. Theissen, *The Miracle Stories of the Early Christian Tradition*, Filadelfia, 1983.

   Estudios de sociología del cristianismo primitivo, Salamanca, 1985.

C. P. Thiede, *Simon Peter*, Grand Rapids, 1988.

A. Toynbee, (ed.), *El crisol del cristianismo*, Madrid, 1988.

G. Vermes, *Jesús el judío*, Barcelona, 1977.

C. Vidal, *Más que un rabino*, Nashville, 2020.

   Apóstol a las naciones, Nashville, 2021.

   Ángel, en *DTR*.

   Apóstol, en *DTR*.

   Bautismo, en *DTR*.

   Belcebú, en DTR.

   Cielo, en *DTR*.

   Demonios, en *DTR*.

Dragón, en *DTR.*

Eucaristía, en *DTR.*

Hijo del Hombre, en *DTR.*

Infierno, en *DTR.*

Jesús, en *DTR.*

María, en *DTR.*

Memra, en *DTR.*

Mesías, en *DTR.*

Nombres de Dios, en *DTR.*

Pablo, en *DTR.*

Parusía, en *DTR.*

Resurrección, en *DTR.*

Siervo de YHVH, en *DTR.*

Templo, en *DTR.*

Diccionario de Jesús y los Evangelios, Estella, 1992.

El Documento Q, Barcelona, 2004.

Jesús y los Documentos del mar Muerto, Barcelona, 2005.

Jesús y Judas, Barcelona, 2006.

Pablo, el judío de Tarso, Madrid, 2006.

Jesús el judío, Barcelona (en prensa).

La figura de María en la literatura apócrifa judeocristiana de los dos primeros siglos, en *Ephemerides Mariologicae,* 41, 1991, págs. 191-205.

María en la arqueología judeocristiana de los tres primeros siglos, en *Ibid.,* 41, 1991, págs. 353-64.

La influencia del judeocristianismo en la liturgia mariana, en *Ibid.,* 42, 1992, págs. 115-126.

Los Evangelios gnósticos, Barcelona, 1991.

Diccionario de Patrística, Estella, 1992.

El primer Evangelio: el Documento Q, Barcelona, 1993.

Los esenios y los rollos del mar Muerto, Barcelona, 1993.

Pilar Fernández Uriel, *Anavim, apocalípticos y helenistas: Una introducción a la composición social de las comunidades judeocristianas de los años 30 a 70 del siglo I. d. C.,* en *Homenaje a J. M. Blázquez,* Madrid, v. IV, en prensa.

P. Vidal-Naquet, *Ensayos de historiografía,* Madrid, 1990.

P. Vielhauer, *Geschichte der urchristlichen Literatur,* Berlín, 1981.

L. Wallach, *Colloquy of Marcus Aurelius with the Patriarch Judah I* en *JQR,* 1940-1, págs. 259-86.ÜdÜC. Weizsaecker, *Das apostolische Zeitalter der christlichen Kirche,* Friburgo, 1886.

D. Wenham, y C. Blomberg (eds.), *The Miracles of Jesus*, Sheffield, 1986.

(ed.), *The Jesus Tradition Outside the Gospels*, Sheffield, 1985.

W. Whiston, *Josephus*, Grand Rapids, 1978.

M. Wilcox, *The Semitisms of Acts*, Oxford, 1965.

R. L. Wilken, *The Christians as the Romans Saw Them*, New Haven y Londres, 1984.

W. Willis, (ed.), *The Kingdom of God in 20th Century Interpretation*, Peabody, 1987.

P. Winter, *On the Trial of Jesus*, Berlín, 1961.

A. Wünsche, *Der jerusalemische Talmud in seinem haggadischen Bestandtheilen zum ersten Male in's Deutsche übertragen*, Leipzig, 1880.

J. H. Yoder, *The Politics of Jesus*, Grand Rapids, 1979.

B. H. Young, *Jesus and His Jewish Parables*, Nueva York, 1989.

T. Zahn, *Introduction to the New Testament*, Edimburgo, 1909.

F. de Zulueta, *Violation of Sepulture in Palestine at the Beginning of the Christian Era*, en *JRS*, 22, 1932, págs. 184 ss.

ÍNDICE DE ABREVIATURAS

BeO	Bibbia e Oriente
Bib	Biblica
BibO	Biblica et Orientalia
BibRes	Biblical Research
BIOSCS	Bulletin of the International Organization for Septuagint and Cognate Studies
BIZ	Biblische Zeitschrift
BJRL	Bulletin of the John Rylands University Library of Manchester
BO	Bibliotheca Orientalis
B Rev	Bible Review
BSac	Bibliotheca Sacra
BTB	Theology Bulletin
BZ	Biblische Zeitschrift
BZNW	Beihefte zur Zeitschrift für die Neutestament liche Wissenschaft
CBQ	Catholic Biblical Quarterly
CCWJCW	Cambridge Commentaries on Writings of the Jewish and Christian World 200 B. C. to A. D. 200
CGTC	Cambridge Greek Testament Commentary
CII,	Corpus inscriptionum iudaicarum (1936-52).
CQR	Church Quarterly Review
CRINT	Compendia rerum iudaicarum ad novum testamentum
CSCO	Corpus scriptorum christianorum orientalium
DAL	Dictionnaire d'Archéologie Chrétienne et de Liturgie, E. Cabrol y H. Leclercq (eds.), París, 1907-1953.
DJG	Dictionary of Jesus and the Gospels, J. B. Green, S. McKnight e I. H. Marshall (eds.), Downers Grove y Leicester, 1992.
DRev	Downside Review
DSP	Dictionnaire de la Spiritualité, M. Viller (ed.), París, 1932 ss.
DTR	Diccionario de las tres religiones, César Vidal Manzanares, Madrid, 1993.
EB	Ètudes Bibliques
EBT	Encyclopedia of Biblical Theology
EDNT	Exegetical Dictionary of the New Testament
EGT	Expositor's Greek Testament
EHPR	Ètudes d'Histoire et de Philosophie Religieuse

EKK	Evangelisch-katholischer Kommentar zum Neuen Testament
EncB	Encyclopedia Biblica
EncJud	Encyclopedia Judaica
EvQ	Evangelical Quarterly
ENTT E.	Kasemann, Essays on New Testament Themes, Londres, 1964.
Eph Ma	Ephemerides Mariologicae
Ephem Théolo	Ephemerides Theologicae
ExpT	Expository Times
Greg	Gregorianum
GTJ	Grace Theological Journal
Herm	Hermeneia
HeyJ	Heythrop Journal
HNT	Handbuch zum Neuen Testament
HSS	Harvard Semitic Studies
HUCA	Hebrew Union College Annual
HZ	Historische Zeitschrift
IBC	Interpretation Bible Commentary
IBS	Irish Biblical Studies
IEJ	Israel Exploration Journal
Int	Interpretation
IRT	Issues in Religion and Theology
JAOS	Journal of the American Oriental Society
JBL	Journal of Biblical Literature
JBR	Journal of Bible and Religion
JCSR	Journal of Comparative Sociology and Religion
JETS	Journal of the Evangelical Theological Society
JJS	Journal of Jewish Studies
JNES	Journal of Near Eastern Studies
JPOS	Journal of the Palestine Oriental Society
JQR	Jewish Quarterly Review
JR	Journal of Religion
JRE	Journal of Religious Ethics
JRS	Journal of Roman Studies
JSJ	Journal for the Study of Judaism in the Persian, Hellenistic and Roman Period
JSNT	Journal for the Study of the New Testament
JSP	Journal for the Study of the Pseudepigrapha and Related Literature

JSS	Journal of Semitic Studies
JTS	Journal of Theological Studies
LB	Liber Annuus
LTS	La Terra Santa
MGWJ	Monatschrift für Geschichte und Wissenschaft des Judentums
MBTh	Münsterische Beitrage zur Theologie
NCB	New Clarendon Bible
NJCB	New Jerome Biblical Commentary, Englewood Cliffs, 1992.
NovT	Novum Testamentum
NRT	Nouvelle Révue Théologique
NT	Nuevo Testamento
NTOA	Novum Testamentum et Orbis Antiquus
NTS	New Testament Studies
PBSR	Papers of the British School at Rome
PCB	Peake's Commentary on the Bible, Londres, 1962.
PEQ	Palestine Exploration Quarterly
PTR	Princeton Theological Review
RACh	Reallexikon für Antike und Christentum
RB	Revue Biblique
RE	Real Encyklopadie der Klassischen Altertumswis senschaft
RevQ	Revue de Qumran
Rev. Sc. Ph. Th.	Révue des Sciences Philosophiques et Théologiques.
RGG	Religion in Geschichte und Gegenwart
RHPR	Revue d'histoire et de philosophie reliegieuse
RHR	Revue d'Histoire des Religions
RSR	Recherches de Science Religieuse
RST	Regensburger Studien zur Theologie
SAJ	Studies in Ancient Judaism
SANT	Studiem zum Alten und Neuen Testament
SBEC	Studies in the Bible and Early Christianity
SBLASP	Society of Biblical Literature Abstracts and Seminar Papers
SBT	Studies in Biblical Theology
ScrHier	Scripta hierosylimitana
SCJ	Studies in Christianity and Judaism
SE	Studia Evangelica
SJ	Studia Judaica

SJLA	Studies in Judaism in Late Antiquity
SNTSMS	Society for New Testament Studies Monograph Series
SJT	Scottish Journal of Theology
StudLit	Studia Liturgica
Th St Kr	Theologische Studien und Kritiken
THR	Theologische Rundschau
TI	Theological Inquiries
TJ	Trinity Journal
TLZ	Theologische Literaturzeitung
TR	Theologische Rundschau
TS	Theological Studies
TSFBul	Theological Students Fellowship Bulletin
TU	Texte und Untersuchungen
TynB	Tyndale Bulletin
TZ	Theologische Zeitschrift
ZNW	Zeitschrift für die neutestamentliche Wissens chaft
ZRG	Zeitschrift für Religionsund Geistesgeschichte
ZTK	Zeitschrift für Theologie und Kirche
ZWT	Zeitschrift für wissenschaftliche T